U0957851

GAOSU GONGLU YUNSHU ANQUAN
ZHINENG JIANGUAN JISHU

高速公路运输安全
智能监管技术

姜晓庆 张 伟 李 杰 咸化彩 王福海◎编著

人民交通出版社
北 京

内 容 提 要

本书主要包括以下内容:第一章主要介绍我国高速公路发展概况、交通事故概况、安全保障技术概述;第二章从驾驶人、车辆、道路、环境、运输介质等角度分析高速公路安全风险因素;第三章详细阐述驾驶人和车辆运行安全保障技术,并建立相关模型对驾驶人和车辆进行画像分析;第四章详细分析高速公路行车环境监测预警技术,建立道路、环境和特殊事件等的监测预警模型;第五章以危险化学品为例,详细分析高速公路危险化学品运输安全保障技术及应急管理手段,并对危险化学品运输泄漏进行模拟和分析;第六章综合上述模型进行高速公路运输安全风险评估,介绍相关评估方法、指标体系和评估模型;第七章是总结及对未来展望。

本书可供公路管理人员和交通运输工程领域的研究人员参考使用,也可作为大专院校师生的教学参考书。

图书在版编目(CIP)数据

高速公路运输安全智能监管技术/姜晓庆等编著.—北京:人民交通出版社股份有限公司,2024.7

ISBN 978-7-114-19541-9

Ⅰ.①高… Ⅱ.①姜… Ⅲ.①智能技术—应用—高速公路—交通运输安全—安全管理 Ⅳ.①U491.4-39

中国国家版本馆 CIP 数据核字(2024)第 100099 号

书　　名:高速公路运输安全智能监管技术
著 作 者:姜晓庆　张　伟　李　杰　咸化彩　王福海
责任编辑:崔　建
责任校对:孙国靖　刘　璇
责任印制:刘高彤
出版发行:人民交通出版社
地　　址:(100011)北京市朝阳区安定门外外馆斜街 3 号
网　　址:http://www.ccpcl.com.cn
销售电话:(010)59757973
总 经 销:人民交通出版社发行部
经　　销:各地新华书店
印　　刷:北京武英文博科技有限公司
开　　本:720×960　1/16
印　　张:15.25
字　　数:270 千
版　　次:2024 年 7 月　第 1 版
印　　次:2024 年 7 月　第 1 次印刷
书　　号:ISBN 978-7-114-19541-9
定　　价:68.00 元

前言

PREFACE

高速公路作为我国运输网络的骨干,是运输体系里的“大动脉”,其运营安全对于整体运输安全具有极其重要的影响。由于其运行速度较高,其事故严重程度与其他等级公路相比也较高。同时,高速公路网络运输量的逐年增加和国家对安全的重视程度逐步提升,高速公路运营管理部门对安全的需求也逐步增大。现阶段,我国高速公路通车里程已跃居世界第一,但同时也存在不少交通拥挤、交通安全、能源消耗和环境污染等问题,迫切要求发展现代高速公路交通运输业。

增强高速公路交通管理与应急处置能力是保障高速公路绿色健康发展的关键。各种传感器技术、物联网技术和信息化技术的快速发展,为高速公路运营管理部门应用新技术带来新机遇,能够帮助他们更好地加强自身监管水平。高速公路运输安全智能监管业务的信息化和智能化对整体运输监管技术具有重要作用。其应用是一个系统工程,需要高速公路运营管理部门、交通运输管理部门、运输企业、车辆制造企业、驾驶人等通力配合,从而使车辆和道路之间的信息能够协同交互,实现智能交通系统的建设和运营,提高交通安全性、效率性和环保性。

本书从驾驶人、车辆、道路和环境等角度说明高速公路的运营安全的影响因素,通过定位传感器、摄像头等设备获取高速公路上运行的驾驶人、车辆、道路和环境等相关安全信息,并在客户端进行数据处理后将数据通过网络传导至信息中心协同管理,评估出高速公路整体运营实时安全状态。在高速公路运营过程中运用这种安全监管新技术,能够对高速公路运营安全提供良好辅助。

本书由姜晓庆、张伟、李杰、咸化彩、王福海编著,参与编写的人员有栗剑、王金亮、万青松、吴伟阳、迟猛、房宏基、尹淑婷、王旭、李志杰、张萌萌、钟敏、孙代耀、黄国林、郝文江、童星、徐明礼、常玉涛、王风春、李理、纪艺、席永轲、韩应轩、程卫平、张萌、陈西广、王建生、阚欣、戴荣健、王帅、艾鑫伟、何镇镇。

由于作者编写经验不足,书中难免有疏漏和不尽完善之处,敬请各位读者和专家批评指正。

作　者

2024 年 3 月

目录

CONTENTS

CHAPTER 1　1

绪论

高速公路是综合立体交通网的重要组成部分，拥有交通流量大、行车速度快、方便快捷等一系列优势，与此同时，产生的交通安全问题也颇受关注。本章将对高速公路发展背景、交通事故概况及安全保障技术发展等进行阐释。

1.1 我国高速公路发展概况

1.1.1 高速公路建设概况

高速公路是国民经济的基础性、先导性产业，是国民经济快速发展的有效推动力。数据显示，截至 2022 年底，全国高速公路总里程为 17.73 万 km，约占公路总里程的 3.2%，里程规模居世界第一。自 1988 年沪嘉高速公路通车以来，我国高速公路总里程每年都在保持较快的增长速度。图 1-1 为我国从 2001 年到 2022 年间高速公路里程情况[1]。

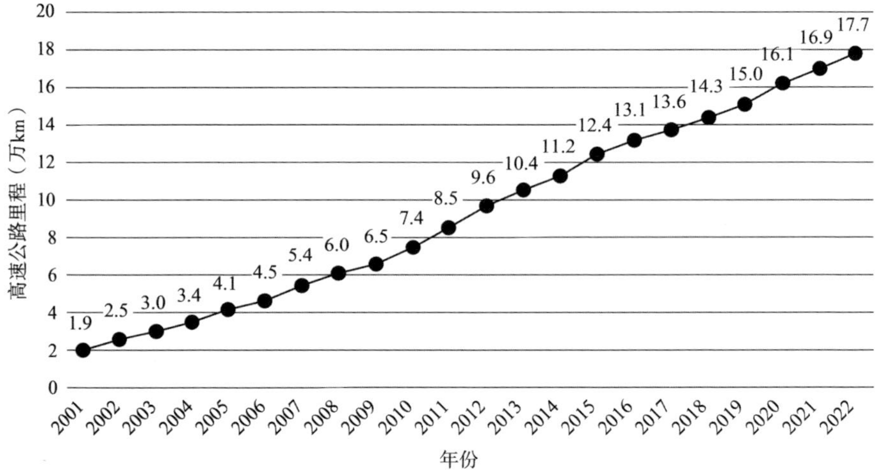

图 1-1　我国高速公路总里程统计图[1]

1.1.2 高速公路区域分布概况

早期的高速公路区域分布与经济发展水平呈密切正相关关系。如东部地区，经济发展时期较早，因此，相较于其他地区高速公路建设时间也较早。中部地区高速公路里程则保持着“增量大，增速平缓”的发展趋势。西部地区高速公路建设虽然起步较晚，但由于近年来国家发展政策的支持，其经济得到快速发展，因此自2013年来西部地区的高速公路里程一直保持较高的增长速度。与此同时，中、东部省份高速公路也迎来了改扩建的快速发展。

截至2022年底，我国高速公路里程排名前五的省（区、市）分别是广东省、云南省、四川省、贵州省以及河北省，其高速公路里程数分别是11238km、11025km、9179km、8331km和8325km[2]。

1.1.3 高速公路未来发展趋势

（1）高速公路里程

我国高速公路总里程在2015年至2022年的增长率分别为7.2%、10.4%、6.1%、8.4%、5.4%、7.6%、5%和4.8%，平均增长率为6.8%，按照平均增长率，测算我国高速公路总里程将在2030年左右突破30万km。

（2）建设方向

高速公路发展将聚焦联网、补网、强链，突出安全便捷、经济高效、融合创新、智慧绿色包容韧性，以建成“71118”国家高速公路网主线，同步推动北京—上海、北京—港澳等建设时期早、道路交通繁忙的线路改扩建工程。此外，建设方向将会趋于城市。对于城市内部，以增强城市的临边快速通道和增设都市圈环线为主；对于城市外部，则强化城市群以及重点城市之间的通行能力，如京津冀、长三角等地区，以提高区域交通的一体化水平。

（3）智慧高速建设

智慧高速公路建设的主要目标是满足道路智能管控、安全高效出行的业务需求，通过新兴技术提升高速公路感知、控制和决策等关键环节的智能化水平，发展自由流收费、基础设施数字化、路网监测等智能场景应用，更好地服务于道路运营管理和公众出行体验，提高行车速度、降低拥堵概率、提高高速公路的运行效率，实现人、车、路、交通环境四者的完美协同。智慧高速公路的“智慧化”主要体现在：

①事件感知。事件智能感知依托视频、雷达等感知设备融合处理，实现对各类道路运行事件的监测预警，对道路内交通情况进行实时记录，并将记录信息提交至监控服务中心进行分析处理。事件类别包括交通事故、拥堵、停车、逆行、行人、抛洒物等。相对于传统事件感知系统，“智慧化”主要体现在事件识别自动化（事故、行人的自动识别替代人工上报）、覆盖的时域更广（增强夜间及恶劣天气下事件感知能力）、事件定位更精准（从路段级定位升级为车道级定位）、时效性更强（事件发现上报更及时）等方面。

②事件联动处置。事件联动处置强调事件发生后,系统、设备及人员之间的智能高效联动,以提升事件处置效率及应急保障能力。如发生拥堵时,道路监控管理系统会根据实时信息调度拥堵路段进行限速或分流,缓解路段拥堵情况,保证高速公路的正常运行。相对于传统事件处置系统,“智慧化”主要体现在实现自动/半自动化的事件研判、设备联动控制、信息发布策略制定及车辆智能诱导等方面。

③道路环境监测。道路环境监测强调精准感知道路通行环境参数和道路健康状态,主要考虑监测的内容、所覆盖区域范围、监测周期频次及异常预警机制等内容。相对于传统高速公路监测,“智慧化”主要体现在监测内容的拓展、监测数据的精准性、监测数据业务价值的挖掘、对科学管养决策的支撑等方面。

④引入新兴技术对车辆监管进行创新改革。5G、云计算、大数据、人工智能等新兴技术正逐步融入交通运输行业,持续推进交通运输行业向数字化、绿色化、智慧化转型。5G 等相关技术设备在智慧高速公路上的投用能够提高交通信息实时传递速度,有力推动车辆智能监管、车路协同、智能养护等功能的进一步实现;云计算技术应用能够进行大规模的数据信息处理,能够为智慧高速公路伴随式信息服务等功能提供有力支撑。

(4)安全

在安全方面,高速公路的发展趋势在于对公路运输情况的管理控制,以减少交通事故的发生,保证高速公路平稳安全运行。主要体现在以下方面:

①监测管理水平的提升。近年来随着监测技术的愈发成熟,在各行各业中被使用的频率越来越高,在高速公路安全管理方面也不例外。5G 等通信技术可以保证传递信息的时效性,实现监控管理中心对于整条道路的实时监测,保证在紧急情况发生时,能够及时制定处理措施,降低交通事故发生的概率,确保高速公路安全运行。

同时,车载监测系统可利用 5G、GPS、北斗定位等技术,将车载高清摄像头记录的行车实时视频、位置以 5G 技术回传至视频监控运营中心,实现本地高清录像与远程实时监控的结合,从而提升监管水平。

②智能运输系统的大力发展。相较于人工管理,人工智能技术在运输管理方面的应用能够更加准确地调用各类资源,极大程度地减少人力、物力等资源的浪费。同时,在节假日期间或事故路段,智能运输系统对于拥堵路段能够起到更好的调度和预警作用,从而提高高速公路运行效率,保证行车安全。

智能运输系统的服务领域包括先进的交通管理系统、出行信息服务系统、商用车辆运营系统、电子收费系统、公共交通运营系统、应急管理系统、先进的车辆管理系统。关键技术包括信息技术、计算机技术、数据通信技术等。主要工作原理是在较为完善的交通基础设施上结合先进的信息技术、通信技术以及传感器技术等,综合应用于地面交通系统,从而建立大范围内实时、准确、高效的交通运输系统,达到交通智能化管理的目的。

③全天候通行条件的发展。高速公路全天候通行条件的实现主要从气象感知、车辆诱导、速度管控以及安全保障四个方面进行考虑。在气象感知方面,通过设置气象感知系统采集高速公路所在区域的实时天气参数,确保公路管控中心和出行者能够得到准确的实时天气情况。在车辆诱导方面,通过设置主动发光标志、雨夜标线、雾区智能诱导等方式,减少恶劣天气下交通事故发生的概率。在速度管控方面,则通过公路感应设备测得各路段行驶车辆速度,结合气象感知信息,针对不同情况的路段进行限速。在安全保障方面,通过自适应照明系统、融雪除冰等设施设备保障车辆在雨、雪、雾等恶劣天气下的正常出行,同时制定救援流动车等应急救援措施,以满足突发事件下的救援需求。

(5)环保

目前,环境保护成为社会普遍关注的问题。因此,我国高速公路的发展针对“环保”主题,制定了一系列措施,如强化生态保护修复、提高资源利用率、提高水污染治理能力以及噪声污染治理能力。

①强化生态保护修复。为保证原生态动植物保护、生态的自然修复以及动物通道建设等生态保护措施的顺利实行,高速公路的选址都尽最大可能地规避了各类环境的敏感区域。而对于无法规避的区域,选择从空中或地下建设通道进行跨越。

②提高资源利用率。在高速公路建设期间,通过节地技术来提高土地资源的利用效率。在材料选用方面,优先选用环保耐久节能型材料。

③提高水污染治理能力。若在高速公路施工和运营期间,占用水资源区域,必须采用“封闭式”排水和水处理系统,防止大规模的水污染事故发生。

④提高噪声污染治理能力。若高速公路经过居民区或办公区等敏感区域,高速公路建设则要保证符合噪声防护距离规定的要求,在个别严重区域,则需要设置隔声屏障等有效降噪措施。

⑤坚持绿色低碳的建设理念。《绿色交通“十四五”发展规划》指出,协同推进交通运输高质量发展和生态环境高水平保护,加快形成绿色低碳运输方式,促进交通与自然和谐发展。在高速公路建设中,应重视绿色、低碳、可循环理念,促进高速公路低碳绿色运营。

1.2 高速公路交通事故概况

1.2.1 高速公路交通事故现状

1)事故数量

高速公路的快速发展大大提高了中国公路网的整体效率,优化了交通结构,促进了中国经济发展和社会进步,但在给我们带来便利的同时,也导致了一系列交通事故,造成了巨大的生命财产损失。根据图 1-2 和图 1-3 可知,我国高速公路事故起数与其造成的死亡人数在 1994—2003 年间呈现了一定的上升趋势,于 2003 年达到峰值,而 2004 年交通运输部在全国范围内开展公路安全保障工作后,高速公路事故起数呈现大幅度下降趋势,于 2009 年下降趋势减缓,呈现平缓趋势。但由于高速公路事故自身特性,相较其他类型道路交通事故,更易导致人员伤亡与经济损失。因此,尽管自 2004 年以来高速公路交通事故的发生数量呈现下降趋势,但其导致的人员伤亡量与经济损失量在全国同期范围内的道路交通事故中的所占比例出现了一定幅度的上升。

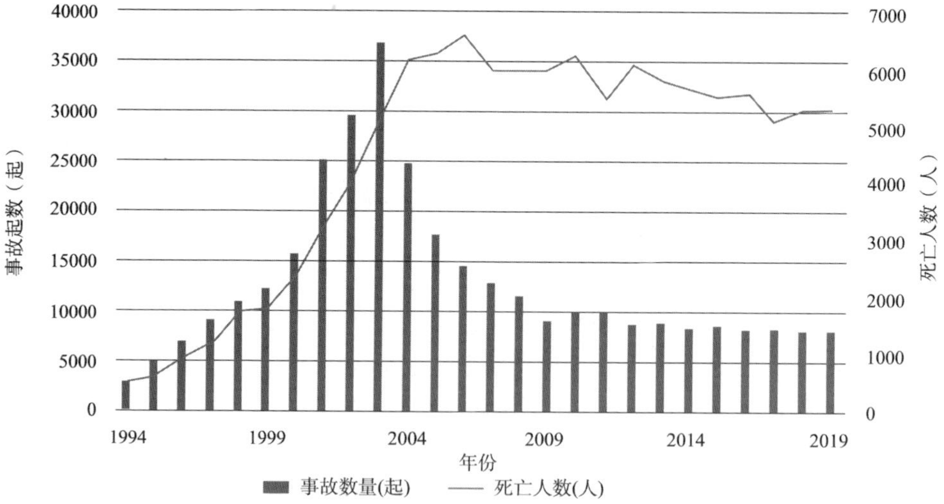

图 1-2 历年高速公路事故起数与死亡人数

根据世界卫生组织 2018 年发布的《道路安全全球现状报告》可以得知,全球每年因为交通事故产生的死亡人数达到 135 万人[3],交通事故已经成为致人死亡的第八大原因。为更好地对比我国与其他国家之间的道路安全现状，选取日本、德国、美国、英国四个国家1980—2018年的道路交通死亡人数、万车死亡率作为对象进行分析。

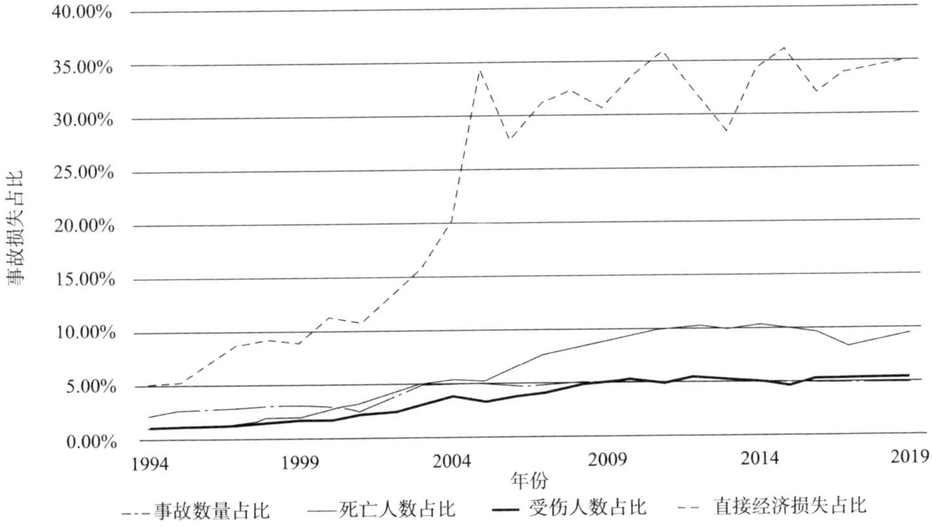

图1-3　我国历年高速公路事故损失占比

(1)死亡人数

在1980—2018年间，上述四个国家中美国道路交通事故死亡情况最为严重，1980—2007年间每年道路交通事故死亡人数在40000～50000人之间，以2008年为转折点，道路交通事故死亡人数有所下降，2008—2018年每年道路交通事故死亡人数在30000～40000人之间。相较于美国，日本、德国、英国在1980—2018年间的道路交通事故死亡人数均在15000人以下，大致以1993年为转折点，三个国家的道路交通事故死亡人数逐年降低，直至2018年，日本、德国以及英国的道路交通事故死亡人数分别为4166人、3275人、1837人[3]。相比而言，我国的道路交通安全研究起步较晚，道路交通事故死亡情况较为严重，2018年我国的道路交通事故死亡人数为63194人[1]。

(2)万车死亡率

选取的四个发达国家在1980—2018年间道路交通事故万车死亡率总体呈现下降趋势，降幅均在50%～70%区间内。近二十年内我国的万车死亡率由20.41%下降至1.93%，降幅虽已接近91%，但由于基数较大，数量仍然较高[3]。

2)事故形态

交通事故形态一般可分为碰撞、剐蹭、碾压、坠落、翻车、失火以及爆炸七种。

高速公路常见的事故形态为碰撞,并伴有失火、爆炸等事故形态。该类事故多发生于交通流量大、雨雪雾恶劣天气等情况下。其中碰撞事故最为常见,可进一步细分为碰撞运动/静止车辆、碰撞固定物、碰撞非固定物等类型。调查显示,平原高速公路事故以碰撞运动车辆、碰撞固定物为主(图1-4);山区高速公路事故以碰撞运动/静止车辆、碰撞固定物为主(图1-5)[4]。该类事故中绝大多数是由驾驶人因素造成的。翻车事故在高速公路行驶过程中也易发生,其主要致因都与轮胎有关,尤其是在高温天气下,更易导致爆胎。此外,剐蹭事故在高速公路上也较为常见,该类事故多发生在超车及变更车道时。

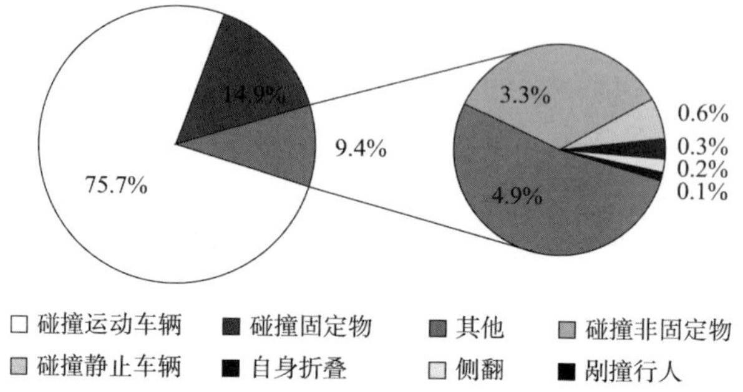

图1-4　平原高速公路事故形态占比[4]

3)事故致因因素

高速公路的整个交通环境由人、车、路、环境、安全管理等因素所构成,任一类因素发生变化,都会对高速公路的交通运行造成影响。

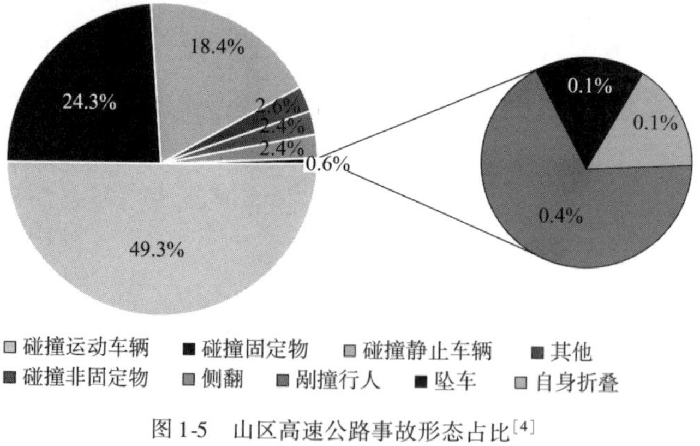

图1-5　山区高速公路事故形态占比[4]

(1)驾驶人因素。由于无人驾驶技术尚不成熟,道路交通系统在未来很长一段时间内仍然是“人-车-路-管理-环境”五要素组成的复杂系统。日本丰田公司调查数据显示，由“人”的因素直接或间接导致的道路交通事故占事故总数的92.9%。1998年，我国道路交通事故中，由人的因素导致的交通事故占比最大，约占92.77%，其中机动车驾驶人行为过失是最主要因素，占84.25%；2005年，全国道路交通事故中，因机动车驾驶人因素导致的交通事故比例为92.25%，相较1998年还上升了8%[5]。可见，交通安全问题从根本上来说是驾驶人的问题，提升驾驶人驾驶安全性是提升高速公路安全性的重要途径之一。

(2)车辆因素。车辆的技术状况是直接影响高速公路交通安全的重要因素。在高速公路行驶过程中，若车辆突发故障或出现安全隐患，将会对车辆行驶产生负面影响，导致交通事故的发生。车辆技术状况主要包括车辆操纵稳定性、车辆制动性、车辆轮胎状况以及车辆发动机性能等。统计数据显示，车辆灯光失效、制动失效和制动不良是高速公路交通事故的主要原因，此外轮胎爆裂也是常见原因。

(3)道路因素。在道路行车安全因素方面，相对于驾驶人因素和车辆因素，道路因素易被忽视。但在实际情况中，几何线形、视距、道路结构、路面状况、基础安全设施等路况指标都会影响道路行车安全。其中，道路线形设计与交通安全之间存在较为密切的联系，如直线过长会使驾驶人感到疲劳，易导致交通事故发生。此外，曲线、车道设计的不合理也会对行车安全造成负面影响。

(4)环境因素。影响行车安全的环境因素包括自然环境和人工环境两个方面。自然环境方面包括天气、所处地理条件以及自然景观等因素。而人工环境则包括车内环境、施工区、障碍物等。

(5)安全管理因素。高速公路安全管理从根本上讲是一种综合管理，它的目的在于通过法律、行政、经济等手段对交通量进行合理管控，从而实现人、车、路和环境的统一，维护交通秩序，保证行车安全。高速公路安全管理的影响因素主要包括安全基础设施的完备情况、安全管理制度的完善程度、养护工作的安全规范程度以及应急救援体系的健全程度等。

4)高速公路事故时段分布

本节基于2018年某高速公路交通事故数据，开展高速公路交通事故时段分布分析，高速公路事故与伤亡人数时段分布图如图1-6所示[6]。

由图1-6可知，高速公路发生的交通事故在24h各个时段分布整体趋势具有一定的波动性，并且事故数量与死亡人数、受伤人数变化趋势大体相同。高速公路交通事故频发于22时至次日5时期间内，在3—4时期间达到峰值，并且伴随着较为严重的伤亡情况。从事故的严重程度来看，发生在下午时段的交通事故虽然较少，但更容易出现较多的受伤人员。究其原因，在夜间和下午时段驾驶人生理上往往会感到疲劳，更容易出现判断错误、反应迟钝等现象，从而导致交通事故的发生。此外，大型车辆驾驶人为追求运输效率，更倾向于选择夜间出行，因此夜间高速公路行驶车辆中的大型车辆比例显著上升，更易加剧交通事故严重程度。

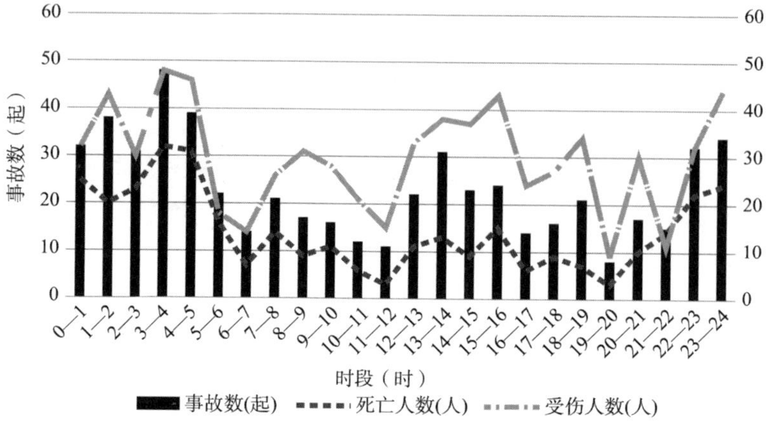

图 1-6　高速公路事故与伤亡人数时段分布图[6]

由交通事故导致的死亡人数看来，粗略将一天划分为白天和夜晚两个阶段，其中白天为 7—19 时，夜晚则为 19 至次日 7 时。从图 1-6 可以看出，夜间发生交通事故的死亡概率更高，占比达到 66.16%。在夜晚时段，驾驶人受到光照弱等不利条件的影响，视线受阻，对外部环境变化的感知下降，交通事故发生风险上升。此外，夜间交通事故的应急救援往往需要更长的响应时间，为致死交通事故的发生埋下隐患。

1.2.2　驾驶人致因分析

从我国大量的交通事故统计可以看出，人为失误导致的事故占 90% 左右，道路交通环境条件引起的占 30% 左右，而因车辆技术状况诱发的事故约占 10%[7]。上面这些事故都是由驾驶人的不良驾驶行为导致的，给人民的生命和财产安全带来了极大损失。

由驾驶人原因导致的重特大事故时有发生，近年来比较典型的三起事故如下：

2023 年 2 月 13 日，一辆重型半挂牵引车行至 G93 成渝环线高速公路重庆往泸州方向路段处时，冲破中央隔离护栏与对向车道行驶的小型普通客车发生碰撞，造成小型普通客车内 6 人死亡。事故原因主要是货车驾驶人疲劳驾驶[8]。

2022 年 2 月 19 日,一辆小型普通客车沿京港澳高速公路由北向南行驶时,与中央护栏相撞后翻到右侧路边沟内,造成小型普通客车内 3 人死亡。事故的原因一是驾驶人安全意识淡薄,长时间驾车,涉嫌疲劳驾驶;二是驾驶人超速行驶,全程使用定速巡航 128km/h,在施工路段虽有减速,但仍严重超过限速 80km/h 的要求;三是车内 3 名乘车人未按规定使用安全带,加重了事故后果[9]。

2021 年 7 月 26 日,青兰高速公路发生重大交通事故,造成 13 人死亡,44 人受伤,直接经济损失约 2119 万元。造成事故的直接原因是:驾驶人驾驶大型普通客车在高速公路行驶中,雨天未按照安全行驶速度,驾驶人应急操作处置不当,导致车辆失控侧翻。同时,在调查中还暴露出事故发生单位肇事车辆人员违法运营、肇事企业安全生产主体责任不落实、涉事检测机构蓄意造假、相关部门安全监管不力等问题[10]。

由此可见,分析交通事故中驾驶人的因素对于预防和减少交通事故具有十分重要的意义。

1.2.3 道路环境致因分析

高速公路环境对车辆的安全行驶是有重要影响的,因为驾驶人的驾驶操作是处在一定的行车环境中进行的,驾驶人必须及时了解和把握不同道路环境的特点,快速处理各种环境条件带来的诸多变化,才能保障行车安全。影响高速公路交通安全的道路环境主要有隧道路段、长大下坡路段、桥梁路段等。

(1)隧道路段

高速公路上的部分隧道内或附近,频发交通事故。作为高速公路的“特殊路段”,车辆通过隧道时,对驾驶人的生理、心理机能都会产生相应的影响。隧道是高速公路上最危险的路段之一,发生交通事故的概率较大,常见的交通事故有:追尾事故、与隧道壁剐蹭、与其他车辆剐蹭等。

高速公路隧道不但对驾驶人有视觉上的影响,对其生理和心理还会产生不利影响。车辆刚入隧道时,驾驶人突然由明处进入暗处,眼睛需要 7 ~ 8s 的适应时间,即暗适应过程。在这个过程中,驾驶人眼睛的灵敏度十分低,几乎是看不清任何东西的。同样,当车辆驶出隧道口时,由于环境明暗的再次变化,驾驶人又需要一个适应的过程,由于驾驶人视力的下降,因此隧道口处往往是事故的多发地点。

另外,车辆进入隧道后,驾驶人与外界环境隔绝,隧道两壁又离车辆很近,在车辆行进过程中隧道两壁快速向后流动,易使驾驶人产生一种正在高速行驶的错误感知,从而作出速度控制不恰当、错误计算车辆安全距离等错误判断,导致追尾或其他碰撞类型事故风险概率的上升。同时,当车辆刚驶出隧道口时,由于视野的开阔,驾驶人会对车速、行车间距估计产生错误的判断,常常误认为自己车速较慢,与前车相距较远,再加之视野豁然开阔,往往会加速行驶,从而易引发交通事故。

2020 年 6 月 8 日上午 10:39,G42 沪蓉高速公路万云段人和隧道内发生一起两车追尾事故(图 1-7),导致两车不同程度受损,5 名驾乘人员受伤,事故原因是驾驶人短暂性“失明”。据肇事者描述,事发时隧道外部光线较强,当车辆高速进入隧道后,自己有几秒钟时间几乎看不到前方道路,当发现前方车辆时,已来不及采取制动措施,导致事故发生[11]。

图 1-7 高速公路隧道事故

(2)长大下坡路段

高速公路由于地形、地貌、地质条件等因素的限制和历史原因,偶而会出现连续长下坡。连续长坡对公路的设计通行能力、服务水平都有很大影响,特别是对行车安全产生较大影响。相关资料显示,近年来高速公路交通事故死亡人数大幅攀升,远高于普通公路的交通事故死亡人数,连续长下坡路段往往是重大、特大恶性交通事故的多发路段(图 1-8)。

2018 年 11 月 3 日 19 时 21 分,兰海高速公路兰州南收费站发生重大交通事故,一辆重型货车因连续下坡、制动系统失灵撞向正在等待缴费通行的 31 辆机动车,导致 15 人死亡,44 人受伤,31 车受损[12]。

2018 年 11 月,全国集中开展长大下坡危险路段排查整治行动。其中,按照

《公路路线设计规范》(JTG D20—2017)有关规定,排查出平均纵坡较大且连续坡长超过极限值的长大下坡危险路段1026处,总里程长8852km,其中包括高速公路136处、普通公路890处,上述路段自开通以来已累计发生道路交通事故2.4万余起,造成6400人死亡,平均每10km发生27起,造成7.2人死亡[13]。

图1-8　长下坡典型路段

(3)桥梁路段

伴随着桥梁技术的不断进步,大型、特大型桥梁不断出现,更需要人们注意桥面安全行车。

大桥桥面很容易出现横风,会对车辆行车造成影响。实践证明,横风对汽车行驶的影响与行驶速度的平方成正比,因此,在遭遇较强横风时,驾驶人首先要降低车速;其次,行驶方向发生偏离时,应适当地转动转向盘加以修正,但千万不能急转,以免发生事故;如必须超车,一定要谨慎、果断,选好超车时机,尽快完成超车行为,避免长时间并行。

对于货车驾驶人来说,由于货车载货后重心会发生改变,受横风的影响会更大,货物一定要捆牢、防止脱落;切勿装载超高、超宽、超长,以免因受横风影响造成翻车。在风力较猛时,其他车辆的驾驶人应尽量避免跟随在满载货物的大型汽车之后,并注意拉开距离,以防不测。

独柱墩桥梁的形式美观、占地面积小等诸多优点使得其在现代桥梁工程建设中占有重要地位。但是,这种桥在超载重车通过时,可能会因侧向抗倾覆稳定性问题发生失稳。

2021年12月18日,位于湖北省鄂州市境内的沪渝高速公路沪渝向转大广高速公路匝道桥发生侧翻(图1-9),造成4人死亡、8人受伤,事发桥梁为独柱墩桥[14]。

图 1-9　沪渝高速公路沪渝向转大广高速公路匝道桥侧翻

1.2.4　危险运输介质致因分析

危险化学品对运输车辆要求较高，承运危险化学品的运输车辆是流动的重大危险源，相比普通车辆更易发生事故，而且事故具有突发性、复杂性和更大危害性。危险化学品运输事故不同于一般运输事故，往往会衍生出燃烧、爆炸、泄漏等更严重的后果，造成经济损失、环境污染、生态破坏、人员伤亡等一系列的社会问题。

2020 年 6 月 13 日 16 时，沈海高速公路温岭段温州方向温岭西出口下匝道处，一辆液化石油气运输槽罐车发生重大爆炸并冲出高速公路，造成 20 人死亡，175 人入院治疗（其中 24 人重伤），直接经济损失 9477.815 万元。事故原因是液化石油气运输槽罐车超速行经高速公路匝道时引起侧翻，液化石油气泄出，进而引发爆炸[15]。

1.3　高速公路交通安全保障技术概述

1.3.1　驾驶人安全保障技术

驾驶人安全保障技术主要是指为驾驶人提供安全保护和辅助驾驶功能的技术手段。这些技术手段可以降低交通事故发生的风险，提高道路行车安全。

常见的高速公路驾驶人安全保障技术如下：

(1)车道偏差预警系统。该系统通过摄像头、车载传感器及卫星定位技术等设备或技术,在车辆偏离正常行驶轨迹时,会发出警报提示驾驶人并辅助控制转向盘,避免车辆偏离道路或与前车追尾等事故的发生。

(2)自动制动系统。当系统通过摄像头或者车载雷达监测到车辆与前车或行人之间的距离小于最小安全距离,即达到危险临界时,系统会采取自动制动措施,避免碰撞和事故的发生。

(3)盲区监测系统。该系统的监测设备包括摄像头、雷达以及超声波传感器等,用以监测车辆周围存在的死角或盲区,给驾驶人提供声音或视觉上的警告,防止意外事故的发生。

(4)驾驶人状态监测系统。该系统的监测手段包括面部识别技术(主要利用影像处理技术来分析面部特征、身体姿态等信息,判断驾驶人是否存在危险驾驶现象)、生理参数传感器技术(利用安装在座位或转向盘上的压力传感器来感知驾驶人的生理参数变化,判断驾驶人是否处于疲乏、分心等状态)以及音频识别技术(利用驾驶人传播的声音信息,如驾驶人呼噜声和说话声的差异,准确地识别驾驶人的驾驶状态)。当系统检测到驾驶人处于疲劳、分心等驾驶状态时,及时对驾驶人发出警报。

(5)车道保持辅助系统。该系统通过摄像头、雷达传感器以及控制转向等技术手段实现辅助作用,主要应用于高速公路等交通流量大的道路行车过程中,该系统有助于辅助驾驶人保持在正确的车道上行驶,并降低切换车道和变道的风险。

1.3.2 车辆安全保障技术

车辆安全保障技术是指利用传感器、通信等科技手段来保障汽车的安全,以降低交通事故发生的概率和减轻交通事故带来的损失。

常见的高速公路车辆安全保障技术如下：

(1)电子收费系统。该系统采用计费器和摄像头等设备读取车辆标签或车牌信息,实现自动缴费,减少车辆缴费时间,防止产生因车辆缴费队伍过长或拥堵而产生的交通事故,从而降低交通事故发生的概率。

(2)制动系统。该系统主要利用防抱死制动系统、电子制动力分配系统和车身稳定控制系统等技术手段,提高制动效果和掌握能力,以更好地维持车辆的行驶方向和速度,降低交通事故发生的风险。

(3)被动式安全气囊系统。该系统通过车载传感器反馈数据,监测车辆所处状态。当车辆处于碰撞状态时,汽车内部的被动式安全气囊会自动弹出,起到保护驾驶人和乘客的作用。

(4)车联网技术。该技术利用车载通信模块与互联网进行连接和交互,当车辆处于危险状态时实现远程紧急求助、远程定位及遥控等功能。此外也可对车辆运行状态进行实时监测,并自动发送预警信息来提醒驾驶人或车主,避免危险的发生。

(5)轮胎压力监测系统。该系统通过传感器采集行车过程中的轮胎数据并进行分析,及时提醒驾驶人注意轮胎压力,保证车辆在路上行驶的稳定性和安全性。

上述的技术手段有助于提高车辆安全保障能力,同时加快高速公路交通的流动性和降低事故发生率。

1.3.3 道路安全保障技术

道路安全保障技术是指采用先进的计算机、传感器、通信和人工智能等技术手段,通过对道路交通运行状态的实时监测、诊断和预测,以及交通信息处理和控制,可以有效提高道路行驶的安全性,降低交通拥堵和安全事故的发生,为道路交通建设和管理提供了有力的技术支撑。

常见的高速公路道路安全保障技术如下:

(1)路面检测系统。该系统主要利用车载相机和雷达等传感器,对道路表面的情况进行监控,在发现路面结构损坏或者存在其他异常情况时及时进行修复。

(2)道路监控系统。该系统通过摄像头、雷达等技术手段对道路状态进行监控,当发生交通事故、交通堵塞等情况时及时提示相关部门以及驾驶人作出调整。

(3)公共服务区域投诉快速受理系统。该系统主要用于保证公共服务区域的问题快速解决。此外高速公路管理部门还配备了一些移动式诉求受理系统,借助互联网技术和智能语音交互管理平台,可以便捷地收集民意并进行跟踪调查。

上述的道路安全保障技术可以有效监测、反馈及消除高速公路上的各种危险因素,确保驾驶人以及乘客的出行安全。

1.3.4 行车环境安全保障技术

行车环境对于高速公路安全保障也有重要影响,理想的行车环境能最大化地保障人和车的安全。

(1)高速公路安全设施

中央分隔带等相关隔离设施是高速公路运行安全的重要保障设施,与其相关的交通事故也较严重。日本统计资料显示,与中央分隔带接触、冲撞以及爬上和冲断波形梁护栏的事故占高速公路事故总数的22% ~25%。我国与中央分隔带有关的事故也超过了高速公路事故总量的20%,且由此造成的重大、特大事故占同类事故比例的62%,每年大约有1/3的死亡事故发生在这些设施处,而且呈现上升趋势[16]。因此,对中央分隔带护栏进行安全处理,如增设防撞缓冲器、安全端头或防撞柱等吸能装置,有效降低车辆撞击护栏时产生的伤害,在一定程度上减少事故的发生。

综观国内外的高速公路,中央分隔带大致可分为齐平式、浅碟式、凸起式三种基本形式(图1-10),每一种基本形式又可分为封闭型、半封闭型、开放型三种。此外,中央分隔带还是绿化的主要地带之一,考虑到绿化,又可以将中央分隔带分为绿化、半绿化和不绿化等形式。

a)

b)

c)

d)

图1-10 高速公路中央分隔带及护栏样式

(2)隧道照明

高速公路的隧道路段常常需要用到灯光来照明,而灯光既不能太过明亮以致驾驶人晕眩,也不能不够明亮以致驾驶人看不清道路情况。在高速公路隧道中,照明亮度取决于道路外部条件、道路平均连续性和驾驶人适应时间等因素。因此,高速公路中的照明需要根据具体的情况进行调节。随着科技发展,我国出现了脉冲宽度调制(Pulse Width Modulation,PWM)调光技术、控制线调光技术、平面光波导(Planar Lightwave Circuit,PLC)调光技术和 ZigBee 无线通信调光技术等新兴且先进的智能灯光调节技术,大大提升了隧道行车安全性。

(3)高速公路路面

良好的高速公路路面应该要有足够的强度、较高的稳定性、一定的平整性和一定的抗滑能力等。在抗滑方面,部分研究者在早期做了很多尝试,如在京沪高速公路河北段采用了大孔隙开级配排水式沥青磨耗层技术(Open Graded Friction Course,OGFC)[17],但由于北方地区风沙较大,路面空隙很快被灰尘、污物堵塞,排水及降噪效果下降,影响了路面的预期使用品质;1993 年,广佛高速公路路面是一种由沥青玛蹄脂(由沥青、矿粉、纤维稳定剂及细集料组成)填充于间断级配粗集料的骨架间隙中形成的密实沥青混合料铺筑完成,即沥青玛蹄脂(Mastic asphalt,SMA)路面。此外,抗滑材料及其性能也在不断优化。1988 年,我国沙庆林院士研发了多碎石沥青混凝土(SAC),它也属于一种粗集料断级配沥青混凝土。SAC 兼备了规范中型沥青混凝土空隙率小、透水性小和Ⅱ型沥青混凝土较大表面构造深度以及较好的抗高温变形能力等优点。随着时代的不断发展,陶瓷颗粒等新型材料不断涌现。

正如上文所述,高速公路不仅需要注重于路面的抗滑处理,路面的强度与稳定性也不容忽视,高速公路路面大多是由沥青铺筑而成,然而随着交通需求的不断发展,传统沥青材料已明显不能满足如今的道路需求。于是新的沥青材料就被研发出来,在高速公路建设中发挥重要作用,如其中的橡胶沥青混凝土材料,该材料是由基质沥青掺加一定比例的橡胶粉制作而成,相较于传统沥青材料,该材料能够增强道路面层与基层间的黏结性能,防止面层出现反射裂缝和路基病害对路面的负面影响,提升高速公路的稳定性能[18]。除却在传统的沥青材料上作出改进,新材料的出现也能够提升道路路面的强度及稳定性,如近年出现的 DHT 土凝岩①材料,该材料的主要由粉煤灰、赤泥、煤矸石以及钢渣等工业废弃物构成,通常呈现粉末状。将其加入土壤后通过机械压实,可以改变土壤的化学

① DHT 土凝岩是一种以粉煤灰、赤泥、煤矸石、钢渣等工业固体废弃物为基础制作出的一种新型低碳环保高性能土壤固化剂,其中“DHT”目前还没有具体的中文解释。

与物理性质,使其变为一种具有“岩化”特征的混合物,具备较高强度[19]。此外还存在诸多材料能够作用于道路强度和稳定性的提升,如乳化沥青、改性沥青、沥青玛蹄脂碎石混合料等。

1.3.5 危险运输介质保障技术

近年来危险品道路运输量逐年增加,主要包含易燃易爆品、化学品、烟火爆竹等,危险品运输企业多、运输车辆庞大、从业人员繁杂,这给危险品的安全监管带来了挑战,对危险品在途运输环节的实时监控非常重要。

传统的危险品监管方法,是在运输车辆罐口或厢门加装机械签封,运输到达目的地时,再由工作人员检查签封是否完好,以此判断运输过程中运输车辆罐口或厢门是否打开过。但这种签封极易被仿制,而且监管部门也很难了解运输途中的状况,存在极大的安全隐患。

目前,危险品安全运输监控管理系统主要由智能无线车载终端、射频识别(Radio Frequency Identification,RFID)电子签封锁具、危险品监控数据通道引擎、危险品安全运输管理平台等组成。智能无线车载终端,具有3G通信和卫星定位功能,可实时监测电子签封锁具的开关状态,并控制其开关;RFID电子签封锁具,通过刷卡方式对电子锁进行解封和施封,并配合卫星定位系统实现定点签封功能;数据通道引擎,对所有车辆的数据进行实时处理,并接受管理软件的指令对电子锁进行远程控制。

危险品安全运输监控管理系统具有许多功能,如下所示。

(1)如集卫星定位、RFID于一体的定点电子签封功能。该功能通过在车辆的罐口或厢门安装电子签封锁具,从而保证位于始发站或目的站才能开启电子锁具,避免运输途中电子锁具意外开启。此外该系统在电子签封的基础上增添了监控模块,保证能够实时监测电子锁开锁、关锁、异常开锁状态,并通过无线网络上传到运输监控数据中心。

(2)在该系统的监测及报警模块中通过异常联动图像抓拍功能,对电子锁具未施封、异常地点开启电子锁具、停车超时、车辆超速、未上传监控数据、车辆超出安全规定区域等现象进行监测,倘若发生上述现象,则自动报警。

(3)该系统的车辆安全运输管理功能基于电子地图开展,通过该功能可以直接查询系统中所有车辆与驾驶人的实时状态信息,倘若车辆行驶到偏远地区,通信信号薄弱,此时可将状态数据信息保存于车载终端上,在信号正常时自动上传至运输监控中心,此外还可查询各车辆的历史行驶状态和轨迹,为事后驾驶人自身或管理部门信息查询提供佐证。

本 章 小 结

本章作为全书的整体概述，主要从三个方面进行全书整体的概括介绍：一是我国高速公路发展概况，主要阐述了我国近二十年来的高速公路建设概况、区域分布概况以及未来发展态势；二是我国高速公路安全现状，该部分阐述了高速公路交通安全总体形势，主要从交通事故现状以及不同类型交通事故致因等方面进行说明；三是对我国高速公路交通安全保障技术作出总结及阐释，其中包括驾驶人、车辆、道路、环境以及危险运输介质这五个方面。

本章参考文献

[1] 中华人民共和国国家统计局. 中国统计年鉴［M］. 北京：中国统计出版社，2022.

[2] 网易新闻. 2022 年 31 省高速通车里程排名：贵州领先山东，仅上海不到 1000 公里[EB/OL].（2023-05-05）[2023-05-05]. https://m.163.com/dy/article/I401VDJG0553P06W.html.

[3] WORLD HEALTH ORGANIZATION. Global Status Report on Road Safety 2018 [R]. Geneva: World Health Organization, 2018.

[4] 王雪松. 交通安全分析[M]. 上海：同济大学出版社，2022.

[5] 孔令铮. 交通事故致因中的人为因素分析[J]. 中国安全科学学报，2013，23(1)：28-34.

[6] 娄晨. 基于时空角度的高速公路交通事故致因与严重程度分析[D]. 北京：北京交通大学，2021.

[7] 沈斐敏，陈伯辉，雷兢. 交通事故中人为因素分析[J]. 新安全，2006(10)：3.

[8] 徐庆，姜予恩. 快递货车与面包车相撞致 6 死 1 伤 肇事司机涉嫌疲劳驾驶 [EB/OL].（2023-02-13）[2023-05-05]. https://baijiahao.baidu.com/s?id=1757706623774406079&wfr=spider&for=pc.

[9] 中华网. 河南交警发布京港澳高速公路许昌段“2022.2.19”交通事故情况通报

[EB/OL]. (2022-02-28) [2023-05-05]. https://henan. china. com/news/jt/2022/0228/2530253707. html.

[10] 人民网. G22 青兰高速"7·26"重大道路交通事故原因公布 40 人被追责[EB/OL]. (2021-11-17) [2023-05-05]. http://gs. people. com. cn/n2/2021/1117/c183348-35009646. html.

[11] 胡家兴. 惊险！司机驶入隧道"失明" 高速追尾撞飞前车[EB/OL]. (2020-06-11) [2023-05-05]. https://www. cqcb. com/hot/2020-06-11/2518626_pc. html.

[12] 马静娜. G75 兰海兰州南至井坪路段恢复通车[EB/OL]. (2018-11-04) [2023-05-05]. https://baijiahao. baidu. com/s? id = 1616180754429966132&wfr = spider&for = pc.

[13] 蒋菱枫. 公安部公布十大事故多发长下坡路段[N]. 人民公安报,2018-11-15.

[14] 金珠,彭照. 持续更新丨湖北一高速一段桥面发生侧翻致 4 死 8 伤 专家正赶赴现场处置[EB/OL]. (2021-12-19) [2023-05-05]. https://content-static. cctvnews. cctv. com/snow-book/index. html? item_id = 2655587794563881414.

[15] 中国经济网. 沈海高速温岭段"6-13"重大爆炸事故系超速所致[EB/OL]. (2021-01-04) [2023-05-05]. https://baijiahao. baidu. com/s? id = 1687919910040976753&wfr = spider&for = pc.

[16] 张娟. 基于车辆动态仿真试验的高速公路中央带隔离设施研究[D]. 西安:长安大学,2005.

[17] 祖贵文. 京沪高速公路(河北段)沥青路面技术综述[J]. 中国公路. 建设市场专刊,2004(6):82-83.

[18] 龙森. 高速公路路面改造养护中橡胶沥青混凝土施工技术的应用[J]. 交通世界,2022(31):61-69.

[19] 宋超. DHT 土凝岩稳定土在合铜高速公路路面施工中的应用[J]. 工程技术研究,2023,8(3):30-33.

[20] 杨洋. 考虑区域类型差异的高速公路事故风险识别与交通安全评价研究[D]. 北京:北京交通大学,2020.

CHAPTER 2　2

高速公路交通安全风险因素

高速公路运输安全受诸多因素影响,如道路、车辆、环境、人员、运输介质、安全管理等。本章就上述因素分别展开论述,探究这些风险因素是如何影响驾驶安全的,以及怎样对其进行合理规避,以进一步提升高速公路的行车安全性。

2.1 驾驶人安全风险分析

驾驶人的因素是影响高速公路安全的一个重要因素。数据显示,90%以上交通事故直接或间接由驾驶人导致,驾驶人心不在焉、注意力分散、疲劳驾驶、超速行驶、开车接打电话、长时间占用超车道等都有可能导致交通事故的发生。在高速公路行驶时,可以从驾驶人视觉特性、反应时间、疲劳驾驶三方面进行考虑。

2.1.1 驾驶人视觉特性

驾驶人的视觉特性主要包括视力、眩目与适应。

(1)视力

驾驶人的视力可以分为静视力、动视力和夜间视力。静视力是指在人和视标都静止的状态下视力。动视力是指人和视标处于运动(其中的一方运动或两方都运动)时视力,车辆驾驶人在行车过程中的视力是动视力。动视力随车速增加而下降,一般情况下,动视力比静视力低10%~20%,特殊情况下比静视力低30%~40%[1]。此外,动视力和年龄也有关,年龄越大,动视力与静视力之差越大。

夜间视力与光线亮度有关,随着亮度的增大,夜间视力逐渐增强,在照度为0.1~1000lx(勒克斯)的范围内,视力与光线亮度呈线性递增的关系。夜晚照度低造成的视力下降叫作“夜近视”。研究发现,夜间的高速公路交通事故常常与夜间光线不足、视力下降有直接关系[1]。

2017年8月10日夜间23时,一辆客车自成都驶往洛阳,途经京昆高速公路安康段秦岭一号隧道南口时,撞向隧道口发生交通事故。事故造成36人死亡,13人受伤,直接经济损失3533余万元[2]。调查结果显示,夜间现场路面视认效果不良是重要原因之一。

(2)眩目与适应

夜间在高速公路行驶时,如果中央分隔带的绿化措施或防眩设施设置得不合理，对向来车的灯光会导致驾驶人眩目。眩目主要是指在眼内角膜与网膜之间的媒质产生散射而引起的反应，这种现象会使人眼前一花，无法看清眼前道路。

驾驶人由明处到暗处或由暗处到明处，眼睛都需要一段时间来适应，才能恢复视力，这个恢复的过程被称作适应。由明到暗的适应称为暗适应；由暗到明的适应称为明适应。暗适应比明适应需要的时间更长，暗适应大约需要15min；明适应一般只需要几秒钟到1min。行车时出现的明暗适应常发生在黎明、傍晚时刻以及进出隧道时，对行车安全具有较大影响。

此外，当驾驶人进入隧道时，会遇到一些无法预料的情况，如“黑洞效应”“白洞效应”等系列问题。

①黑洞效应，即在进入隧道口的瞬间，洞口昏暗的灯光使驾驶人立刻感觉眼前一片漆黑。自然光照在日间行车过程中可以达到1000lx（勒克斯）；但是当驾驶人驶入无照明隧道时，隧道出入口的光照度只有几十勒克斯，由此眼前将会是一片漆黑的状态。一般在天气较好的白天行车，驾驶人驱车通过隧道出入口的一瞬间，会感觉像突然进入黑洞一般，由此得名“黑洞效应”。在“黑洞效应”影响下驾驶人视力将忽然变差，很难发现隧道中的物体，情况严重时可能无法看清路面以致发生交通事故。然而“黑洞效应”不仅发生在白天，夜间行车同样也有可能出现“黑洞效应”。当隧道内夜晚灯光太亮时，在出隧道口处，驾驶人在看隧道外相对较暗的环境时也极易产生“黑洞效应”，如图2-1所示。

a)

b)

图2-1 “黑洞效应”

②“白洞效应”，即驾驶人在隧道内较长时间处于黑暗环境中，在出隧道时强烈的自然光将给驾驶人带来眼前一片白光的感觉，如图2-2所示，这时驾驶人会因为强烈的眩光而感觉眼睛不适，甚至可能直接闭上双眼，从而无法看清隧道外的道路情况，导致交通事故发生。

a)　　b)

图 2-2 “白洞效应”

2.1.2 驾驶人反应特性

反应特性也称为反应时间,指从感知到刺激到反应之间的时距。人的反应时间与行车安全密切相关。由于反应时间是人体本身所具有的特性,不能通过使用任何技术手段来改变,因此,只能通过对反应时间的研究来认识其特点,从而降低其对交通安全的影响。

驾驶人的驾驶反应过程可以分为认知、判断和操作等过程,驾驶人面对突发危险情况的处理过程如图 2-3 所示。

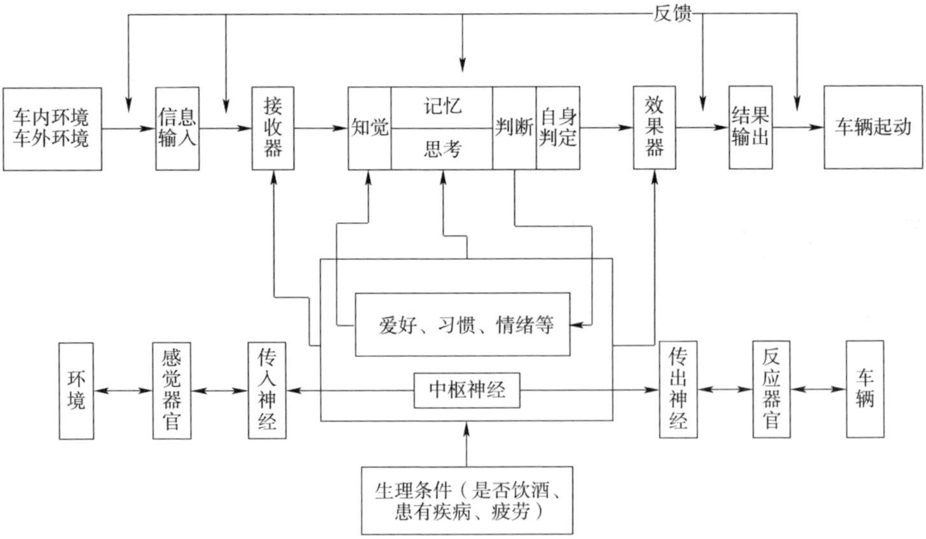

图 2-3 驾驶人的信息处理过程

根据相关的调查和试验,驾驶人的反应时间在0.3~1.0s之间,其中大多数制动反应时间在0.66s左右,最慢制动反应时间为2s。驾驶人反应时间对交通安全的影响很大。如就0.66s和2s而言,一辆汽车以100km/h的速度行驶时,其制动前反应时间内行驶的距离可因驾驶人反应时间的不同而从18.3m增加到55.4m,在相同的行车环境下,在反应时间内行驶距离为18.3m可能就是安全的,而55.5m可能就会发生交通事故[1]。

此外,在高速公路行驶过程中,没有行人和非机动车的双向干扰,且路侧景观单调,驾驶人在这样的环境中长时间驾驶很容易疲倦,甚至是瞌睡。而当驾驶人处于疲劳状态时,思维和行动都会变得迟钝,操纵和控制车辆的能力将会大幅下降。

据美国国家公路交通安全管理局保守估算,该国每年因疲劳驾驶造成的交通事故达15万余起,导致2000余人死亡、70000余人受伤和约125亿美元的直接财产损失。根据法国国家普查总署发布的报告,在法国由疲劳驾驶导致的交通事故占总数的15.8%,死亡事故占总数的14.6%。澳大利亚道路与交通管理局报告显示,近20%的交通事故与疲劳驾驶有直接关系[3]。

2023年2月4日17时左右,在许广高速公路自南向北方向约676km处,先后连续发生多起交通事故,部分涉事车辆起火。该事故共涉及49辆车,共造成16死66伤,事故主要原因为疲劳驾驶[4]。

2.1.3 驾驶人其他特征

(1)驾驶人心理特征

驾驶人心理特征主要指驾驶人本身的心理因素以及在特定行车环境中的心理活动,既有主观上的性格、气质、意志等原因,也包括外界人为或特定环境影响下的情绪反应等,与行车安全的关系主要有以下表现。

①性格与行车安全

不同性格的人处理问题的方式是不一样的,其导致的结果亦不同。在行车中遇到意外情况时,有的小心谨慎,有的则粗枝大叶;处理问题时有的坚定果断,有的则优柔寡断;在安全意识方面同样,有的极为重视,有的满不在乎。不难想象,前者的事故率会明显低于后者。

②情绪与行车安全

情绪会影响驾驶人的行为。心情愉快、舒畅会精力集中、反应敏捷,提高驾驶潜能;而情绪低落、大喜大悲都会导致注意力不集中、反应迟缓,势必容易发生交通事故。因而情绪的高低以及情绪受外界影响的程度对行车安全至关重要。

③意志与行车安全

意志也是一个人性格的体现，一个好的驾驶人应具备遵守交通规则、提高行车安全的自觉性，同时还要有良好的自制能力和韧性。交通事故主要原因之一的“疲劳驾驶”既有客观的“疲劳”。

实际上，上述驾驶人性格、情绪、意志等对交通安全的影响并不是孤立的，在日常生活中人们的心理特征的具体表现即为心理活动，除一些基本的、本能的心理活动外，交通事故的发生，往往还与一些不良的心理活动有关。以下是一些驾驶人行车时的心理类型。

①盲目心理

部分驾驶时间短、驾驶经验少的驾驶人，虽然具备了驾驶车辆的基本技能，但驾驶技术并不熟练，经验不足，对于复杂的道路情况和车辆性能还缺乏应变能力，不能及时并正确地处理一些危急情况，易发生交通事故。

②侥幸心理

有些驾驶人对酒后驾车、闯禁行线、超载、超员等违章行为心存侥幸，他们总是认为不会被抓住或者不会发生交通事故。有的驾驶人不能自觉遵守交通法规，违背操作要求驾驶车辆，遇到可能发生事故或已经预感到可能发生的问题的情况，不是采取有效措施加以避免，而是靠碰“运气”。他们在极度紧张的情况下驾驶车辆，行车过程中心理一直处在复杂、多变、波动的状态之下，害怕被查处或发生事故，遇到险情时很难全神贯注，沉稳操作，不是惊慌失措，就是反应迟缓，影响行车安全。

③逞强心理

有些驾驶人，特别是年轻的驾驶人，争强好胜，行车爱与人争高低，罔顾自身驾驶水平、车况和路况如何，盲目开快车，强行超车，一旦遇到紧急情况，便来不及采取措施，导致交通事故发生。

④逆反心理

有些驾驶人认为个别运管、路政、交警处理违章时态度生硬、处罚不妥，从而心怀不满，故意违章以求心理平衡。

⑤保险心理

有的驾驶人错误地认为投保后就有了后盾，不担心违章肇事后造成的经济赔偿问题，所以开车时采取无所谓的态度。

⑥急躁心理

有的驾驶人性情急躁，不管道路状况如何，总是我行我素，遇到交通拥堵，不是依次排队等候，而是见空就钻，这也是交通事故发生的原因之一。

⑦骄傲心理

有的驾驶人驾龄长，而且从未发生事故，就认为自己的驾驶技术高超，产生了骄傲情绪，因此放松了对行车安全的警惕性，也容易导致交通事故的发生。

(2)驾驶人信息处理特性

驾驶是一种实时操作任务，驾驶人在驾驶过程中需要在短时间内快速处理大量的交通信息。在驾驶人信息处理过程中，视觉是驾驶人获取交通信息的主要通道，驾驶视觉注意力需求由单位时间或单位距离内驾驶人需要处理的交通信息量决定，交通信息密度越大，驾驶注意力需求越高。行驶速度越快，单位时间内驾驶人需要处理的信息量越大，遗漏或者错误感知信息的可能性也就越大。如果在关键时刻遗漏或者错误感知与行车安全相关的关键信息，驾驶人很可能做出错误的判断和操作，导致事故发生。然而，驾驶人的注意力资源是有限的，即使看到了也不可能处理所有的信息。驾驶人在行车过程中的信息处理特性通常如下所示：

①需要处理的信息多。行车过程中，车内信息、车外路况信息(如道路凹凸不平、弯曲、坡度、宽窄等)、交通信息(交通信号、交通标志、行人及其他车辆等)接踵而来，驾驶人要主动收集并处理这些信息，方能保证安全行车，若在城市闹市区的上下班高峰期，驾驶人需要处理的信息则更烦琐。

②需要处理的信息变化大。由于交通状况复杂，信息变化无常，尤其是我国的混合交通，其信息往往杂乱无章，极大增加驾驶人处理信息的负荷。

③要长时间地进行信息快速处理。从发车到收车，一路上各种信息接连不断且变化无常，尤其在高速行驶中，受时间的限制，驾驶人必须快速处理众多信息。如果信息处理迟缓，就容易导致事故。特别是从事汽车客、货运输的专职驾驶人，工作时间较长，这就要求他们处于长时间快速处理信息的状态。

④要随时区分必要信息和非必要信息。因为驾驶人接收和处理信息的能力有限，所以在信息超负荷的情况下，驾驶人要善于主动地去接收和处理那些与交通安全有关的信息，忽略其他不必要的信息。

(3)驾驶人个体特性

根据心理特征差异，2023 年仍有大量相关胆汁质、多血质、黏液质、抑郁质四大气质类型的新闻与研究。

①胆汁质驾驶人的行为特征

胆汁质驾驶人其神经系统的活动类型是强而不平衡。胆汁质驾驶人，在驾驶活动中的性格特性具体表现为：均衡性差，脾气急躁，情感容易冲动而不能自制，挑衅性强，态度直率、动作急速而难以抑制等。当他们情绪高涨时，能以极大的热情投身于工作并有克服行驶道路上遇到的各种困难的决心,但是,一旦当他们对自己的能力失去信心时情绪顿时跌落,一事无成。在驾驶行为中,该类驾驶人攻击性强,易表现超速行驶、争道抢行、强行超车等不安全行为。而且,他们还会常常因为一些小事开斗气车,甚至相互排挤。在通过路口时,他们往往以较高的车速冲入路口,易导致交通事故的发生。

这类驾驶人驾驶车辆的特点是:操作动作干脆有力,处理情况果断,开车速度较快;行车中易被对方不礼貌的行为激怒,一旦被激怒将会做出危险的报复行动;处理危险情况时不够沉着仔细,喜欢冒险尝试,因此,处理情况的危险系数比较大。在恶性事故中,这种类型的驾驶人比较多。

②多血质驾驶人的行为特征

多血质驾驶人其神经系统的活动类型是强、平衡且灵活性高。多血质驾驶人,在驾驶活动中的性格特征具体表现为:善于适应环境的变化、喜欢刺激、喜欢新颖和被人注意、兴趣广泛但不稳定、注意力易转移也易分散、思维灵活、非常机智但思考问题易受情绪影响。这种类型的驾驶人在复杂的道路交通条件下表现良好,而在简单的道路路段上情绪不够稳定,并且在长距离的高速公路上行驶时容易打瞌睡。

这类驾驶人驾驶车辆的特点是:操作动作敏捷,反应较快,处理情况准确,行车中能坚持礼让,并乐于帮助其他驾驶人解决困难,遇到紧急情况采取的措施也较有力。但这类驾驶人行车时的状态不稳定,车辆驾驶的平顺性随着情绪的变化有较大的波动,车速时快时慢,有时车开得十分平顺,有时马马虎虎,粗心大意。当心情高兴时,经常忘乎所以地开快车,因此容易对一些重要的情况观察得不细致,从而导致行车过程中险情和小事故的发生。

③黏液质驾驶人的行为特征

黏液质驾驶人其神经系统的活动类型是强、平衡且灵活性较低。这种驾驶人在驾驶活动中的性格特征具体表现为:感情不外露,情绪不易冲动。他们在驾驶中,显得心平气和,喜欢安静地开车,不愿别人打扰;具有较强的坚持性,从不半途而废,能严格遵守工作制度、秩序和组织纪律;具有处理复杂事物的耐心,能适应单调刺激的环境,有克服困难的毅力和自制力;在工作中显得冷静、稳重、踏实,遇到紧急情况时,能有条不紊并且保持精神和体力的紧张状态。但他们对外界事物反应慢,行动比较迟缓,行为不够灵活,注意力不易转移。这种类型的驾驶人在驾车过程中,能够自觉遵守交通规则,很少出现交通违章。在遇到紧急情况时,能够有效地控制自己的紧张状态,但由于性子慢,在遇到紧急情况时,应变能力较差,决策和反应过程比较慢,不利于对紧急情况的快速处理。

这类驾驶人驾驶车辆的特点是:操作动作稳定自如,行车中不急躁,不开快车,车速具有较强的节奏性,不易受外界的干扰,能较严格地执行交通规则;驾车节奏较慢,车队行进时经常掉队;对情况处理不够果断,处理危险情况常因优柔寡断而错失良机,这种人发生交通事故的主要原因是遇情况犹豫,自信心不足。

④抑郁质驾驶人的行为特征

抑郁质驾驶人其神经系统的活动类型是弱而不平衡、不灵活。这种驾驶人在驾驶活动中的积极方面主要是:有较强的感受力,因而观察比较仔细、深入,善于察觉别人不易察觉的细节,直觉性、预见性强。消极方面是:情感产生慢,一旦产生,其体验深刻持久,情感脆弱,不易外露,难以忍受强烈刺激;对外界事物敏感,行动迟缓,处理问题谨慎小心,优柔寡断,在遇到紧急情况时,易产生失望和恐惧感,导致行为惊慌失措,意志坚韧性差。驾驶人在行驶过程中,需要迅速决策并调整自己的驾驶行为以协调通行。显然,抑郁质驾驶人的犹豫不决不利于调节通行关系,易引发交通事故。

这类驾驶人驾驶车辆的特点是:操作动作较正规,能严格按照操作规程和交通规则驾驶车辆,车速会比较稳定,行车中有主动礼让的精神;这种人处理情况时有时会出现顾此失彼的现象,对一些交通情况观察得不够全面,思想较狭窄,致使处理意外情况时不知所措;在行车中,情绪虽稳定,但一种意念产生后,就非要付诸实现,不易改变主意,一旦遇到超车、让车、会车不顺心而产生固执情绪时,便会强行付诸行动。

显然,不论驾驶人属于哪种类型,对驾驶活动来讲都存在有利的一面和不利的一面,因此,我们不能简单地作出这样的规定,即属于某一种类型的驾驶人不准驾驶机动车辆。况且,在我们日常生活中,从理论上讲,虽然可以遇到以上四种不同类型的典型代表人物,但不是所有的人都可以按照这四种类型来划分。只有很少数人是上述四种类型的典型代表人物,而大多数人是混合型或中间型的。另外,一个人的个性性格也会随着年龄的增长而发生变化。青少年时期很多人都表现出多血质和胆汁质的特征,即人们常说的“血气方刚”,中年以后随着阅历的增长,更多的驾驶人表现出多血质和黏液质的特征。

2.2 车辆安全风险分析

车辆的技术状况是直接影响高速公路交通安全的重要因素。车辆在高速行驶中,一旦出现了突发故障,势必会对车辆的正常行驶产生不利影响,轻则抛锚,重则导致人员伤亡。

2.2.1 车辆操纵稳定性

当车辆在高速行驶时,驾驶人经常会有一种"飘"的感觉,如转向盘不动,方向不变,车辆"反应迟钝",尤其是当超速或向心加速度达到一定值时,会产生驾驶人向左转动转向盘,车辆却向右行驶的情况。这些现象均与车辆的操纵稳定性密切相关,也是造成高速公路交通事故多发的因素之一,主要包括直线行驶的方向稳定性、侧向风稳定性、快速变换车道特性等。良好的操纵稳定性可以确保车辆在各种行驶状态下均不会发生失稳现象,能避免高速行驶时路面干扰导致的转向失控现象。

车辆转向系统长时间频繁使用导致零部件磨损,各部件之间空隙增大,使得前轮定位不准,悬架与转向装置不协调,进而导致车辆在直线行驶时发生摇摆,不但进一步增加了零件磨损,还会导致操纵性能下降、驾驶安全感差等问题。

此外,为了减少驾驶人行驶压力,车辆必须具备轻便的转向功能。转向力需要控制在一定的范围之内,转向力过大会加重驾驶人的劳动强度,在急转弯或紧急避让时,会导致转向困难或无法完成转向,从而严重影响车辆的安全运行;转向力度过小将导致车辆转向漂移,影响行车的安全。

总之,倘若车辆的操纵稳定性差,就无法对驾驶人的"转向指令"做出精确反应,从而造成车辆摇摆、转向甩尾或沉重、高速斜行、"发飘"、不能自动调整等问题。此外在受到外部干扰后,车辆也很难在短时间内恢复到原有的运行状态,降低车辆行驶安全性,严重影响高速公路交通安全。

2.2.2 车辆制动性能

车辆制动性能是车辆主动安全性能之一。高速公路上发生的重大交通事故往往与制动距离过大、紧急制动时出现侧滑、前轮失去转向能力等因素密切相关,同时这些也是导致交通事故发生的主要因素。统计数据显示,在发生人身伤亡的道路交通事故中,潮湿路面上的事故近1/3都与侧滑相关;在冰雪道路上,侧滑导致的事故占70%~80%。通过对车辆侧滑事故的分析可以看出,50%以上的事故由制动失灵造成[5]。所以,车辆的制动性能对其安全运行起着非常重要的作用。

此外,车辆在行驶过程中制动时,尤其是在低附着系数的路面(如潮湿、冰雪路面等)上,需实施紧急制动时,车轮极有可能发生抱死拖滑的现象,这样不但会造成轮胎的磨损,还会使车辆失去转向能力、增大制动距离,导致车辆侧滑甩尾,甚至发生车辆相撞等恶性事故。

2018年11月3日晚一辆拉运塔式起重机的半挂车沿兰海高速公路由南向北

行驶，经 17km 长下坡路段，行驶至距兰州南收费站 50m 处，与排队等候缴费通行的车辆发生碰撞，造成 15 人死亡、44 人受伤，其中重伤 10 人，31 辆车受损[6]。兰州市公安部门调查显示，事故原因在于在长下坡过程中驾驶人频繁制动，导致车辆制动系统失效。

2.2.3 车辆轮胎

车轮爆胎是高速公路最普遍的事故诱因之一，速度越快，危险程度也就越大。从车辆性能来看，连续高速行驶，很可能会造成轮胎内部温度升高，使得轮胎内部气压迅速升高，若轮胎质量较差，极有可能造成爆胎，酿成车祸。造成爆胎的原因主要如下。

(1) 车速过快

汽车长时间高速行驶，轮胎的滚动速度增大，滚动阻力增大，轮胎与地面之间的摩擦力会越来越大，从而产生大量热量，再加上轮胎老化，胎压过高，轮胎就会变得越来越薄，一旦被刺破，就会炸开。

(2) 胎压过高或过低

当车辆行驶在不平坦路面时，气压过高，就会引起磨冠，这样轮胎的刚性增大，强度下降，容易发生爆胎；气压过低，轮胎的下沉量增大，胎侧变形较大，容易使胎体帘线造成周围断裂和胎冠磨耗不均，引发爆胎。

(3) 制造工艺不良

载重车辆的轮胎圈部位由于两钢丝圈不平引起胎圈爆破，在轮胎生产制造过程中，由于杂物、胶体没压实或胎面胶与缓冲层之间的黏合不牢固，出现胎侧凹凸不平，在高速行驶中会导致脱层而爆胎。

2023 年 3 月 13 日，G1523 甬莞高速公路 214km 处龙山隧道内发生一起货车爆胎侧翻事故[7]。公共视频显示：孔某驾驶货车正常行驶，车辆突然发生爆胎，货车失去控制，在旋转 270°后侧翻倒下，地面留下大面积划痕，破损掉落的轮胎高速向后方滚去，与后方车道白色小车发生碰撞，事故造成三辆车受损。

2.2.4 车辆发动机性能

发动机技术状况不良，极易影响车辆在高速公路上的正常运行，甚至会引发车辆相撞等事故，造成人员伤亡。

(1) 比功率

车辆的比功率是指车辆发动机的最大功率与车辆的总质量之比。在高速公路的超车过程中,最危险的阶段是超车车辆和被超车辆并行,因此,最大限度地减少车辆并行行驶时间,可以有效降低交通事故发生。为了缩短并行时间,超车车辆必须具有足够的比功率,便于迅速提高车速,加大与被超车辆的速度差。车辆比功率小,在高速行驶时易发生发动机过热、拉缸故障等问题。

(2)汽油泵

对使用机械汽油泵的车辆而言,在长时间高速行驶中,发动机温度上升,汽油泵易发生气阻,进而影响汽油泵正常工作,甚至会使汽油泵停止工作,造成发动机熄火、车辆被迫停车十分危险的情况。类似地,化油器的问题也可能导致发动机供油中断,从而导致发动机熄火。

(3)冷却系统的影响

发动机在大负荷甚至全负荷情况下工作时,会产生大量热量,如果在这个时候,冷却系统技术条件不能达到工作要求,就会造成发动机温度升高,影响发动机工作。发动机运转不良,进而影响车辆加速效率,在超车时易引发事故。

此外,车辆的其他技术状况,如发动机的燃油供给系统、点火系统、润滑系统等也对高速公路行车安全起着重要的作用。

2.3 道路安全风险分析

路面状况的好坏对高速公路驾驶安全性也有很大影响。随着现代车辆减震系统的不断改善,因路面凹凸不平而产生的震动与冲击得到了有效缓解,路面行车条件已明显提高。

2.3.1 路面特征

(1)路面平整度

路面平整度是评价高速公路路面质量的一个重要指标,平整度越高,行驶过程越安全舒适。在高速公路上行驶时,驾驶人的舒适性与路面平整度、车辆悬架系统震动特性以及人对震动的反应等各因素相关。从路面性能评价和交通安全评价两方面看,路面平整度对路面行车质量的影响是最大的。

(2)路面抗滑性

路面的抗滑能力小于最低限度时(纵向摩擦因数:水泥混凝土路面为 0.5 ~

0.7,沥青路面为0.4~0.6,干燥路面取高限,潮湿路面取低限),车辆在行驶过程中一旦制动,极有可能发生侧滑失控的危险。特别是在雨、雪天道路表面潮湿的情况下,发生侧滑的危险性增大,在弯道、坡路和环形交叉处,极易发生滑溜事故。另外,渣油路面不仅在淋湿后变滑,在高温下,路面泛油变软,也会变滑。在这种情况下,可以采取加压预涂沥青石屑、路面打槽、限制车速、设置警告标志、设置排水系统等措施保障高速公路交通安全。

道路交通安全与路面类型、路面平整度、路面损伤、车辙深度、抗滑系数等因素相关。而在这些因素中,最主要的是道路抗滑性。路面摩擦力对汽车的行驶和制动性能有很大影响。美国宾夕法尼亚州一份关于车祸的调查显示,在潮湿的路面上,车祸的概率比在干燥的路面高出1倍,积雪路面事故率为干燥路面的5倍,结冰路面高出其8倍[8]。

此外,高速公路上车辆车速较快,路上的碎石或者是路面的细小裂缝都易造成交通事故。道路上的孔洞、破损的木板、裂缝、车辙等都会对道路的平稳性产生一定影响,对汽车的行驶稳定性和行车安全性也有一定的影响。

(3)路面病害

①泛油

路面在高温下会产生泛油的现象(图2-4),轻则形成软黏面,重则形成“油海”。油会附着在轮胎上,降低车速、增大阻力。在雨天,多余的沥青会使高速公路的防滑性能下降,影响行车安全。

a)　　b)

图2-4　路面泛油

②油包、油垄

高速公路路面在车辆横向力的作用下推移变形，出现油包、油垄，严重影响行车的舒适性，加大车辆零件的磨损。

③裂缝、坑槽

高速公路路面出现龟裂、网裂或纵横裂缝（图 2-5），影响路面的平整度，妨碍车辆正常行驶。

a) b)

图 2-5 裂缝、坑槽

（4）麻面

麻面是由于施工不合规范、油石比过小、筑料搅拌不均匀等造成的，严重时会导致高速公路行车颠簸，如图 2-6 所示。

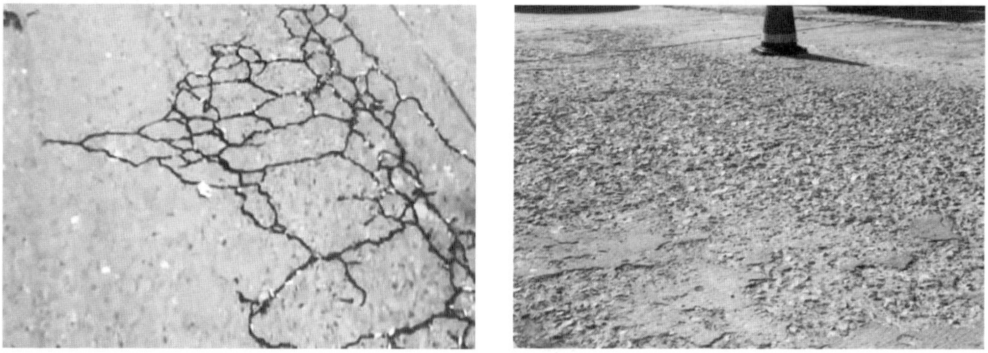

图 2-6 麻面

（5）滑溜

石料磨光、磨损或泛油形成的高速公路表面滑溜，严重危害行车安全。

2.3.2 线形特征

高速公路线形根据描述道路中心线平面的不同可以分为平面线形、纵断面线形和横断面线形。平面线形是从平面角度描述的道路中心线形状,由直线、圆曲线、缓和曲线组成;纵断面线形是从立面角度描述的道路中心线形状,由表示道路前进方向上坡、下坡的纵向坡度和在两个坡段的转折处插入竖曲线两类组成;横断面线形是指中线上任意一点的法向切面,由横断面设计线和地面线组成。

道路线形对高速公路的空间形状及走向起重要的决定作用。线形设计是否合理,直接关系到高速公路的畅通和行车安全。因此,对道路线形设计的基本要求如下:

①在车辆方面,确保车辆行驶时的安全、快速、舒适。

②在驾驶人的方面,从驾驶人、驾驶心理角度出发,高速公路的通视性要好,有利于缓解驾驶人的心理压力。

③在交通环境上,要与沿途景观协调,营造良好的驾驶环境。

④在地形地质条件上,投资建设要做到经济合理,道路在使用过程中病害少。

⑤在总体上,要保证高速公路的线形均匀、连贯,以保证车速的连续性。

(1)平面线形

平面线形可分为直线、圆曲线和缓和曲线三种线形。

①直线

直线线形由于其距离短、车辆行驶时方向清晰等特点而被广泛地用于高速公路的设计中,是高速公路的主要线形。然而,直线线形并非最理想的安全线形,直线过长或过短都会对行车安全产生不利的影响。当直线过长时,驾驶人会感到单调乏味,从而造成注意力不集中、反应迟缓等问题。另外,在长直线路段上,“超速”现象发生频繁,当出现紧急状况时,因来不及制动而导致的交通事故也十分常见。如果直线距离过短,就会导致驾驶人工作强度的增大,进而产生视线错觉,造成交通事故。

②圆曲线

大量的事故数据资料表明,圆曲线路段是事故频发的主要路段,圆曲线半径不同对高速公路交通安全的影响也不同。相关资料显示,圆曲线半径与事故率之间存在幂指数关系,当圆曲线半径大于2000m时,曲线相对平缓,此时半径的增大对事故的影响不大;当圆曲线半径小于1000m时,事故发生率随半径的减小而迅速增大;当圆曲线半径在 400 ~ 600m 范围内时,事故发生率是全线平均水平的 5 ~ 6 倍[9]。

③缓和曲线

缓和曲线是设置在直线与圆曲线之间或圆曲线与圆曲线之间的一种曲率连续变化的曲线。当直线直接与圆曲线相连时,车辆由直线进入曲线,驾驶人会由于离心力的影响而感到不适。为了缓解这一感受,需要设定一个起缓和作用的缓和曲线,以便车辆在正常的转向过程中降低对路面摩擦的要求,提高高速公路的行车安全。

(2)纵断面线形

纵断面线形受最大纵坡坡度、纵坡长度和竖曲线三种因素的影响最大。

①最大纵坡坡度

如果纵向坡度过陡,那么在高速公路上坡的时候就必须增加牵引力来克服斜坡的阻力,这会导致车速降低,而在下坡的时候,为了避免车辆的滑行而频繁地制动,此时车辆的制动系统容易出现故障,导致交通事故的发生。根据相关的数据统计资料,坡度与事故发生率呈正比关系,坡度越陡,相应的事故发生率也就越大,而当坡度超过 4% 时,会导致事故发生率大幅增加,高速公路纵坡控制在 3% ~5% 之间较合理。

我国《公路工程技术标准》(JTG B01—2014)对公路的最大纵坡作出了相关规定,见表 2-1[10]。

最大纵坡[10] 表 2-1

设计速度(km/h)	120	100	80	60
最大纵坡(%)	3	4	5	6

设计速度为 120km/h、100km/h、80km/h 的高速公路受地形条件或其他特殊情况限制时,经技术经济论证,最大纵坡值可增加 1%。

②纵坡长度

由于高速公路交通组成的多样性,车辆的构造、功率、性能不同,不同车辆的爬坡能力也不一样。因此有必要考虑坡长对交通安全的影响。如果坡长过长,会使驾驶人的判断出现失误;如果长又陡的下坡路后接平缓下坡路,会误导驾驶人认为下一段是上坡路而加快车速行驶,造成交通事故。

我国《公路工程技术标准》(JTG B01—2014)规定不同坡度的最大坡长见表 2-2[10]。

最大坡长[10]（m） 表 2-2

纵坡坡度（%）	设计速度（km/h）			
	120	100	80	60
3	900	1000	1100	1200
4	700	800	900	1000
5	—	600	700	800
6	—	—	500	600

当高速公路的连续陡坡是由几个不同坡度值的坡段组合而成时，应对纵坡长度受限的路段采用平均坡度法进行验算。

③竖曲线

车辆在纵坡发生转折的地方行驶时，为了缓冲车辆在转向凹曲线时所受的冲击，保证其在凸曲线的地方有一定的视距，必须在两个坡段之间设置一段曲线，这段曲线称为竖曲线，通常采用二次抛物线。

我国《公路工程技术标准》（JTG B01—2014）规定竖曲线的最小半径和长度见表 2-3[10]。

竖曲线最小半径和最小长度[10] 表 2-3

设计速度（km/h）	120	100	80	60
凸形竖曲线最小半径（m）	11000	6500	3000	1400
凹形竖曲线最小半径（m）	4000	3000	2000	1000
竖曲线最小长度（m）	100	85	70	50

（3）横断面线形

关于横断面线形与交通安全的关系，在国际上有以下研究结论：

当车道宽度不超过 3.75m 时，事故率将随着车道宽度的增加而显著降低；拓宽车道可降低事故率以及减少冲出路边事故的发生，拓宽值越大，事故率降低越多。具体表现为：加宽 0.3m 降低 12%；加宽 0.6m 降低 23%；加宽 0.9m 降低 32%；加宽 1.2m 降低 40%。但是，当车道宽超过 3.6m 后，再增加宽度对交通安全的改善不大，除非是货车交通量大的路段。另外，车道并非越宽越好，因为可能会引发不安全操作，如沿中线或占对向车道超车。对于有中央分隔带的多车道高速公路，车道数越多则事故率越低。澳大利亚的研究表明，中央分隔带形式和宽度与交通安全的关系显著：带标线的窄中间带事故率降低 30%，突起式窄中间带事故率降低 48%，而宽中间带事故率则可降低 54%[11]。

此外，另一个对交通安全影响显著的横断面线形要素是横坡（超高），超高不足的曲线段比超高过大的曲线段容易引起更严重的交通事故。

综上所述，在横断面线形的组成要素中，车道数、车道宽度、路肩宽度、中央分隔带宽度和形式以及超高应该作为高速公路横断面线形风险要素。

2.3.3 附属设施

交通设施的引导功能对驾驶人的安全起着重要作用。其他交通安全设施，如交通标志、标线、护栏、视线诱导设施、防眩设施和隔离设施等，也可能对道路事故的发生产生一定的影响。通过改善高速公路的安全设施，可以消除路边和平行交通的干扰，提高驾驶人的注意力，高速公路的安全性与效益是其基本原理。设置公路安全装置的主要目标是使驾驶人的视野更加清晰，消除道路使用者之间的相互干扰，并在危险区域提供安全措施，这不仅提高了道路安全水平，有效防止事故的发生，也体现了交通的人性化和对驾驶舒适性的追求。

（1）护栏设施

护栏是高速公路交通安全设施的重要组成部分，它在预防交通事故中发挥着举足轻重的作用。根据护栏构造形式的不同，可以将护栏分为：半刚性护栏、刚性护栏和柔性护栏。此外，在高速公路上使用的护栏按路段可分为一般路段防撞护栏和桥梁护栏，按设置位置又可分为路侧护栏和中央分隔带护栏。

（2）交通标志

交通标志是指通过图形、符号、颜色、文字等形式，将特定的信息传达给交通参与者，从而实现对道路交通的管理。它通常位于高速公路路侧或中央隔离带等位置，为交通参与者提供准确的交通信息，达到交通安全、快速、畅通、绿色节能的目的。高速公路标志包括轮廓标志、导向标志、车距标志等，对交通进行调节、控制或传递道路交通信息，对提高交通安全水平、通行效率具有十分重要的意义。

（3）交通标线

交通标线是指以箭头、线条、文字、轮廓标、立面标记等组成的一种交通安全设施。交通标线能够保证车流的分道行驶，并与交通标志相结合，引导交通方向，指引车辆在会合或分流前进驶入正确的车道，增强行车秩序性，降低交通事故的产生。

(4)视线诱导设施

一般将视线诱导设施分为四大类:轮廓标、分流合流诱导标、指示和警告性线形诱导标和突起路标。轮廓标的主要作用是表示道路的线形轮廓;分流合流诱导标是以指示交通流分、合流为目的;线形诱导标是对车辆的行驶方向进行指示或警示;突起路标起到辅助和加强标线作用,保障高速公路行车安全,改善道路的服务品质。视线诱导设施通过不同的侧重点,引导驾驶人的视线,使驾驶更加安全舒适。

(5)防眩设施

防眩设施是指设置在高速公路中央分隔带上用于消除车辆前照灯在夜间产生眩光效应的一种道路交通安全设施。防眩设施按构造可分为三类:防眩板、防眩网、植树(间距型、密集型)。要结合当地的自然地理条件以及路段条件,决定采用哪种防眩措施和布设位置。在气候条件较好的区域,通常采用中央植树的方式进行防眩;在气候条件较差的区域,一般采用在全段中央分隔带设置防眩板的方式进行防眩。

(6)隔离设施

隔离设施是为了防止人和动物随意进入或横穿高速公路的人工构造物。隔离、封闭设施包括设置在高速公路路基两侧地界线上的隔离栅和设置在上跨公路主线的分离式立交桥两侧的防护网。为保证高速公路的安全,一般规定全线的隔离设施必须完全封闭,遇上桥隧或自然障碍物时,必须将其切断,不得留有人畜进入的空间,如遇上较小的涵洞或小的障碍,隔离设施应直接跨过。

2.4 环境安全分析

2.4.1 恶劣天气

1)大雾

(1)降低能见度

在大雾天气,能见度会大幅度降低,高速行驶时,驾驶人的视线距离会变得很短,看不清前面的情况,导致来不及制动或闪避,容易发生追尾。一旦浓雾中发生车祸,后方车辆无法及时观察,极易导致二次事故,加重事故严重程度。不同雾等级对应的能见度标准见表 2-4[12]。

不同雾等级对应的能见度范围[13]　　表 2-4

雾等级	能见度范围(m)	雾等级	能见度范围(m)
极浓雾	<50	轻雾	500～1000
浓雾	50～200	薄雾	1000～2000
中雾	200～500		

国内外研究一致认为,当能见度大于200m时,不会造成严重的交通事故,而当能见度在200m以下时,将会对行车安全产生极大影响。

(2)降低路面附着系数

在雾天,由于空气中凝结了水滴,导致高速公路湿滑,路面附着系数降低,不同路面状态下的附着系数见表2-5[12]。

不同路面状态下的附着系数[12]　　表 2-5

路面状态	附着系数	路面状态	附着系数
干燥路面	0.7～0.8	积雪路面	0.2～0.3
降雨开始路面	0.4～0.5	结冰路面	0.05～0.15
积水路面	0.3～0.4		

尽管大雾天气中的道路附着系数并未明确给出,但由于大雾导致高速公路的湿度接近于降雨的起始状态。因此,在大雾天气中,道路附着系数大致为0.4～0.5。在雾天,驾驶人很容易忽略高速公路路面湿滑现象,若仍然保持高速行驶状态,前方出现紧急情况需要制动时,就会因为地面的附着性下降而增加制动距离,从而造成追尾或碰撞。

(3)增加驾驶人反应时间

驾驶人在浓雾中行驶时,视野有限,很难看清高速公路前方路况。有关数据表明,如果前方有可能发生危险,在前方道路无遮挡情况下,驾驶人的平均感知时间是0.45s,而在遮挡情况下驾驶人平均感知时间则延长为1.31s。在浓雾中,前面的危险往往很难预料,导致驾驶人的感知时间变长。

2)冰雪天气

降雪时,高速公路路面湿滑,而且车轮在路面上的附着力会降低。一般而言冰面的附着系数为0.1,雪地为0.2。当车辆分别在干沥青路面、雪地和冰面上行驶时,三者制动距离依次增加。此外在冰面上,车轮附着力明显降低,驱动轮也会打滑。在爬坡、起步和停车时,还会发生向后溜车现象。

3)暴雨天气

在暴雨中,高速公路的附着系数随车速的增加而迅速下降,就会出现“滑水”的情况。路面降雨在重力的作用下会沿着路面合成坡度方向流动,当降雨汇流水深达到一定阈值后,高速转动的轮胎压过水流,胎面之下的积水不能及时排干,在轮胎和路面之间就会产生瞬时动水压力,迫使轮胎和路面分离,这时如采取紧急制动或转向操作,极易造成轮胎打滑、车辆侧翻和二次追尾等交通安全事故,这种雨天轮胎打滑现象就称为“车辆滑水”。

在“滑水”的情况下,轮胎和路面间失去附着力,附着系数为0。雨后,高速公路路面上的油污、灰尘、污物和雨水就变成了“润滑剂”。此时“滑水”情况更加严重,车辆容易失去控制,陷入险境。此外,随着雨势加剧,刮水器就越难将雨滴从风窗玻璃上刮干净,并且刮水器的滑摆会限制视野,降低驾驶人的能见度,从而影响车辆之间的安全距离。表2-6和表2-7分别比较了不同水膜厚度和大气压力条件下的临界车速[12]。

不同水膜厚度下的临界车速[12] 表2-6

轮胎类型	不同水膜厚度(mm)下的临界车速(km/h)			
	2	4	6	8
新胎	120	110	100	90
花纹磨秃胎	80	80	80	80

不同气压条件下的临界车速[12] 表2-7

车辆类型	轮胎气压(kPa)	临界车速(km/h)
小汽车	147 ~ 197	73 ~ 84
载货汽车	343 ~ 588	111 ~ 145

4)恶劣天气条件下的事故特性

气候是影响高速公路行驶环境的一个客观因素,其主要表现在基础交通状况、车辆性能以及驾驶人反应等方面。不良气候条件下高速公路交通事故特征表现为:

①高速公路因雨、雪、雾天所造成的交通事故种类较少,以追尾碰撞为主。

②恶劣天气一般会让驾驶人精神紧张,长时间保持高度的专注,极易造成驾驶疲劳。此外阴雨天气影响视线,对驾驶人能做出正确决定的能力产生负面影响。在视线较差时,驾驶人的注意力通常集中在高速公路路标和匝道口,往往忽略了安

全距离和速度，在这种状况下紧急制动可能导致事故，如侧滑或与固体物相撞。在雾天时则由于雾区的未知特性，驾驶人的心理压力增大，增加了发生多次碰撞的可能性。

③超速是许多交通事故发生的主要原因。超速行驶时，驾驶人遇到紧急情况会紧急制动，在雨、雪、雾等恶劣天气条件下，能见度和道路条件的变化会延长制动距离，进而造成碰撞或追尾交通事故。

2022 年 12 月 28 日，郑州郑新黄河大桥发生多车相撞交通事故[13]。据事发者描述，当时桥上雾非常大，可见度低，黄河大桥附近尤为严重，仅能看见十几米范围。此外，由于室外温度较低，桥上结冰，车辆制动失效。该事故连环相撞的车辆达到 400 余辆。

2.4.2 交通流量

一般来说，在高速公路交通量大的时候，车辆之间的冲突就会增多。尤其是在超车过程中，如果超车等待时间过长，超车驾驶人会出现烦躁情绪，影响驾驶的精确度和灵敏性。

在高速公路交通量小的情况下，车辆间距较大，可以自由行驶，干扰因素较少，利于行车安全。但与此同时，驾驶人容易掉以轻心，当车辆处于高速行驶状态时，当突然出现视距不足、车道变窄或者其他突发事件，驾驶人很难及时做出反应。

2.4.3 绿化景观

（1）隔离带绿化景观

高速公路中央隔离带的绿化景观，其主要功能是对驾驶人进行视觉上的引导，减少因夜晚行车车灯或眩光等因素带来的干扰，同时，植物配置较丰富的中央分隔带绿化景观可以减少驾驶人的视觉疲劳，提高行车安全性。高速公路通行车辆较多，尾气排放量大，会造成比较严重的空气污染问题，中央分隔带的绿化景观可以有效缓解这一问题。因此，改造中央分隔带的绿化景观时，要注意绿化植被的特点和功能。在选择植被时，应优先选择具有良好的防眩光能力、抗污染、抗干旱、抗风能力的植被。

（2）路侧景观

高速公路路侧绿化景观应与周边环境绿化相协调，尽量简洁统一。边坡坡面适宜种植自然式灌木，绿化自然不单调。此外，大部分驾驶人在下坡急转弯时，因无法看到前方的路况而感到紧张，容易发生交通事故。为了缓解驾驶人的紧张情绪,保障行车安全,在这种路段的护栏上或弯道外侧宜设置特色景观。

2.5 运输介质安全风险分析

运输介质因素是指在车辆运输过程中可能会给高速公路运行带来风险的介质,这里主要指危险化学品。

2.5.1 运输介质分类及其风险

《化学品分类和危险性公示 通则》(GB 13690—2009)对危险化学品定义为:在运输过程中,凡是具有毒害、爆炸、易燃、腐蚀、放射性等特性的物理或化学品,易造成人身伤亡,危害国家和人民财产的都称作危险化学品[14]。危化品具有易燃性、毒害性、腐蚀性、爆炸性、放射性等特征;根据我国已公布的法规、标准,可以将危化品分为以下九大类:

①爆炸品。爆炸品指在受热、摩擦、撞击等作用下,易发生剧烈的化学反应,瞬间释放大量气体和热量,使周围的气压和温度急剧上升,最终导致爆炸发生,对周围人身安全、环境或设备造成重大破坏的物品。

②压缩气体和液化气体。此类危险品指压缩的或加压液化的气体。当这类物品受热、受到撞击或强烈震动时,会导致容器内压力短时间内激增,强大的压力导致容器破裂,使危险物质发生泄漏、爆炸等。

③易燃液体。此类物质在常温下极易挥发,其蒸汽与空气混合会形成爆炸性混合物。

④易燃固体、易自燃物品和遇湿易燃物品。

⑤氧化剂和过氧化物。此类物品有强氧化性,易引起火灾、爆炸等。

⑥毒害品和感染性物品。此处所介绍的毒害品是指进入人或动物肌体累积达到一定的量,能与人或动物体液和组织发生生物化学或生物物理作用,破坏肌体的正常生理功能或使其紊乱,引起病理变化,甚至危及生命的物品。如氰化物、砷化物、各种化学农药等。

⑦放射性物品。它属于危险化学品,但不属于《危险化学品安全管理条例》的管理范围,国家还另外有专门的《放射性物品运输安全管理条例》来管理。

⑧腐蚀品。此类物品指能灼伤人体组织或对金属等物品造成腐蚀的固体或液体。

⑨杂类危险品。包括海洋污染物、不明危险粉剂(白色粉末)等。

危险化学品在接触火源、温度变化、摩擦、受撞击或遇到对其性质有改变的其他物质等外界因素影响时,容易发生燃烧、爆炸、灼伤、人员中毒等,损害人身或财产。在危险化学品运输过程中,由各类危险化学品导致的危害事件更容易发生,所以要正确认识各种危险化学品的危害以及运输的注意事项,才能确保危险化学品安全、顺利的运输。根据不同危险品的特性,分别对其危害进行介绍:

(1)危化品引起火灾及爆炸的危害

火灾及爆炸的类型有由可燃气体、可燃液体蒸汽或可燃粉尘引起;由易燃或可燃液体引起;由固体燃烧引起这三种形式。在我国危化品引发的各类交通事故中,火灾及爆炸导致的人员伤亡和财产损失的事故数是最多的,其社会危害性巨大。

尽管火灾和爆炸都有极大的危害,但两者的发展过程十分不同。火灾是在火场起火后,随着时间的推移,造成的损害和危害会越来越大;而爆炸则发生在一瞬间,爆炸过程可能非常短暂,但是其巨大的危害也在瞬间发生。

爆炸往往伴随着发光发热、容器压力急剧上升、真空和电离等现象,这些现象都具有极强的破坏性。爆炸的破坏性与爆炸物的爆炸位置、质量及性质、其周边环境等因素密切相关。其主要危害有:爆炸的瞬间,装载危险品的容器、周边的设施设备等会被冲击成很多碎片对周边相当大范围内(100~500m)造成破坏;当危险品发生爆炸时,以引爆点为中心有限的空间内瞬间产生急速膨胀的高温高压气体,会将巨大能量会传递给周围的压缩空气,形成巨大的冲击波。因为冲击波极快传递性、瞬时性、扩散性以及高破坏性,其往往对周围环境中的人员及设备、建筑物造成巨大的冲击,造成严重破坏;当运输可燃物的车辆或者管道发生爆炸后,冲击波产生后高温高压的环境加上可能不断泄漏的可燃、易燃的液体或蒸汽,也极易引起火灾[15]。

(2)危险品毒性危害

①对人体的危害。

有毒性的危化品在长时间、小剂量的挥发或汽化后进入空气中,若人体长期或短期吸入高浓度危化品,就会产生中毒症状。亚急性中毒是由长期(半年内)在人体内积累大量有毒危险物品而造成的;急性中毒是由一次性或短期吸入高剂量有毒危险物品引起的。

毒性危险化学品能经呼吸道、消化道或皮肤进入人体,其中最常见的是由呼吸道吸入。危险化学品可以以气体、蒸气、烟雾、粉尘等形式被吸入体内,随着空气中有毒危险物品浓度的增加,人体的吸入量也会随之增加。脂溶性毒性危险品(如苯胺）等易被皮肤吸收，从而进行下一步扩散和吸收，最终毒性积累过度导致中毒。

②对环境的危害。

在我国，危险品运输的事故率居高不下，由危险品运输事故导致环境污染、人员伤亡的事件也不在少数。

翻车、翻船造成危化品泄漏，化学物质进入生态环境后，对土壤和水体的影响最严重。泄漏的危险化学品流入水中后，就会迅速被溶解，然后顺着水流扩散，污染周围的水域，造成大量的植物和动物死亡，严重影响当地和下游居民的生产、生活。

在高速公路上发生危险化学品运输事故时，泄漏的危险化学品会进入山体、深林或者农田，其扩散影响过程相对缓慢。但是一旦进入土壤，就会对当地的植被造成严重的破坏，甚至会造成大量的农作物死亡，而那些幸存的植物，一旦被人类吃掉，就会造成严重的后果。同时，土壤中残余的毒性物质会随着地表水的渗入发生沉淀，从而对地下水造成污染。综上所述，有毒物质进入土壤，会对动植物产生长久的影响，甚至可能导致受污染土地被迫长时间的闲置，以便消除其潜在的危险性，造成土地资源的极大浪费。

2.5.2 危险化学品运输特点

危险化学品一般都是工业原料或产品，由于其物理、化学性能的特殊性，在接触和处理过程中要严格按照有关规定进行操作，避免发生事故造成危害。在高速公路上危险化学品的运输技术含量高、专业性强，主要特点为：

（1）品类繁多，性质各异。根据危险货物的危险性，《危险货物分类和品名编号》（GB 6944—2022）将危险品分为 9 类共 22 项[16]。现有近 3000 种危险货物以及每年递增的新危险品，其物理化学性质各不相同。

（2）危险性大。危险货物在高速公路运输和仓储中危险性极高，容易造成人员伤亡和财产损失。一旦发生事故，不仅给相关企业带来损失，还会给公众安全与环境安全带来巨大危害，因此备受关注。

（3）运输管理方面的相关规章、规定多。除了必须遵守一般道路货物运输的规章，还要遵守许多特殊规定。如联合国颁布的《关于危险货物运输的建议书》和《国际公路运输危险货物协议》等；以及我国制定的道路危险货物运输标准，如《危险货物运输包装通用技术条件》（GB 12463—2009）和《危险化学品运输管理条例》等；行业规定的道路危险货物运输标准，如《道路危险货物运输管理规定》等。

（4）专业性强。危险化学品运输除了满足一般货物的运输条件，还要根据货物的物理和化学性质,满足特殊的运输条件。在这方面,国家有专门的规定和限制。如业务专营,国家规定只有具备相应的资质,并办理相关手续的经营者才能从事道路危险货物运输经营业务;比如车辆专用,交通运输部的《道路危险货物运输管理规定》和《放射性物品运输安全管理条例》对装运危险货物的车辆技术状况和设施作了特别的规定;再如包括驾驶人、押运员和装卸人员等必须具备危险货物运输的相关专业知识和技能,并做到持证上岗。

2.5.3 危险化学品运输交通事故特点

(1)事故发生的突发性

突发性是不同种类的事故发生时都有的一种特性,危险化学品发生事故往往会在很短的时间内发生化学反应。当危险品的浓度达到引爆点,一旦遇到明火或高温极易引起爆炸。爆炸引起的巨大冲击波和危险品的持续泄漏又会引发火灾等灾害。

2023 年 1 月 2 日 23 时,沈海高速公路泉州市区客运中心站路段,发生一起油罐车起火爆燃事故。从油罐车流出的油料在路面燃烧,大火蔓延到宏兴会计大厦旁边的路面。路边几辆小汽车被引燃,有铁皮平房也被殃及起火。事发高速公路桥下董埭路段有物流园、钢件加工厂、汽车充电站以及大量车辆,非常危险[17]。

(2)事故导致的危险品泄漏危害巨大

液态的危险化学品发生爆炸后,装载罐体内残留的液体会发生泄漏。危险化学品流入周边农田或者水源会产生灾难性的破坏;泄漏的液体在爆炸后的高温、有明火的环境下,还会发生二次火灾,对周边环境及人身财产安全产生二次伤害。

2023 年 2 月 14 日,美国亚利桑那州 10 号州际高速公路上一辆半挂式货车发生碰撞事故,发生侧翻,并开始泄漏硝酸[18]。事发后,亚利桑那州图森市相关部门要求事发方圆 800m(0.5 英里)内的居民撤离,方圆 1.6km(1 英里)内的所有人就地避难。

2018 年 5 月 27 日 7 时 20 分,在 G72 泉南高速公路桂柳段 1196km + 800m 发生一起两车追尾事故,造成前车装载的 23.6t 液态乙烯 1 泄漏,事发地点周围 1.5km 范围内近千名群众被紧急疏散安置 2 日,该路段因此中断交通近 40h,造成极大社会影响[19]。

(3)事故发生后救援难度大、扑救困难

我国高速公路多为封闭道路,因此一旦发生危险化学品运输事故,救援车辆难以通过最近的出入口进入高速公路进行救援,往往要绕行,容易错过最佳救援时间。且对于高速公路上发生的危化品事故,救援工作十分困难,对救援人员的人身安全也有很大威胁。

2.6 安全管理风险因素分析

2.6.1 企业安全管理

1)高速公路建设企业管理现状

高速公路建设企业管理方面主要特点是:管理层次复杂、涉及的责任主体较多、扁平化程度不高,其主要表现在以下三方面:

①涉及的企业多。依照《建设工程安全生产管理条例》的规定:“建设单位、勘察单位、设计单位、施工单位、工程监理单位及其他与建设工程安全生产有关的单位,依法承担建设工程安全生产责任”[19],在高速公路施工项目部中涉及的责任主体有建设单位、勘察单位、设计单位、工程监理单位、施工单位及其他有关单位。

②由于目前施工企业经营体制的改革,管理层和经营层分离、总分包制度渐行,涉及的管理层次增多,如总包单位与分包单位的权责划分,以及安全生产责任的落实问题。

③目前很多具有施工资质的企业只负责承揽业务,而实际的施工作业任务由没有施工资质的外协作业队完成。

结合这三点来看,在高速公路建设过程中,对安全生产有责任的单位包括建设单位、监理单位、施工单位、专业分包单位、劳务分包单位等,组织结构体系层次复杂,这与其他产业的安全管理组织相比有很大的区别。如:在传统的制造企业、化工企业等,由于其生产流程、作业人员相对稳定,在安全管理组织方面就容易形成相对稳定的安全管理组织结构,建立标准化管理体系。

2)企业安全管理存在的问题

当下高速公路的管理仍旧缺乏完善的管理制度与政策,难以对事故责任进行明确,使得安全问题难以得到妥善解决,相关技术设备的落后也会对高速公路的安全和企业的安全管理造成极大的负面影响。

(1)企业安全管理制度尚未落到实处

从实际情况看,部分企业虽然制定了较为完善的安全管理制度,但是并未有效地对其进行落实;部分管理人员的管理重心集中在施工进度、施工质量方面,现场的安全管理流于形式，诸多企业在施工前，并未对现场的施工班组、项目管理人员进行安全培训或安全培训效果不佳，导致部分施工人员对项目的安全管理制度一知半解，在施工过程中，企业人员的施工行为不符合安全管理规范要求，导致项目存在一定的安全隐患。

（2）缺乏具体的安全流程和内容

现阶段高速公路的施工安全更多的是对于技术上的要求，而在施工过程中，所涉及的项目的特点、要求等内容都需要进行详细的规定和计划。一些高速公路缺乏具体的施工安全流程，以及一定的针对性和实效性，比如，先开工后提出报告，相关单位没有得到批准便进行施工，完全不按照相关施工计划进行；监理工作人员缺乏相应的责任感，无视正常流程，在检查工程的过程中，不能做到严格要求，在相关数据上没有做到精确地检测，使得制定的制度失去应有的作用，导致安全问题得不到有效的解决。

（3）需要加强企业安全生产管理

高速公路项目的建设需要进行定期的检查和维护，相关企业需要承担自己的责任，依照环境、季节等相关情况进行综合全面的检查。但是大部分企业的安全检查只是起到形式上的作用，并没有进行详细的安全检查规划，相关人员在检查过程中缺乏在高空环境、有线施工、隧道等情况下使用安全防护用品的意识，同时对大多数问题只是进行表面的解决，缺乏深入的探讨和研究，不能在规定的时间内找出存在的问题，更没有提出相应的措施和制定有关制度加以约束，最终导致工程出现严重的安全隐患，不利于高速公路建设中的安全管理工作。而且在施工过程中仍然存在着相关制度不完善、现场缺乏管理等一系列不利于高速公路施工安全管理的问题，影响到高速公路的安全建设。

2.6.2 高速公路安全管理

高速公路安全管理是指政府通过制定和实施相关的政策法规，规范高速公路上的交通行为，维护交通秩序，保障交通安全和畅通的行政执法管理活动的总称。

高速公路安全管理的主要内容由以下五部分组成。

①高速公路日常交通秩序维护，及时发现高速公路异常情况并进行处置。

②负责交通执法，纠正交通违法行为及进行道路治安管理。

③处理高速公路交通事故，及时救援勘查，最大限度减少人员伤亡和财产损失。

④交通控制与管理，在恶劣气候及其他突发情况下对交通进行管控和限制，在

交通拥堵时采取必要措施。

⑤采集高速公路路况信息，系统分析和整理，做好交通安全管理风险评估工作。

高速公路安全管理主要存在如下问题。

(1)交通安全管理理念较为薄弱

交通安全的宣传教育和安全理念对高速公路交通安全管理十分重要，然而，就目前的实际情况来看，交通安全的宣传教育工作还远远不够，很多交通安全宣传工作只是流于形式，宣传力量相对单一，宣传教育得不到位就会出现一系列问题，如：驾驶人的交通安全意识不强、乘车人的安全乘车素质不高等。

(2)交通安全管理中各部门合力不够

作为国民经济中重要的交通运输基础设施，高速公路的管理应当是一个完整的系统工程。然而，在目前的高速公路管理中，存在交通与公安政出多门、执法主体不统一、相互影响的问题，使得驾驶人在接受行政处罚时无所适从，影响了高速公路的正常安全管理。

(3)交通违法行为纠处难度大

交警部门执法难度大，由于高速公路的设计速度较高，在通常情况下，交警部门按规定不能在路面上拦车检查，只能在高速公路匝道口纠正违法行为。许多驾驶人正是利用高速公路这一特点，随意违法行驶，导致超速、超载、低速车长时间占用快车道以及酒驾、不系安全带等各种违法现象频发，这些不良行为容易导致重大道路交通事故的发生。

2.6.3 企业安全文化

高速公路管理企业的安全文化是指企业在长期的运营过程中，逐步形成或是有意识塑造的、被全体职工接受遵循，具有企业特色的安全思想、意识、作风、态度、管理机制以及行为规范等。安全文化是企业文化体系中极为重要的组成部分，在高速公路管理企业的运营过程中，安全文化能够唤起企业对安全生产运营的高度关注与责任，以保护人们的生命安全与健康为目的，高度强调人在安全工作中的积极能动性，积极号召所有工作人员投身到安全工作中，在提高其安全意识的同时使其安全文化素质得到进一步提升，形成良好的企业安全生产运营环境，进而真正为企业以及高速公路的运营安全提供有力保障。

高速公路企业在安全文化方面存在以下问题。高速公路管理企业多依靠制定规章制度对员工的行为进行约束，以达到安全生产的目的，但在实际企业管理运营过程中,却无法将其落实到每个员工的工作过程中去,故而难以达到安全生产的目的。在高速公路的施工过程中,一些施工企业领导和管理层的思想观念较为落后,不能与时俱进,做不到强化安全意识,而且企业的相关安全制度没有做到具体的落实,只是象征性地制定出来,缺乏全面的安全生产责任意识,使各层面的员工不重视安全生产。相关企业人员缺乏专业的知识技能,对原材料的应用不够清楚,对机械设施的操作不熟练,而管理层缺乏有效的监管,导致事故多发。此外管理层更加重视经济效益,忽视安全生产的重要性,没有进行相关安全教育的活动,不够重视安全宣传的作用,对于相关工作人员缺少应有的培训,从而容易导致后期多方面事故的发生,并且出现各方责任不明确等一系列的问题,最终使得高速公路的安全问题得不到有效的解决,从而使人们的生命和财产受到相应的威胁。

在实际安全管理过程中,已经难以依靠简单的命令或手段达到安全生产的目的,尤其是对高速公路管理企业而言,单一的管理手段难以满足其复杂的动态安全管理需求,故而安全文化的塑造与落实显得尤为重要。高速公路管理企业的安全文化需要反映广大员工最基本的愿望与利益,通过建立共同的价值体系,形成统一的思想观念,以帮助员工切实体会到安全工作的重要程度,以凝聚起全体工作人员的安全意识,从而更好地实现安全生产,保证高速公路管理企业的安全运营。高速公路作为公路交通网络中极为重要的组成部分,其对社会与经济产生的影响巨大。加强高速公路企业的管理和安全文化的塑造,有利于发挥高速公路快速高效、安全畅通功能与优势。

本 章 小 结

本章重点对高速公路运输安全的六大风险影响因素进行了详细的阐述,对相关概念及其原理、范围进行了解释,对各大风险影响因素的主要子因素进行了总结和分析,可以有效帮助驾驶人、乘客以及交通管理者科学合理理解行车安全的重要性,提升高速公路行车安全性。

本章参考文献

[1] 裴玉龙. 道路交通安全[M]. 北京:人民交通出版社,2007.

[2] 张一辰. 西汉高速陕西段发生一起重大交通事故 已致 36 死 13 伤[EB/OL]. (2017-08-11)[2023-05-07]. http://news.sina.com.cn/o/2017-08-11/doc-ifyixipt1002547.shtml.

[3] 张鸿. 基于驾驶人生理信号的疲劳驾驶检测及其预警方法研究[D]. 长春:吉林大学,2021.

[4] 湖南省交通运输厅. 许广高速公路望城段发生多起交通事故,已致 16 死 66 伤[EB/OL]. (2023-02-05)[2023-05-07]. http://jtt.hunan.gov.cn/jtt/xxgk/gzdt/jtyw1/202302/t20230205_29239642.html.

[5] 张杉. 基于 CAM 的冰雪下可能事故道路交通流仿真研究[D]. 天津:河北工业大学,2020.

[6] 刘言. 兰州 11·3 重大道路交通事故调查结果:病车上路[EB/OL]. (2018-11-16)[2023-05-07]. https://baijiahao.baidu.com/s?id=1617265922828172764&wfr=spider&for=pc.

[7] 叶昱含. 大货车超载 高速隧道内爆胎后侧翻[N]. 台州晚报,2023-03-21.

[8] 应世杰. 高速公路汽车防撞预警系统的开发研究[D]. 西安:长安大学,2005.

[9] 孙璐. 道路交通运营安全与管理[M]. 北京:科学出版社,2014.

[10] 中华人民共和国交通运输部. 公路工程技术标准:JTG B01-2014[S]. 北京:人民交通出版社,2014.

[11] 孙振华. 高速公路风险识别及主动管控技术[D]. 西安:长安大学,2021.

[12] 郑安文,苑红伟. 道路交通安全概论[M]. 北京:机械工业出版社,2010.

[13] 京报网. 郑新黄河大桥多车相撞,造成 1 人死亡[EB/OL]. (2022-12-29)[2023-05-07]. https://baijiahao.baidu.com/s?id=1753531361351728501&wfr=spider&for=pc.

[14] 全国危险化学品管理标准化技术委员会. 化学品分类和危险性公示 通则:GB 13690-2009 [S]. 北京:中国标准出版社,2009.

[15] 孙佳慧. 化工区域危险源筛选与多米诺效应风险研究[D]. 上海:华东理工大学,2020.

[16] 全国危险化学品管理标准化技术委员会. 危险货物分类和品名编号:GB 6944-2012[S]. 北京:中国标准出版社,2012.

[17] 邢月阳. 关注 泉州警方通报油罐车爆炸事故详情[EB/OL]. (2023-01-03)[2023-05-07]. https://www.autohome.com.cn/article?id=MNmdKlcKr04=.

[18] 中国网. 美国一辆载硝酸卡车侧翻,半径 1 英里范围内的人被要求避难[EB/

OL]. (2023-02-15) [2023-05-07]. http://henan.china.com.cn/news/2023-02/15/content_42259882.htm.
[19] 岑琴,李重宁. 桂柳高速大堵车 危化品泄漏高速公路秒变“停车场”[EB/OL]. (2018-05-28) [2023-05-07]. http://wzhd.gxnews.com.cn/staticpages/20180528/newgx5b0b4c6c-17346208-2.shtml.
[20] 国家安全生产监督管理局. 建设工程安全生产管理条例 [M]. 北京:煤炭工业出版社,2005.

CHAPTER 3　3

高速公路驾驶人与车辆运行安全保障技术

在“人-车-路-环境-管理”五类道路安全要素中,“人”“车”两类要素相较于“路、环境、管理”三类要素无疑具备更大的影响作用。因此,本章将从驾驶人、车辆两个角度阐述高速公路行车安全保障技术,并在此基础上进行驾驶人与车辆的安全态势分析。

3.1 驾驶人安全保障技术

有研究表明,90%以上的交通事故与人的因素有关,该数据说明如果对驾驶人行为进行有效监测与分析,将会有助于减少交通事故的发生。驾驶人行为研究需要各种类别的信息,如车辆操控及运行信息、驾驶人生理、心理信息、道路交通环境信息等。信息的形式、类型不同,其采集方案也不同,需要综合运用图像处理、机器识别、生理、心理测试以及机械运动测试等技术予以实现。

3.1.1 基于车辆运行状态的驾驶行为监测

车辆运行状态包括车速、发动机转速、前轮转角的挡位、位置坐标等信息,可以通过在车辆不同位置安装对应传感器获得。自制传感器虽然可以通过调试达到较高的精度且不受车厂通信协议的影响,但其技术门槛高、时间精力消耗大且稳定性较差,不适合进行驾驶行为层面的数据分析。随着控制器局域网总线技术(Controller Area Network,CAN)和车载自诊断(On-board Diagnostic,OBD)系统的普及,越来越多的研究者通过车内OBD接口直接接入车辆CAN总线来获取车辆状态参数。CAN总线是一种通信协议,是汽车计算机控制系统的标准总线。OBD系统最早出现于20世纪80年代,原本是用于诊断汽车故障的程序,如今随着系统的不断发展完善,OBD-Ⅱ已经可以读取各种各样的车辆基本信息,包括CAN总线数据和控制器内部数据。其中CAN总线数据包括车速、各种温度、轮速、发动机转矩、加速踏板、制动踏板、挡位杆位置等各种设备是否工作及故障信息等;控制器内部数据是指通过CAN总线向各控制器发送指令,控制器返回的相关数据。这种方式可以采集到丰富的数据,但采集数据所需的通信协议是保密的,非开发方一般无法采集。

驾驶人的操控行为可通过转向盘操作、挡位操作、转向灯操作、制动和加速踏板操作等方面的指标来表征。通过转向盘转角大小可判定车辆是否存在变道、转弯等行为;通过对转向盘转角的离散程度分析,还可对驾驶人的操控稳定性进行评估。转向盘转角的离散程度可以用转向盘转角标准差来度量。挡位操作可用换挡频率来表征,换挡频率指单位时间内的换挡次数。转向灯操作是确保行车安全的一项重要措施,同时也是车辆横向运动的重要表征指标,以单位时间内驾驶人使用转向灯的次数,即转向灯使用频率来表征。制动踏板行程反映了驾驶人使用制动踏板的轻重程度,是表征驾驶行为特征的重要参数。制动踏板行程数据主要通过制动踏板行程传感器进行采集。加速踏板操作可使用百分比来描述,用来表示加速踏板在行程中所处的位置与总行程的比例。

从运动学角度来看,基于车辆运行状态的驾驶行为量化指标包括车辆的位置坐标、轨迹特征,以及对应的车速、加(减)速度等;从交通安全角度来看,包括车辆的跟驰、变道、超车的频率,以及引申得出的跟驰、变道、超车的模式;从宏观角度来看,还包括车辆的碰撞风险、事故的发生频率等。

本小节基于高速公路的 GPS 数据,分析了路段类型和不良驾驶行为与交通事故的关联性,并建立了基于有序 Logistic 的高速公路交通安全评价模型,该模型可以有效地反映高速公路的安全程度并准确地划分安全程度等级,实现对交通事故的主动预警及预测[1]。

(1)数据提取

①高速公路车辆 GPS 数据提取

车辆 GPS 订单样例如下:

订单格式:1701a73203743a3a0fe42273845701fe, 115.551850, 40.247620, 1498714199,0.0,165.5,2,LOC_GPS,GCJ_02,DD_TAXI,DriverNotWorking,1.

订单含义:user_id,Longitude,latitude,timestamp,speed,direction,Horizontal Dilution of Precision,data_source,coord_system,car_type,car_status,bizstatus.

由于原始 GPS 数据在传输过程中受到隧道、高层建筑物体等多方面的影响,存在一定比例的错误数据、缺失数据及无效数据,且数据订单中不含有高差信息,因此有必要对数据进行预处理,并从中进一步筛选出高速公路行驶数据,筛选方法及步骤如下(图 3-1):

异常数据剔除:原始数据存在行驶速度不合理、行驶方向角大于 360°及数据漂移等情况予以剔除。具体规则为:a. 剔除速度大于 150km/h、小于 0km/h 及速度全部为 0 的数据订单;b. 剔除行驶方向角大于 360°的数据;c. 剔除同一订单前后两条数据之间欧氏距离($Dis = \sqrt{(x_1 - x_0)^2 + (y_1 - y_0)^2}$)过大(以最高时速为 150km/h 计)的数据;d. 剔除多条重复的数据;e. 剔除订单记录中时断时续的数据。

非高速公路订单剔除规则:A. 每一个订单按时间进行排序;B. 高速公路下的

普通道路上行驶车辆在红绿灯路口会有不同频次的停车现象，因此剔除路口经纬度处出现的大量速度为0的订单；C.普通道路行驶的车辆能在非高速公路下桥口转向，因此剔除在非下桥口偏离高速公路的订单。

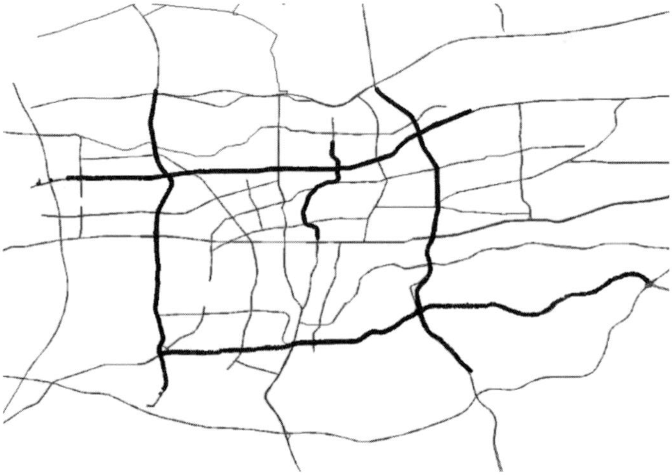

图3-1 ArcMap中筛选完成的数据[1]

②急加(减)速数据计算

以订单为单位进行分析：A.在每个订单中，按时间戳进行排序，利用前后速度差与时间差的比值，计算出相邻两个记录点之间的加(减)速度；B.将加(减)速度按照大小顺序进行经纬度提取，其中，

$$\text{加速度}:a_i=\frac{v_{i+1}-v_i}{t_{i+1}-t_i}\begin{cases}a_i\geqslant 1\mathrm{m/s^2}, & \text{持续时间}\geqslant 2\mathrm{s}\\ a_i\geqslant 1.5\mathrm{m/s^2}, & \text{持续时间}\geqslant 2\mathrm{s}\\ a_i\geqslant 2\mathrm{m/s^2}, & \text{持续时间}\geqslant 2\mathrm{s},\\ a_i\geqslant 2.5\mathrm{m/s^2}, & \text{持续时间}\geqslant 2\mathrm{s}\\ a_i\geqslant 3\mathrm{m/s^2}, & \text{持续时间}\geqslant 2\mathrm{s}\end{cases}$$

$$\text{减速度}:a_i=\frac{v_{i+1}-v_i}{t_{i+1}-t_i}\begin{cases}a_i\leqslant -2\mathrm{m/s^2}, & \text{持续时间}\geqslant 2\mathrm{s}\\ a_i\leqslant -2.5\mathrm{m/s^2}, & \text{持续时间}\geqslant 2\mathrm{s}\\ a_i\leqslant -3\mathrm{m/s^2}, & \text{持续时间}\geqslant 2\mathrm{s}。\\ a_i\leqslant -3.5\mathrm{m/s^2}, & \text{持续时间}\geqslant 2\mathrm{s}\\ a_i\leqslant -4\mathrm{m/s^2}, & \text{持续时间}\geqslant 2\mathrm{s}\end{cases}$$

③超速数据提取

超速是驾驶人在行驶中需要避免的危险驾驶行为，超速行为会导致车辆在转弯时发生侧滑、增加车辆的制动距离、降低驾驶人的动视力等危险隐患的发生，进而造成交通事故。超速的判定阈值通常以安全可靠限速（Safe and Credible Speed Limit，SCSL）为依据。根据国家相关规定，限速值通常以运行速度第85%位速度值为基础，取其上下5～10km/h范围内的值[2]。因此，道路限速值通常取自由车流状态下行驶车速观测样本的第85%位速度，本研究即以高速公路限速值作为超速判定阈值。

④事故数据提取

提取某省近5年道路交通事故数据，包括事故发生地点、经纬度坐标、事故类型、事故原因4个方面。

（2）数据分析

将各阈值下的坐标点导入ArcMap中，并通过核密度分析法生成其交通热力图。

①高速公路加速度分析

图3-2a）～e）[1]为不同阈值下的加速度经纬度坐标分布热力图，图中颜色越深的路段代表该路段发生相应阈值下的加速度数量越多。

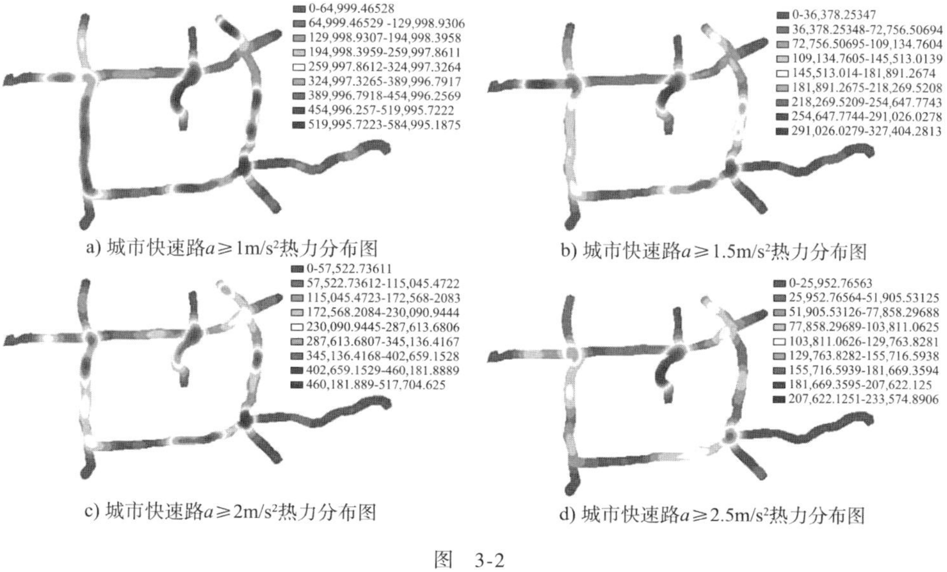

a）城市快速路$a \geq 1m/s^2$热力分布图

b）城市快速路$a \geq 1.5m/s^2$热力分布图

c）城市快速路$a \geq 2m/s^2$热力分布图

d）城市快速路$a \geq 2.5m/s^2$热力分布图

图 3-2

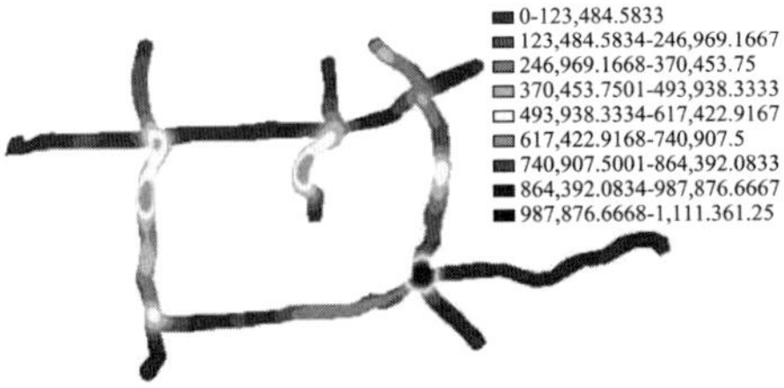

e) 城市快速路$a \geqslant 3\mathrm{m/s^2}$热力分布图

图 3-2　不同阈值下的加速热力图[1]

②高速公路减速度分析

图 3-3a)～e)[1]为不同阈值下的减速度经纬度坐标分布热力图,图中颜色越深的路段代表该路段发生相应阈值下的减速度数量越多。

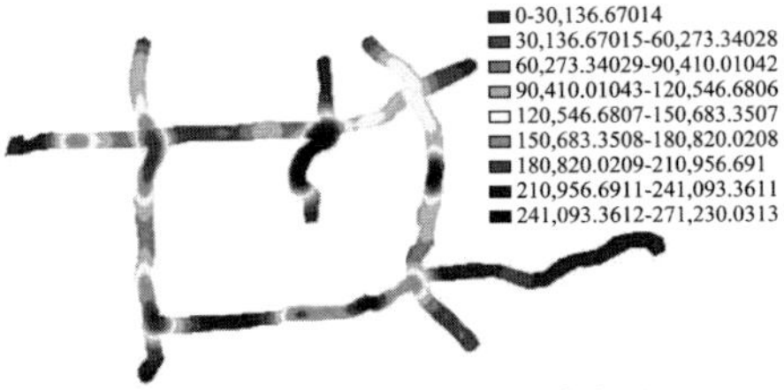

a) 城市快速路$a \leqslant -2\mathrm{m/s^2}$热力分布图

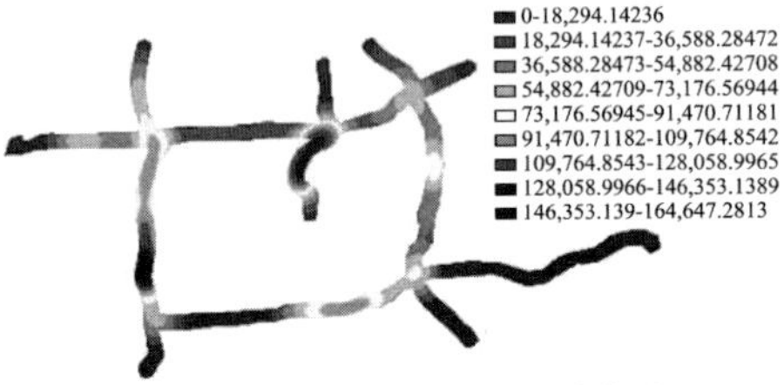

b) 城市快速路$a \leqslant -2.5\mathrm{m/s^2}$热力分布图

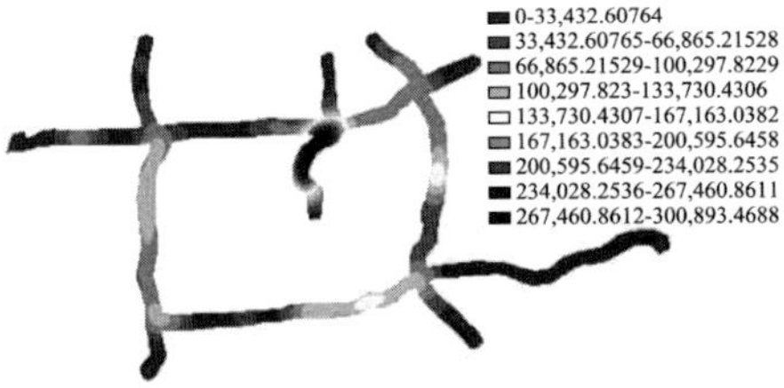

c) 城市快速路$a \leqslant -3\mathrm{m/s^2}$热力分布图

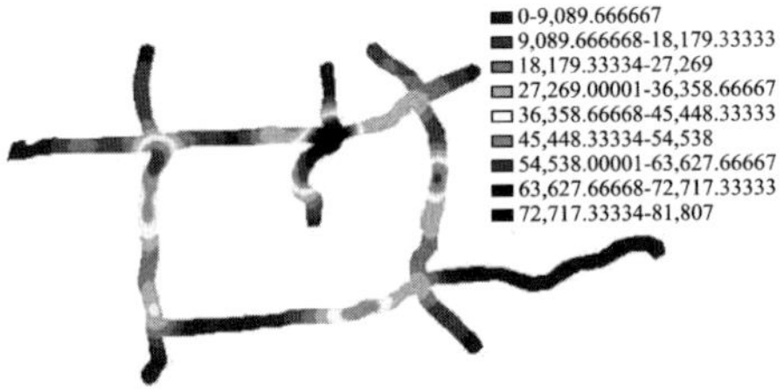

d) 城市快速路$a \leqslant -3.5\mathrm{m/s^2}$热力分布图

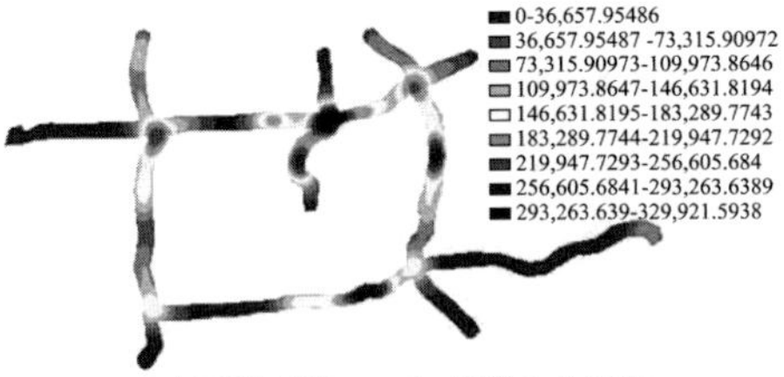

e) 城市快速路$a \leqslant -4\mathrm{m/s^2}$热力分布图

图 3-3　不同阈值下的减速度热力图[1]

③高速公路超速分析

图 3-4[1]为超速经纬度坐标分布热力图,图中颜色越深的路段代表该路段发生的超速数量越多。

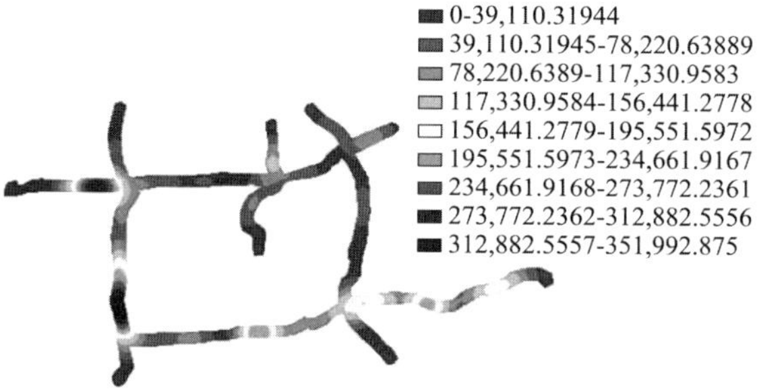

图 3-4　高速公路的超速热力图[1]

④高速公路事故数量分析

图 3-5[1]为该路段近 5 年研究道路发生事故经纬度坐标分布热力图，图中颜色越偏向红色或橙色的路段代表该路段发生的事故数量越多。

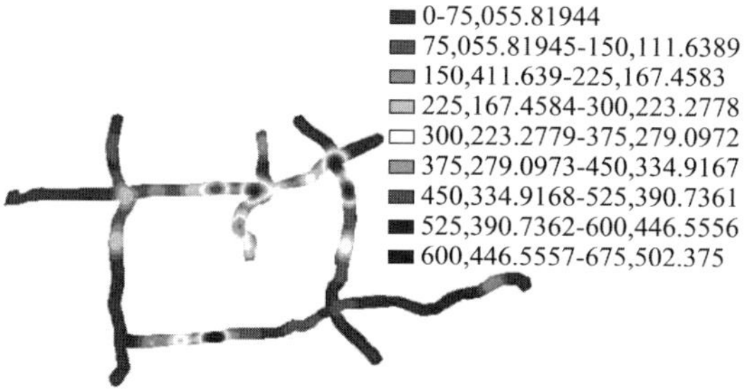

图 3-5　交通事故热力图[1]

(3)基于有序 Logistic 的高速公路交通安全评价模型建立

依据高速公路各路段发生的交通事故数量将路段的安全程度划分为低危险(Y_1)、较低危险(Y_2)、中等危险(Y_3)、较高危险(Y_4)、高危险(Y_5)5 个等级。针对各路段安全程度的离散性和有序性的特点，选用有序多分类 Logistic 回归分析方法，建立高速公路安全程度与其显著性影响因素之间的关系模型。

①有序 Logistic 模型准备

将高速公路路段安全程度数据作为有序多分类的因变量，将安全程度划分为 5 个等级，则有序多分类 Logistic 回归分析模型对应有“5-1”个公式，定义等级概率 P1、P2、P3、P4 和 P5，常数项 a，效应参数 β 则对于由 n 个自变量拟合的 4 个模型见式(3-1)，相应参数可由 SPSS 软件直接估计。

$$L_i = \ln\left[\sum_{j=1}^{i} P(Y = j|X) / \sum_{j=i+1}^{5} P(Y = j|X) \right] = \alpha_i + \beta X, i = 1,2,3,4 \quad (3\text{-}1)$$

式中：　L_i——第 i 个累计 Logistic 模型；

i——指示响应变量的水平，即高速公路段安全程度；

Y——响应变量；

X——自变量向量；

α_i——第 i 个模型的截距参数；

β——斜率向量；

$P(Y=j|X)$——高速公路路段安全程度属于 j 时的概率。

求得该路段各安全程度下累计的 Logistic 模型中的 L_i 后，通过换算得到该路段安全程度属于各级别的概率：

$$P(Y \leqslant j | x_1, x_2, \cdots, x_n) = \frac{\exp(\alpha_i + \beta_1 x_1 + \beta_2 x_2 + \cdots + \beta_n x_n)}{1 + \exp(\alpha_i + \beta_1 x_1 + \beta_2 x_2 + \cdots + \beta_n x_n)} \tag{3-2}$$

$$\sum_{j=1}^{5} P(Y \leqslant j | X) = 1 \tag{3-3}$$

式中：$x_1, x_2, \cdots, x_n$——n 个影响因素；

$\beta_1, \beta_2, \cdots, \beta_n$——回归系数。

如果 $P_s = \max_{i=1}^{5} \{P_j\}$，则该路段的安全程度可判为第 s 类。

②高速公路安全程度影响因素指标选取

高速公路的事故致因有很多，本研究主要从驾驶人的危险驾驶行为和路段类型两方面入手，选取以下因素作为安全评价模型自变量，如图 3-6 所示。

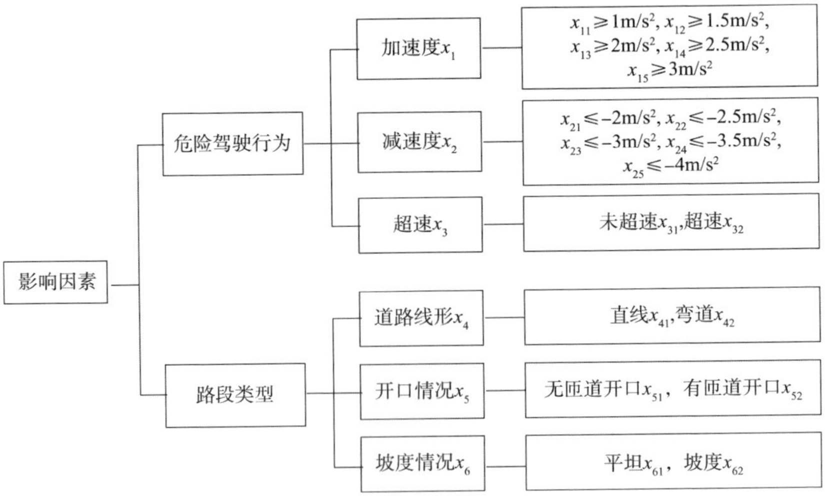

图 3-6　影响因素系统框架

通过将上述影响因素代入模型可得到基于有序 Logistic 的高速公路交通安全评价模型。模型表明驾驶人的危险驾驶行为(急加速、急减速、超速)更易导致交通事故的发生,其中急减速产生的影响最大;此外,在匝道开口处及弯道处更易发生交通事故。分析结果表明提示驾驶人及时调整自己的危险驾驶行为,能够降低交通事故的发生。

3.1.2 基于机器视觉的驾驶行为监测

针对重点车辆驾驶人的驾驶行为,除了通过车辆的运行状态监测外,还可以运用机器视觉进行监测。

驾驶人在高速公路正常驾驶机动车时,通过车上事先安装好的数据采集系统采集和记录数据。这类的数据采集技术主要是通过一系列的仪器如通过驾驶人监控系统采集驾驶人的行为动作信息,通过心率仪获得驾驶人的心率数据等信息来判断驾驶人的生理和心理状态,可以结合这些数据对驾驶行为进行联系和分析研究。同时,还可以结合视频图像等数据深入分析驾驶人的驾驶行为、所处道路环境和交通流特性。

驾驶人监控系统(Driver Monitor System,DMS)是基于驾驶人面部图像处理来研究驾驶人状态的实时系统。首先挖掘出人在疲劳状态下的表情特征,然后将这些定性的表情特征进行量化,提取出面部特征点及特征指标作为判断依据,再结合实验数据总结出基于这些参数的识别方法,最后输入获取到的状态数据进行识别和判断。

驾驶人监控系统通过一个面向驾驶人的红外摄像头实时监测头部、眼部、面部、手部等细节,可以从眼睛闭合、眨眼、凝视方向、打哈欠和头部运动等动作检测驾驶人状态。通常通过检测人脸眼睛和其他脸部特征以及行为,同时跟踪变化,提取症状实现驾驶人疲劳、分神、不规范驾驶行为检测。

在驾驶人监控流程中首先是驾驶人的身份识别,驾驶人身份识别主要是根据驾驶人面部图像或识别信息来对驾驶人身份确认。技术流程包括人脸图像采集及检测、人脸图像预处理、人脸图像特征提取和人脸图像匹配与识别。然后是具体的人脸、人头、眼神和眨眼等动作的检测。

(1)脸部检测

其过程又分为人脸定位、人脸识别和人脸跟踪。人脸定位的作用是在图像中通过识别面部特征点以检测人脸并标记出位置;人脸识别的作用是将在新图像中检测到的面部数据和已储存的数据进行匹配;人脸跟踪的作用是在每帧图像上跟踪之前图像帧里发现的人脸。

(2)头部特征检测

由3个姿态角构成,基于卷积神经网络(Convolutional Neural Networks,CNN)设计头部跟踪系统以图像中脸部区域为输入,通过检测出的面部特征点结合默认的头部模型,可以得到大概的头部姿态。通过进一步跟踪已发现的面部特征和寻找到的更多特征,可以获取更多的数据用以添加到头部模型中,进而更新头部的几何特性。系统运行中,此过程不停地循环,从而以三维姿态角持续输出头部的当前姿态。

(3)眼神检测

利用视线方向来判断驾驶人注意力是否分散。根据之前得到的头部姿态可以推算出大概的视线方向。在瞳孔、角膜能够良好识别的情况下,可以进一步根据普尔钦斑点计算出准确的视线方向。再根据系统内搭建的相关零部件布置数据,就可以知道当前驾驶人的观察目标。结合当前的驾驶行为进而判断驾驶人注意力是否分散。

(4)眨眼检测

根据识别出的人脸和头部姿态进一步识别出眼睛的位置及其状态,主要用于疲劳状态和注意力是否分散的计算。其中,利用眼睛开度等信息基于PERCLOS来判断疲劳状态,包括眨眼信息(速率与时差)和眼部信息(开与合)。眼部信息为二分类问题,需要神经网络较小;眨眼信息需要分析过去数帧。

最后,根据以上检测结果进行异常动作识别。异常动作识别:识别打电话、喝水、抽烟等动作,如果单纯地将其视作为动作行为识别,使用长短期记忆网络(Long Short-Term Memory,LSTM)或者3D-Conv算法,其计算消耗的资源很严重。例如,基于DIB数据库利用MAR(Memory Address Register)算法检测打哈欠的动作[3]。基于MAR算法的哈欠检测,利用Dlib人脸识别技术提取嘴部的6个特征点,通过这6个特征点的坐标来计算打哈欠时嘴巴的张开程度。当一个人说话时,有4个点位的纵坐标差值增大,从而使MAR值迅速增大,反之,当一个人闭上嘴巴时,MAR值迅速减小。通过公式计算MAR来判断是否张嘴及张嘴时间,从而确定驾驶人是否在打哈欠。阈值应经过大量实验,能够与正常说话或哼歌区分开来。为提高判断的准确度,采用双阈值法进行哈欠检测,即对内轮廓进行检测:结合张口度与张口时间进行判断。Yawn为打哈欠的帧数,N为1min内总帧数,设双阈值法哈欠检测的阈值为10%,当打哈欠频率Freq > 10%时,则认为驾驶人打了1个深度哈欠或者至少连续2个浅哈欠,此时系统进行疲劳提醒。

所以,一般有两种比较简单的方法进行替代。第一种是将此类的动作识别视为目标检测问题,例如打电话识别,就将手机视为待检目标,喝水检测就将水杯视为待检目标。这种方法思路简单,但其缺点在于,例如驾驶人监控系统将摄像头装在汽车固定位置,倘若驾驶人在接打电话时遮挡手机,导致此时成像画面中侦测不到手机,所以这种场景下检出率不高。第二种方法是将动作识别视为单帧图像分类任务,采集多种动作行为下的图片,人工标注监督信号进行训练,使用分类器判断最后的动作分类。

3.1.3 重点车辆驾驶人安全画像

将采集到的行为信息与驾驶人自身的属性、性格和过往的驾驶历史等信息相结合,可以得到关于该驾驶人的安全画像,如图 3-7 所示。

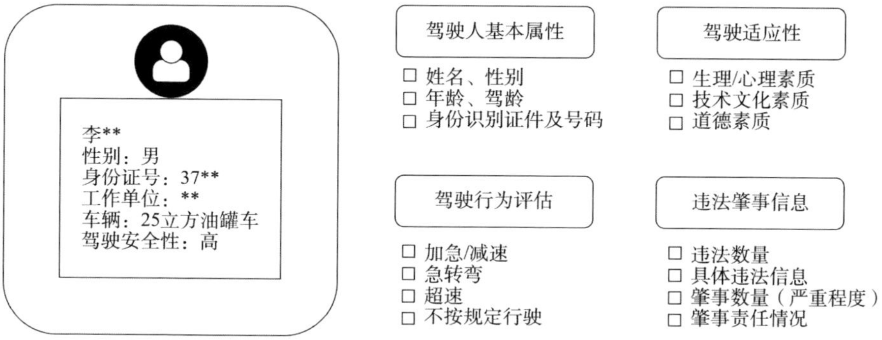

图 3-7　驾驶人安全画像

(1)驾驶人安全画像一:驾驶适应性评估

驾驶适应性指机动车驾驶人适宜驾驶的程度。主要借助仪器在生理素质、心理素质、文化技术素质、道德素质四方面进行驾驶人认知能力、判断能力、动作能力、人体气质与性格等的判定,具体如图 3-8 所示。

(2)驾驶人安全画像二:驾驶人属性评估

驾驶人属性是指驾驶人固有的性质,如驾龄、年龄、性别、教育程度、健康状况、职业等。不同属性具有的安全程度不尽相同,因此需要进行驾驶人属性的安全性评估(图 3-9)。

(3)驾驶人安全画像三:驾驶行为评估

主要通过对驾驶人的驾驶过程和历史数据进行评估。对于驾驶过程主要是驾驶人驾驶过程中是否存在频繁急加速、急减速、急转弯、超速等不按规定行驶的行为,以及接打电话、注意力分散、疲劳驾驶等危险驾驶行为。对于历史数据,主要是看驾驶人在过往中是否存在违法、责任事故、驾考作弊等行为。最后,驾驶行为评估通过历史数据+实时数据进行,具体流程如图3-10所示。

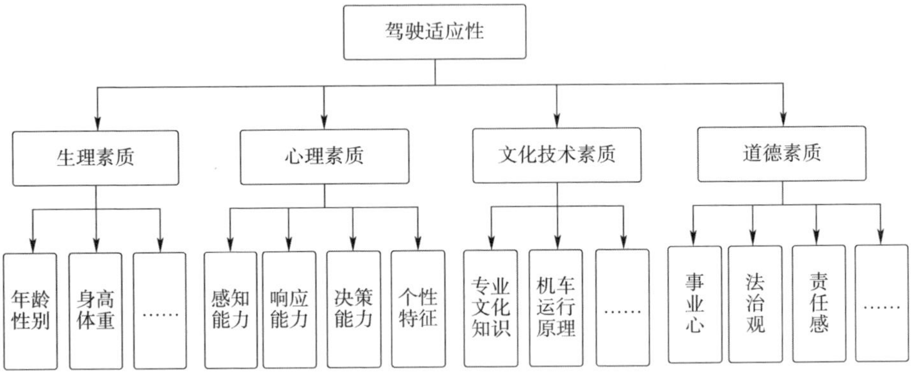

图3-8　驾驶适应性评估

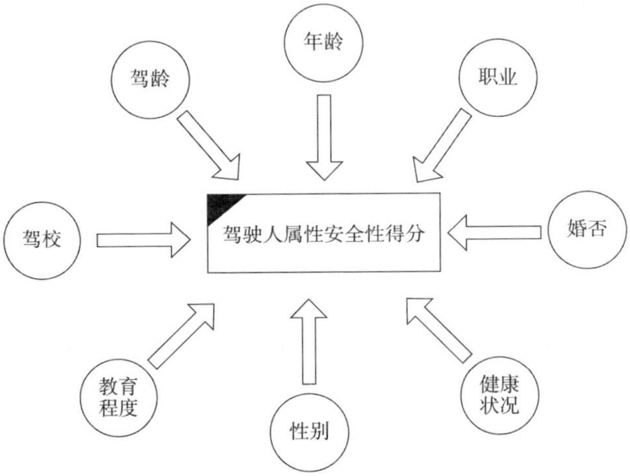

图3-9　驾驶人属性评估

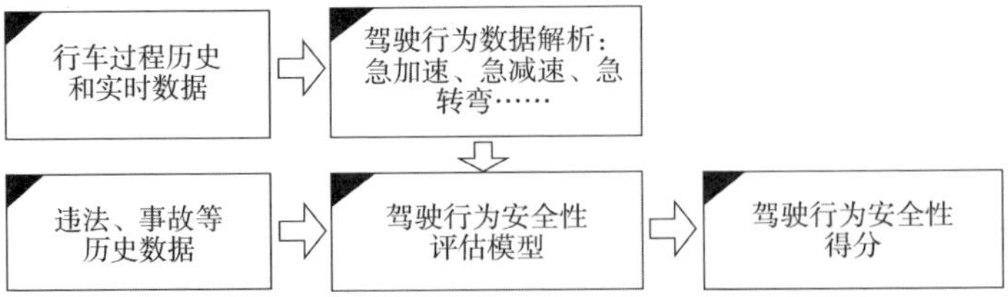

图3-10　驾驶行为评估流程

(4)驾驶人安全画像四:生物节律评估

人体生物节律是指体力节律、情绪节律和智力节律。每个人从他出生那天起一直到生命终结，都存在着体力 23 天、情绪 28 天、智力 33 天的周期性波动规律，称为人体生物节律[4]。每 1 个周期中又存在着高潮期、低潮期和临界期，如图 3-11 所示。

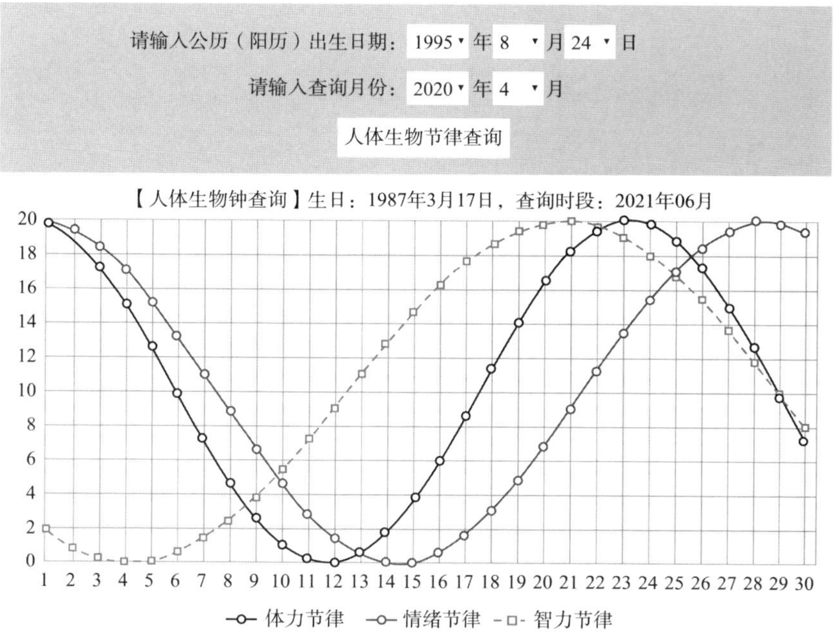

图 3-11　生物节律

临界期是一个极不稳定的时期，生心理处于一种频繁变化中，极易造成各器官失调，进而导致事故。据统计约 60% 的驾驶人责任事故发生在驾驶人生物节律临界期[5]。

最终，重点车辆驾驶人安全画像系统结构如图 3-12 所示。

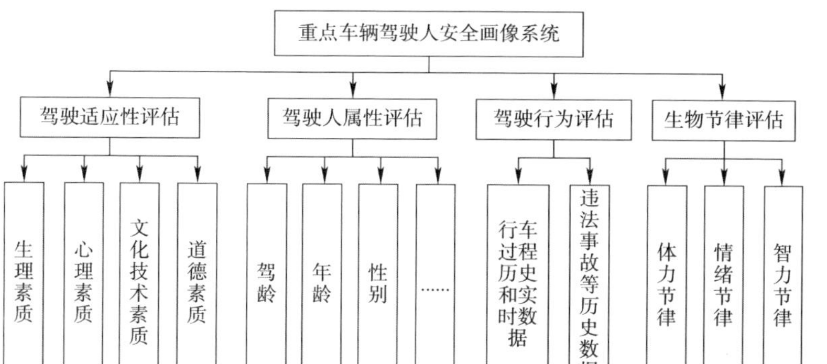

图 3-12　重点车辆驾驶人安全画像系统结构

3.2 高速公路车辆运行安全保障技术

3.2.1 高速公路车辆违规行为监测

1)超速监测

超速行驶是高速公路最常见也是最危险的交通违法行为之一。超速行为的检测是建立在车速检测基础上的,车速属于交通动态信息,目前交通动态信息的检测方法主要包括环形检测法、超声波检测法、微波检测法以及视频检测法。其中,随着计算机技术的发展,视频检测技术已经成为如今较为成熟且完善的检测技术,其工作原理在于通过计算机视觉技术,将交通视频转换成每一帧图像,对每一帧车辆图像信息进行处理分析,从而达到提取道路信息的目的。

车辆超速检测系统分为车辆检测、车速检测、超速警报、显示、图像抓拍5个模块,各模块功能如下:

车辆检测:用于对当前帧的车辆进行监测;

车速检测:计算当前帧车辆速度;

超速警报:车辆超速时发出警报;

显示:用于显示检测的车辆图像、车速、是否超速等信息;

图像抓拍:对超速车辆进行抓拍。

系统运行流程如下所示:

①加载检测视频;

②设置车辆检测区域,并设置速度上限;

③进行视频读取,若在当前帧存在车辆,进行步骤④,否则进行步骤⑤;

④对于检测到的车辆进行速度检测,若速度超过阈值,发出警报,并进行图像抓拍和存储;

⑤若完成当前帧的监测,则进行步骤⑦,否则重新转回步骤③;

⑥若完成所有视频的读取,转到步骤⑧,否则转到步骤⑦;

⑦帧号加1,转到步骤③进行下一段视频的监测;

⑧结束。

具体流程如图3-13所示。

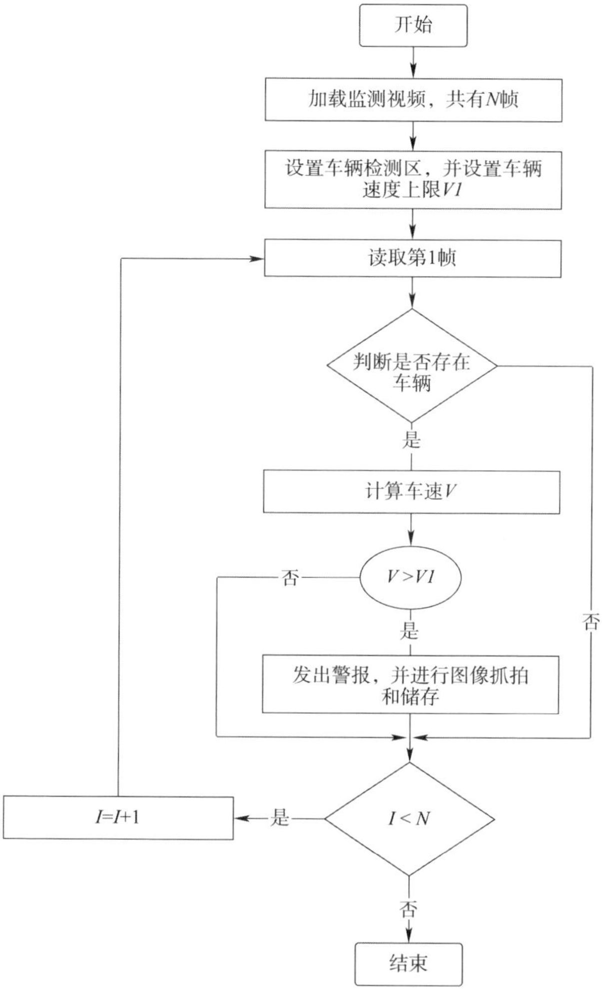

图 3-13　车辆超速检测流程

(1)车辆检测

在超速检测流程中车辆监测部分主要采取的是视频图像监测技术,目前常用的道路视频监测前端设备为高清智能摄像头,如图 3-14 所示。

①区间测速摄像头

该类型摄像头在高速公路上最为常见,一般设置在一定里程路段的起始位置和终点位置,通过利用车牌识别技术,来计算出 1 辆汽车在区间内的平均速度,从而判断是否超速。

②卡口摄像头

如图3-15该类型摄像头一般安装在国道、省道以及高速公路上，主要功能是抓拍车辆超速行驶。

图3-14　区间测速摄像头

图3-15　卡口摄像头

③流动测速摄像头

如图3-16该类型摄像头作用在于提醒驾驶人应保持高速公路的规定速度行驶，避免车辆速度过慢而产生交通事故。

图3-16　流动测速摄像头

(2)车速检测

如上文所述，测速仪在超速监测中发挥着重要作用。并且随着时代的进步发展，各式各样的超速监测仪器也层出不穷，目前主流的超速监测仪器分为雷达式和激光式两种类型。

其中雷达测速仪如图3-17所示，雷达测速仪主要是利用光电微波来测量运动物体的速度，其工作原理是基于多普勒原理发展而来，即当微波光线照射到运动物体时，会产生一个与运动物体速度呈正相关的变化数值。此外又根据实际工作需求，分为静态和动态两种模式。

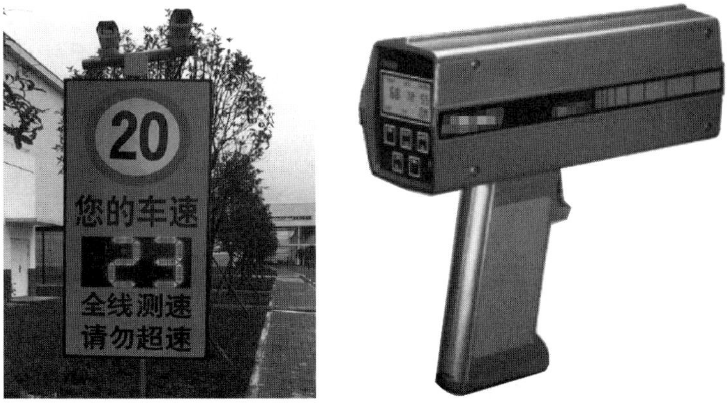

a)　　　　　　　　b)

图 3-17　雷达测速仪与手持式雷达测速仪

激光测速仪的工作原理即是激光测距，通过对运动物体进行两次特定时间间隔的激光测距，同时取得在该时段内物体的运动距离，从而得到运动物体的移动速度，如图 3-18 所示。

a)　　　　　　　　b)

图 3-18　激光测速仪

(3)超速警报

如图 3-13 中的监测流程所示，该系统在获得车辆检测和车速检测模块的检测数据后,结合当前道路的速度限制条件,判断此时车辆是否超出速度限制,若超出限速,则发出警报。

超速警报装置一般通过声音的方式向驾驶人发出警报,如语音提示或者蜂鸣器报警(图 3-19),或者设置路侧超速提示牌(图 3-20)起到警报作用。

图 3-19　蜂鸣警报器

图 3-20　路侧超速提示牌

(4)超速预防措施

此外在车辆超速事故治理中,除了监测,在事故预防方面也应该做好工作,现有的措施如下所示:

①驾驶人要加强自身法律意识,在各种道路情况下都要严格遵守法律法规;

②政府需要积极开展警示教育活动,做好超速行驶危害性的宣传工作,让广大公民意识到超速行驶的危害性,做到懂法守法;

③交通管理部门要深入管辖区的客货运单位,通过座谈等教育方式让职业驾驶人意识到超速行驶危害性,引导职业驾驶人增强自身职业道德,约束自身驾驶行为,提高交通安全意识;

④增强执法监管力度,通过采用多管齐下和依法严惩等措施,整顿道路行车秩序,降低超速行驶等危险驾驶行为的发生率;

⑤交警部门需及时掌握客货运车辆的行驶轨迹,及时发现超速等危险驾驶行为,并提醒交通公司(指客货运车辆所属公司)加强管理,从而遏制超速等危险驾驶行为的发生。

2)违规变道、占道等监测

(1)违规变道

根据厦门高速交警 2022 年交通违法大数据分析结果显示,在公布的十大现象纠查情况排名中,违规变道排名第一,共有8535起,占现场违法纠查的30.64%[6]。

目前针对高速公路违规变道的监测主要是通过电子警察抓拍系统来实现的,即当道路上出现疑似违规变道、占道、压线行驶等违法驾驶行为,电子眼摄像头(图3-21)就会连续抓拍多张图片,包括车辆位置、车道线情况、车牌号码等,并上传至控制中心进行图像分析,判定是否属于违规变道。

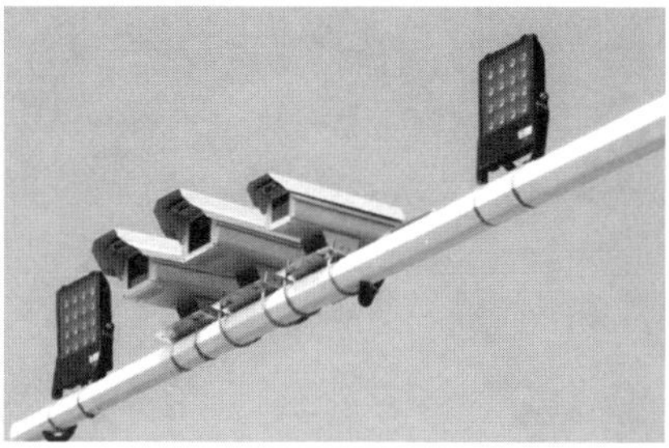

图3-21　高速电子抓拍摄像头

电子警察抓拍系统由路口前端设备、网络传输系统和中心管理系统3部分构成,工作流程如图3-22所示。抓拍系统通常以高清晰智能摄像头为主体,一台摄像机能够覆盖2~3条单向车道。

图3-22　电子警察抓拍系统工作流程

(2)占道

高速公路上常出现的占道行为包括大车长时间占用超车道、非法占用应急车道等行为,下面也将针对上述两种占道行为的监测和预防措施进行阐述。

①大车长时间占用超车道

高速公路上大车长时间占用车道主要是指大车长时间占用左车道行驶,该驾驶行为必然会导致部分车速较快的车辆无法从左车道进行超车,造成通行效率的下降。此外大车长时间占用左车道会导致部分小型车辆的超车次数增加,从而影响道路行车秩序,容易导致交通事故的发生。

目前针对大车长时间占用车道的检测技术多分为以下几种[8]:

a.基于视频图像的运动车辆识别。该方法利用数字图像识别技术进行车辆监测;

b.基于红外检测的车辆识别。该方法通过在道路两侧布置红外阵列检测器,以获得车辆侧面的几何数据和轮廓特征来判断车型;

c.基于电磁感应的车辆识别。在道路铺设的感应线圈会与车辆底部的铁磁材料产生电磁感应,依照生成的电磁感应曲线来判断车型。

上述几种方法均属于车型识别方法,如图3-23所示。

除车型识别方法外,也可以从车牌定位识别(图3-24)的角度来进行大车占道

图 3-23　车型识别

注：图中为了不泄露个人隐私，已将车牌进行模糊处理。

行为监测，其根据工作原理大致分为以下几种[7]：

a. 基于边缘检测的定位方法。该方法通过检测车牌区域的边缘特征来进行车牌定位；

b. 基于车牌颜色特征的定位方法。该方法利用车牌字符和车牌底色的反差特征来进行车牌定位；

c. 基于 Hough 变换的车牌定位方法。该方法利用车牌边框的几何特征以确定车牌的边框直线，从而进行车牌定位。

由此可见，对于大车长时间占用左车道的违法驾驶行为监测多借助于视频图像采集设备，例如图 3-25 所示设备。

图 3-24　车牌定位识别

图 3-25　“小黄人”（PCC500V6-VFR 车型识别系统）

该系统主要由车头相机、车尾相机、车身全景相机、车型识别器及自动补光装置等组成，能够实现车型分类、车牌识别、车辆特征检测等功能。

②非法占用应急车道

高速公路两侧的应急车道专供处理应急事务的车辆使用，社会车辆只有在遇到无法解决的问题时才能停留在应急车道内。但近年来，随着车辆总数的不断增加以及交管部门有效监管手段的落后，非法占用应急车道的现象愈加严重，对高速公路的行车安全带来了很大程度的负面影响。

目前，非法占用应急车道的监测方法包括交警人工监测、路侧铺设监控设备、三方举报监督系统以及非法占用应急车道车辆的车牌抓拍系统等，如图 3-26 所示。

a) 交警人工监测

b) 铺设监控设备

c) 车牌抓拍

d) 三方举报监督

图 3-26　非法占用应急车道监测方式

(3)违规变道、占道预防措施

①完善高速公路上的相关标志、标线、标牌。具体表现为通过设置龙门架等设备,对每条车道进行承重和车型提示,同时在路面上喷涂合适的交通标志和引导线,以引导车辆进行正确通行,减少事故的发生,优化行车体验。

②配备交警巡逻。根据现有高速公路交通管理部门警力配备要求,平均每公里派遣 1 ~ 1.5 名警力,用于应对交通事故、违法驾驶行为以及疏导车流等问题。这些警力将保障高速公路的交通安全和畅通,为驾车出行提供保障。

③提高电子监控力度。伴随信息技术的发展,高速公路上设置的电子摄像头也逐渐增多,为高速公路交警部门抓拍非法占用应急车道等违法行为提供便利,减少事故的发生。

④提高处罚力度。针对大车长时间占用左车道的现象,通过提高处罚力度来提高大车占道行驶的违法成本,从而减少大车占道行驶的违法现象。

⑤变道辅助装置。通过监测车辆行车轨迹,在驾驶人进行"违规变道"行为时及时预警,矫正变道行为。

⑥积极宣传,加强教育。各级通过积极开展交通安全教育和安全行驶科普宣传,有效提高公民的交通安全意识,尽量引导驾驶人培养良好的驾驶习惯,降低非法占道行为的发生频率。

3)压线行驶

目前主要通过"电子警察抓拍系统"等电子眼设备监测行驶车辆的压线行驶行为。

系统采取纯视频检测方式,自动对视频流图像中运动物体进行实时逐帧检测、锁定、跟踪,根据车辆运动轨迹判断车辆是否压线行驶。

压线行驶预防措施:

(1)从驾驶人角度出发,如新人司机需要注重提高驾驶技术,掌握驾驶技巧,如学会判断车辆左右轮位置,避免轮胎压到道路实线;对于有一定驾龄的司机而言,则需要改正自身危险的驾驶习惯,提高安全驾驶意识。

(2)作为车辆环境感知装置中的一部分,车道线检测装置能够识别检测车辆所在车道两侧的车道线。当车辆偏离车道产生压线行为时就会及时报警,避免压线行驶。

(3)交通管制部门也需要积极开展安全驾驶宣传,纠正驾驶人危险的驾驶习惯,减少压线行驶行为的发生。

3.2.2 高速公路车辆性能监测

车辆自身状况是直接影响高速公路交通安全的重要因素。车辆在高速行驶过程中,一旦出现了突发故障或具有安全隐患的故障显现,势必会对车辆的正常行驶产生不利影响,轻则抛锚,重则引发严重的交通事故。

(1)车道偏离监测

车道偏离引发的一系列交通事故已经成为全球性关注的问题之一,越来越引起人们高度的重视,研究人员针对车道偏离问题开展了大量研究。

在车辆安全方面,安全气囊、安全带等被动安全技术已不能满足现代交通安全驾驶需求,同时人工智能等先进技术的发展给车辆安全技术带来新的变革,如先进驾驶辅助系统(Advanced Driving Assistance System,ADAS)就利用传感器对周边环境进行信息采集,通过环境感知技术对道路、车辆以及行人等环境信息进行检测识别,对识别信息进行处理,之后传输给执行模块,由系统发出警告或者直接对当前车辆进行控制，以达到主动安全的目的。

其中车道偏离预警系统（Lane Departure Warning System，LDWS）作为ADAS技术中的重要组成部分，该系统主要通过摄像头或激光雷达获取车辆当前行驶车道的环境信息，并采用计算机视觉算法对道路图像进行滤波去噪、图像增强等预处理工作，剔除与车道线检测无关的干扰信息，只保留进行车道线检测跟踪需要的有效信息，如车道线位置、车辆GPS定位等，如图3-27所示。

图3-27 车道线检测

（2）车辆胎压监测

轮胎作为车辆的重要组成部件，其主要作用就是支撑车身及缓解吸收来自地面的冲击。此外由于轮胎在行车过程中受到车辆自身重力和地面摩擦力的作用影响，将一直处于高速、高温及高压状态，倘若此时车胎压力过高或温度过高，发生爆胎，将极易引发交通事故。综上所述，适中的轮胎压力不仅能起到节能作用，而且能够直接影响行车安全性。因此为更好地掌握轮胎的实时工作状态，降低交通事故发生率，胎压监测系统（Tire Pressure Monitoring System，TPMS）应运而生并且得到迅速推广。

TPMS主要是针对轮胎的胎压、温度等参数进行监测，以此来了解轮胎的实时状态，判断其是否满足正常行驶的标准要求，从而有效降低因轮胎失压、爆胎造成交通事故的概率。

TPMS以CAN总线为基础展开设计，主要包括电源模块、数据监测与无线发射模块、无线接收与CAN发射模块以及CAN接收与显示模块。其中数据监测模块起到基础作用，承担轮胎胎压、温度等参数监测任务最为重要。数据监测模块多采用压力传感器，如图3-28所示。

（3）车辆发动机监测

车辆发动机作为汽车的核心功能部件，其工作状态直接决定了汽车的整体工作状态，从而对于交通事故的发生也有着间接的影响作用。因此，对车辆发动机进行监测显得极为必要。

车辆发动机监测系统主要包括数据采集、传输、处理等部分，其工作流程如图 3-29 所示。

图 3-28　胎压匹配仪通用传感器

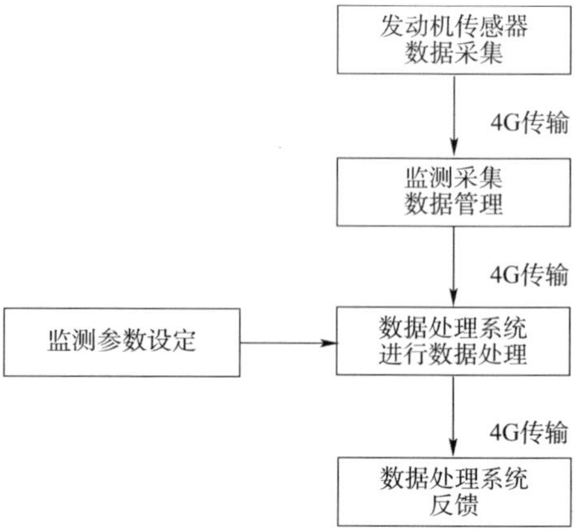

图 3-29　发动机监测工作流程

车辆发动机的监测采集数据包括转速、振动信号、机油压力、机油温度、冷却液温度等相关参数，通过这部分参数即可得到发动机的实时工作状态。上述参数的监测手段多种多样，包括在发动机内部预埋转速传感器、机油压力传感器、冷却液温度传感器等，针对其他类型参数的监测可通过外高压油管压力传感器、磁座安装式振动传感器等方式实现。

3.2.3　危化品介质运输监测

危化品多应用于农药、医药、化工等行业，随着相关行业的快速发展，危化品的需求量越来越大，由危化品运输导致的交通事故量也与日俱增，因此，危化品车辆运输安全问题也成了交通安全领域迫切需要解决的重要问题之一。

1)危化品自身监测

危化品作为易燃易爆的危险物品，自身的特殊性以及危险性是不可忽视的，危化品自身监测参数包括压力、气体浓度、液位等。

(1)压力

这里的压力通常是指储罐内压力。这里以液化天然气(Liquefied Natural Gas，LNG)为例说明，在 LNG 运输过程中，由于储罐内部与外界环境之间存在的较大温差,LNG 吸收外界热量后密度将会变小,从而转变为气态,使得储罐内压力升高。当压力过高时,极有可能出现泄漏甚至爆炸事故。一般 LNG 储罐的设计压力为 0.8MPa,实际工作压力为 0.3MPa。此外正常压力罐的压力显示在 0.4 ~ 0.6MPa 区间为正常。

(2)气体浓度

气态危化品车辆的操作箱一般位于罐体尾部,其中包括机械压力表以及部分阀门部件。若储罐整体未遭到破坏,操作箱内部的阀门装置通常是危化品泄漏的主要部位。因此,常在操作箱内部安装气体传感器以检测危化品浓度,如图 3-30 和图 3-31 所示。在《可燃气体探测器》中规定气体传感器应具备低限、高限两个报警设定值,低限报警值应设定在 1% ~25% LEL 范围内,高限报警值一般为 50% LEL(LEL 指最低爆炸下限,全称为 Lower Explosive Limit,代表的是可燃气体在空气中遇到明火能够发生爆炸的最小浓度,通常以百分比表示,即% LEL。)[8]。

图 3-30　可燃气体传感器

图 3-31　毒性气体传感器

(3)液位

液位一般反映的是危化品在储罐内的充满率,当液位过高时储罐超载,极易发生危化品泄漏事故。根据国家危险化学品储存管理规定,危险化学品储罐的液位上限一般是不超过储罐最高容积的 95%,如图 3-32 所示。《石油库设计规范》(GB 50074—2014)中规定应设置高、低液位报警装置,且应采用独立的液位连续测量仪表[9]。

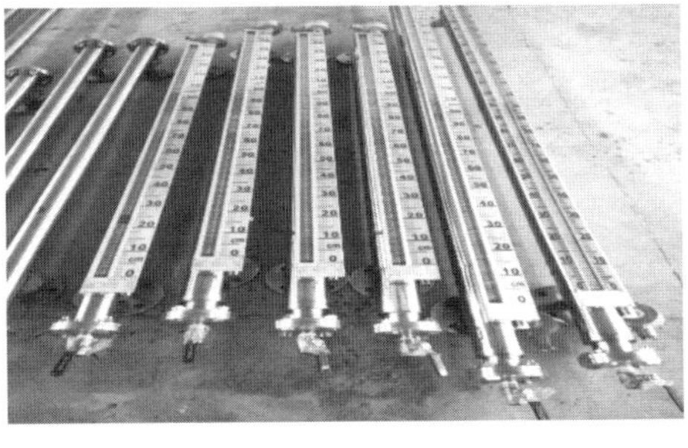

图 3-32　油罐车液位计

2)危化品车辆监测

相较于危化品监测,在危化品运输过程中存在更多的不确定因素,如车辆方面就存在速度、姿态等影响因素。

(1)速度

行驶速度是车辆行驶过程中的基本参数。危化品车辆在一般道路上的行驶速度不能高于60km/h,在高速公路上的行驶速度不得高于80km/h。同时,部分危化品运输在行驶速度方面设有特殊规定,在弯道及高风险路段等特殊路段行驶速度不得高于30km/h。危化品车辆速度监测方式包括道路上设置的电子警察抓拍系统以及车辆自身的驾驶辅助系统。

(2)姿态

姿态是指危化品运输车辆的倾角,包括横滚角和俯仰角。相较而言,横滚角更加重要。在车辆侧翻过程中,横滚角会发生明显变化,因此可通过监测储罐横滚角的变化情况来监测危化品车辆的运行状态。在《机动车运行安全技术条件》(GB 7258—2017)中规定罐式危化品车辆在满载、静态状态下,横滚角角度不应小于23°。根据相关文献得出半挂罐车的侧翻阈值为5.3°[10]。

3)危化品运输环境监测

(1)温度

温度在危化品运输过程中起到很大的影响作用。在危化品运输过程中,危化品车辆自身的保冷系统不能绝对保证容器内的危化品与外界环境处于绝对的隔热状态,因此当外界温度越高,容器内的温度和压力上升越快。可以从夏季危化品运输事故高发等现象中看出。

通常危化品车辆选用的温度计为双金属温度计,如图3-33所示,由感温元件(热双金属片)、细轴、度盘、指针和保护管组成。

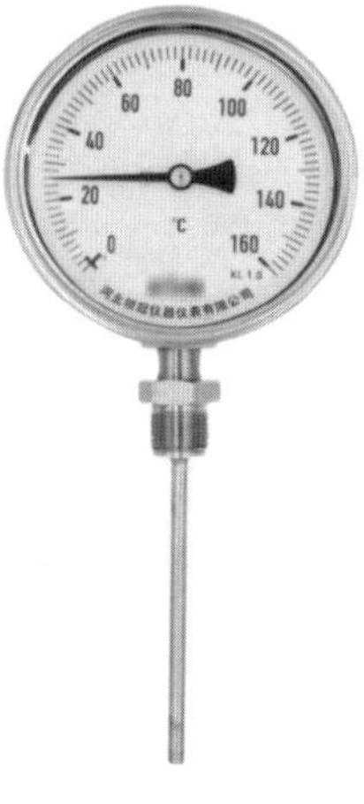

图3-33 双金属温度计

(2)湿度

在危化品运输过程中,环境湿度影响气体的扩散。据相关研究表明,在一定范围内随着湿度的增加,部分气体(如液化天然气)的泄漏程度将会上升,从而导致发生爆炸事故的严重程度也随之增加。

3.2.4 车辆安全运行画像

将监测采集到的数据信息与车辆类型、车辆历史信息等数据信息相结合,可以得到该车辆的安全运行画像,如图3-34所示。

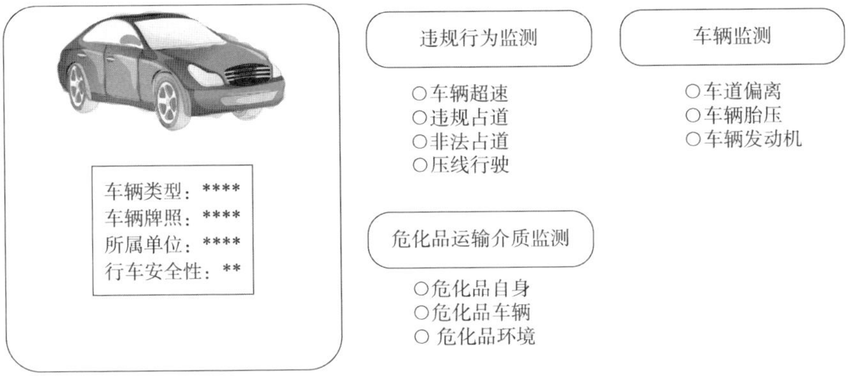

图 3-34　车辆安全运行画像

(1)车辆安全运行画像一：违规行为监测

高速公路运行车辆违规行为主要包括车辆超速、违规变道、非法占道、压线行驶等行为，其中非法占道行为主要包括大车长时间占据超车道、占用应急车道等行为，借助监测仪器完成对上述违规行为的判定，进而为车辆安全运行画像构建提供佐证，具体如图 3-35 所示。

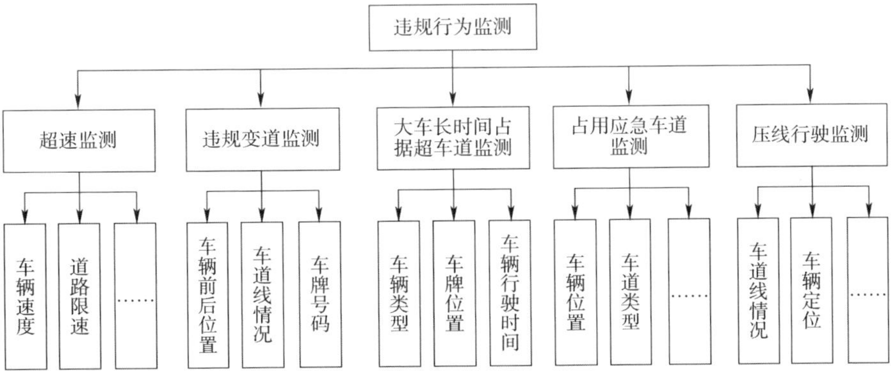

图 3-35　违规行为监测参数

(2)车辆安全运行画像二：车辆监测

车辆作为行车过程中的运行主体，其工作状态将会直接影响到行车安全性，因此针对车辆工作状态展开监测是非常必要的，具体监测指标如图 3-36 所示。

(3)车辆安全运行画像三：危化品车辆运输监测

危化品车辆在高速公路运输过程中，其行车安全受到危化品、运输车辆以及危化品所处环境等因素影响，不同因素之间的影响程度也不尽相同，因此需进行危化品运输监测，具体如图 3-37 所示。

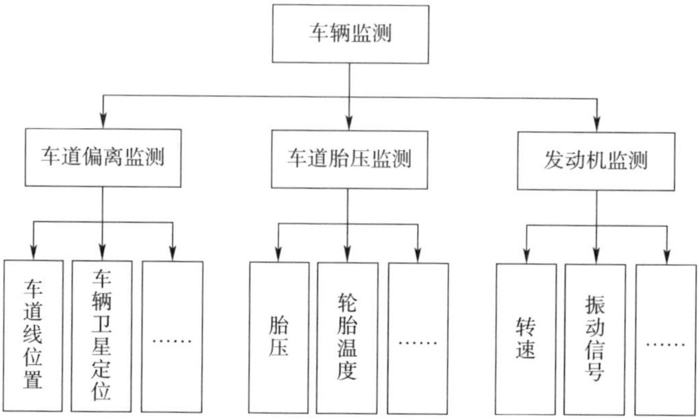

图 3-36　车辆监测参数

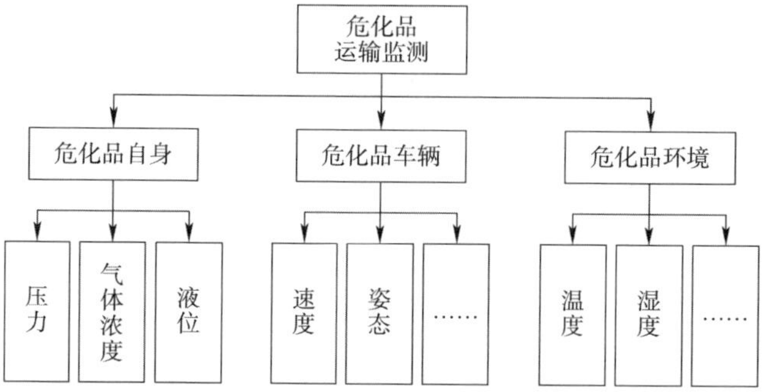

图 3-37　危化品车辆运输监测

3.2.5　车辆运行风险预测

随着信息技术的快速发展，交通设备信息化程度的不断提高，行车过程中车辆信息的实时、准确程度等得到了保障，因此，基于交通大数据来预测行车安全风险的可行性也得到了保障。

车辆运行风险预测模型一般是指通过当前行车的影响因素，建立模型来预判交通事故发生的概率。由于事故自身的随机性与偶然性，导致难以得出高精度的预测结果，所以预测模型通常以“是否存在事故风险”来进行行车运行风险预测。

本节拟采用对比事故发生前和非事故状态下的影响因素差异，进而提取影响车辆运行风险的重要因素，并根据支持向量机构建行车风险预测模型，技术路线如图 3-38 所示。

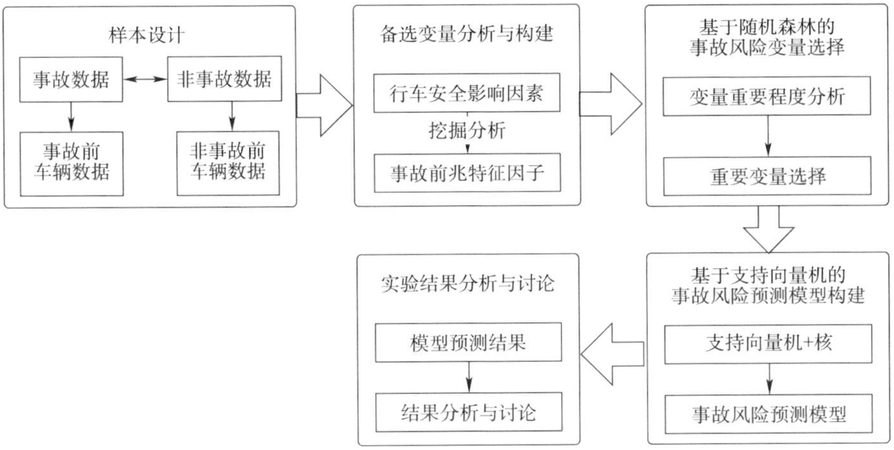

图 3-38 行车风险预测模型技术路线

1)样本设计

在创建行车风险预测模型之前,需要分析比较事故车辆与非事故车辆的特征。为了达到更好的对比效果,在构建实验样本库时需要包含同时有事故和非事故的车辆特征数据。然而由于现实中事故样本量较少,远小于非事故样本量,因此模型设计变得更加复杂且需要考虑许多因素。针对这种情况,可以使用欠采样思想和病例-对照研究等方法来解决问题,以确保实验样本数据库能够满足模型建立和分析的要求[11]。

病例-对照研究是流行病学分析中最常用的方法之一,它可以帮助探索导致疾病发生的影响因素。该方法通过选择某个人群内患有目标疾病的一组人(称为"病例"),以及同一人群中未患有该疾病但具备类似已知患病因素和病例组表现的一组人(称为"对照"),然后对两组人进行比较研究。通过调查两组人在过去是否接触到某个或某些可疑的病因物,并比较两组人的暴露历史和程度等相关信息,以推断可疑因素是否可能成为真正的病因。

(1)样本设计概述

现有研究中,用于构建行车风险模型样本的结构多采用配对式病例对照研究方法。在应用过程中,研究人员把每起事故视作"病例",然后按一定比例(配对比例)抽取非事故数据作为"对照(组)"来提取车辆特征数据,从而构建同时包含有病例-对照的实验样本集。

(2)事故-非事故匹配原则

在采用配对式病例-对照研究方法设计实验样本时,病例(事故)样本可以根据事故发生时间和地点提取相应的车辆特征数据，而对照组（非事故）样本交通流数据将根据以下匹配条件提取：

①日期：对照组的日期与对应事故（病例）所在日期不同；

②周天：对照组的日期与对应事故（病例）所在周天相同；

③时间：对照组的时间与对应事故（病例）所在时间相同；

④地点：对照组的地点与对应事故（病例）所在地点相同；

⑤噪声：对照组所对应事故（病例）前后各 1h 内在相同地点无事故。

（3）事故-非事故配对比例

在现有基于病例-对照研究方法设计样本建立行车风险预测模型研究中，分别使用不同的事故-非事故配对比例（例如 1∶4，1∶5，1∶8，1∶10，1∶30 以及全样本等）设计样本结构，其中，1∶4 是最常使用的事故-非事故配对比例。

（4）样本选取

提取我国某省交通管理局记录的高速公路交通事故数据，提取时间从 2017 年 1 月 1 日起至 2021 年 12 月 30 日结束，共 1683 起。

2）备选变量分析与构建

在前面分别从车辆的违规行为、车辆自身因素等方面阐述了车辆方面的行车安全影响因素。因此，在此基础上分析事故发生前与非事故情况下不同车辆特征，以精准提取两者之间车辆特征差异的变量，从而探索行车风险的影响因素，确定备选变量。

（1）变量筛选方法

在变量选择的过程中，通常会有一些无关或冗余的特征存在，若不进行筛选和剔除将会引发“维度灾难”，从而影响预测模型的准确性。为了解决这个问题，我们可以采用随机森林算法（Random Forest，RF）进行特征筛选，将相对更加重要的特征提取出来。

随机森林算法是一种以决策树为基础的集成学习算法，首先通过随机抽样的方式采集训练数据，然后针对每个抽样样本构建一个决策树模型，最后将这些模型的结果进行集成得到最终的分类器或回归模型。该算法可广泛应用于机器学习领域，具有高效稳定、泛化能力，适用于处理大规模数据等优势。

①随机森林算法基本原理

随机森林算法即是基于套袋算法思想，使用 Bootstrap 抽样方法从原始数据集中随机抽取 k 个子样本，以决策树算法分别对这 k 个子样本建模，然后汇总所有决策树结果即作为随机森林模型的输出结果。

②随机森林算法一般步骤：

步骤1：从原始数据集 N 中，有放回地、随机地抽取 k 个样本集；

步骤2：基于抽取的 k 个子样本集，构建 k 个分类决策树模型，在每一个决策树的每个内部节点处，在随机抽取的多个属性中使用纯度度量指标选择一个最具有分类能力的属性划分；

步骤3：每个分类决策树根据设定的规则生长，并且不做任何剪枝处理；

步骤4：用随机森林分类器对新的数据进行分类，其分类结果将综合考虑所有分类决策树的结果进行确定。

(2)变量选择与结果

本文将借助 Python 语言调用 Scikit-learn(Sklearn)中随机森林算法相关工具包，根据随机森林中决策树使用变量划分节点时所表现出纯度提升情况来筛选出重要变量。式(3-4)给出了选取属性 a 划分节点后数据集的基尼指数，那么变量选择时，可采用基尼指数增益作为选择特征的依据，若某变量的 MDG 取值越大则说明该变量越重要，式(3-5)以属性 a 为例，给出了 a 属性 MDG 值的计算方式：

$$\mathrm{Gini}(D,a) = \sum_{u=1}^{U} \frac{|D^u|}{|D|}\mathrm{Gini}(D^u) \tag{3-4}$$

$$\mathrm{MDG} = \Delta\mathrm{Gini}(D,a) = \mathrm{Gini}(D) - \mathrm{Gini}(D,a) \tag{3-5}$$

式中，Gini(D,a)表示样本集 D 选取属性 a 划分节点后数据集的基尼指数。

①参数标定

使用随机森林需确定参数初始取值，主要包括了从备选变量中随机抽取变量的数目、决策树的数量、决策树深度等，模型参考已有研究与经验对模型中的参数进行取值：a)随机抽取的变量数为备选变量数的平方根；b)决策树数目为600个；c)决策树深度不作限制，此时使用 Scikit-learn 工具包并基于1:4病例-对照配对比例构建的实验样本集建立随机森林模型。

②筛选结果

根据随机森林模型重要程度排序结果得知，车辆违规行为中的车辆超速、违规变道对行车安全风险预测有所帮助，如图3-39所示。车辆自身因素中的胎压与发动机情况对行车风险预测有所帮助。

3)行车安全风险预测模型构建

行车安全风险预测模型通常是基于行车过程中的交通运行特征，构建模型来预测事故发生概率，即是指“是/否存在安全风险”这一问题，属于典型的二分类问题。上文已经利用随机森林算法提取了行车风险的重要影响因素，可以凭借提取出的重要影响因素分析其与行车安全风险之间的关系，并在此基础上构建风险预测模型。

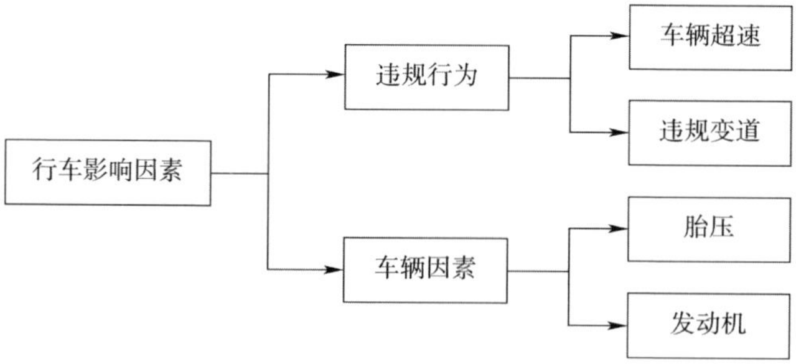

图 3-39　行车安全风险重要影响因素

此外由于研究中所采用的实验样本存在高维、部分样本量较少及非线性可分等情况，为克服上述问题，故采用支持向量机(Support Vector Machine，SVM)算法构建行车安全风险预测模型，模型具体框架如图 3-40 所示。

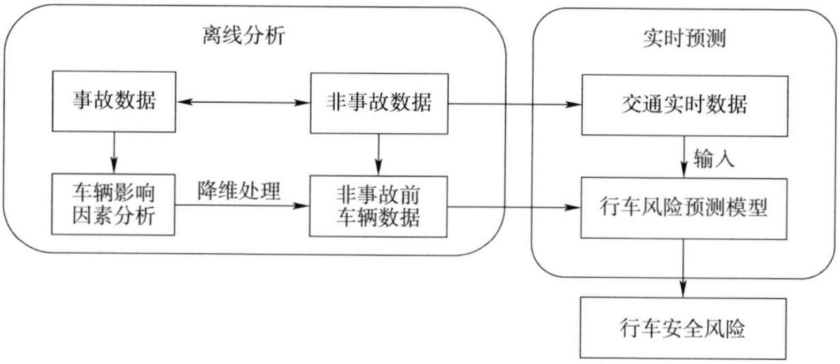

图 3-40　行车安全风险预测模型框架

(1)支持向量机算法

支持向量机是一类按监督学习方式对数据进行二元分类的广义线性分类器，其决策边界是对学习样本求解的最大边距超平面，它以训练误差作为优化问题的约束条件，以置信范围值最小化作为优化目标，以基于机器学习理论背景下的结构风险最小化为核心概念。

支持向量机是在分类问题中给定输入数据和学习目标：$X = \{x_1, \cdots, x_N\}$，$Y = \{y_1, \cdots, y_N\}$，其中输入数据的每个样本都包含多个特征并由此构成特征空间：$X_i = [x_1, \cdots, x_n] \in x$，而学习目标为二元变量 $y \in \{-1, 1\}$ 表示正类和负类。在特征空间中,支持向量机通过一个足够高维的非线性映射 $\varphi(x)$,分别属于正负两类的原始数据就能够被一个超平面分隔开,如图 3-41 所示:

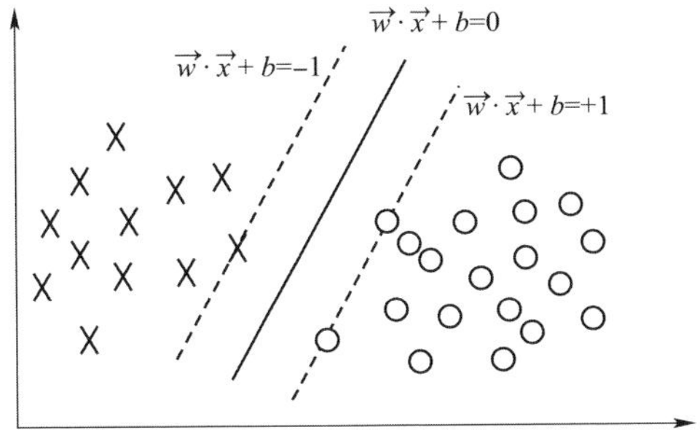

图 3-41　支持向量机

其超平面表达式见式(3-6)。

$$w^T x + b = 0 \tag{3-6}$$

式中:w——最优超平面的权值向量;

x——输入向量;

b——常量参数。

支持向量机目标函数和约束条件如下:

$$\min \frac{1}{2}\|\omega\|^2 + C\sum_{i=1}^{n}\xi_i, i = 1,\cdots,n \tag{3-7}$$

$$s.t.\ , y_i(\omega^T x_i + b) \geqslant 1 - \xi_i, i = 1,\cdots,n \tag{3-8}$$

式中:C——惩罚参数,是用于控制目标函数中两项之间的权重;

$\xi_i \geqslant 0$——松弛变量,对应数据点 x_i 允许偏离分隔界面的量。

在现实生活中,使用支持向量机进行分类时,遇到的情况大多是不可分的,在这样的情况下满足条件的超平面根本不存在,为解决这样的情况,通常使用核函数将输入空间映射到高维特征空间来寻找最优超平面[12]。采用的常规核函数包括线性核、多项式核、高斯核以及 Sigmoid 核,其表达式分别为:

$$K(x_i, x_j) = x_i^T x_j \tag{3-9}$$

$$K(x_i, x_j) = (a x_i^T x_j + b)^d \tag{3-10}$$

$$K(x_i, x_j) = \exp(-\gamma\|x - x_i\|^2) \tag{3-11}$$

$$K(x_i, x_j) = \tan[a(x_i^T x_j) + b] = 1 + \exp\{-[a(x_i^T x_j) + b]\} \tag{3-12}$$

(2)模型评价指标

在分类任务中最常使用精确率和误判率作为模型的性能度量,即模型的评价

指标。其中,精确率为模型分类正确的样本数与总样本数之比,误判率为模型分类错误的样本数与总样本数之比,计算公式如下所示:

$$\mathrm{Err} = \frac{\mathrm{FP} + \mathrm{FN}}{\mathrm{TP} + \mathrm{TN} + \mathrm{FP} + \mathrm{FN}} \tag{3-13}$$

$$\mathrm{Acc} = 1 - \mathrm{Err} = \frac{\mathrm{TP} + \mathrm{TN}}{\mathrm{TP} + \mathrm{TN} + \mathrm{FP} + \mathrm{FN}} \tag{3-14}$$

式中: Err——误判率;

Acc——精确率;

TP + TN + FP + FN——样本集总数。

(3)模型预测结果

按照 1:4 比例配对的事故-非事故实验样本,利用 Matlab 工具包构建 SVM 行车安全风险预测模型,并利用不同的核函数进行实验,其精确率和误判率见表 3-1。

不同核函数下 SVM 行车风险预测模型精确率和误判率 表 3-1

模型评价指标	不同核函数下 SVM 行车安全预测模型			
	线性核	多项式核	高斯核	Sigmoid 核
Acc 值	0.6723	0.7182	0.7324	0.7502
Err 值	0.3277	0.2818	0.2676	0.2498

从表 3-1 中可以看出,4 种核函数下的 SVM 行车风险预测模型均在一定程度上表现出了较强的事故/非事故分类能力;其中,高斯核和 Sigmiod 核模型下输出的 Acc 值相对较高;尤其是以 Sigmoid 作为核函数构建的 SVM 行车风险预测模型,其输出的 Acc 值最高,是建立 SVM 行车风险模型的最佳核函数。

3.2.6 营运车辆风险评估、分级和预警技术

(1)营运车辆运行风险态势评估与分级技术研究

该技术基于车载传感器提供的多源异构高维数据,利用时空数据融合方法实现车辆运行状态、道路环境及车内货物状态信息的精准感知,采用致因分析技术和数据深度挖掘方法,挖掘影响营运车辆运行风险态势的多因素关联作用、规律特征并提取主要因素,确定营运车辆在途运行风险态势评估指标;考虑营运车辆稳定性、交通安全性及危化品安全性,建立营运车辆运行动力学模型、多自由度车辆稳定性动力学模型及危化品在途状态辨识模型,得到复杂环境下营运车

辆危险状态概率预测模型，提出营运车辆运行风险态势评估方法；通过专家打分法和神经网络法提出风险量化分级方法，从而确定车辆运行风险等级，实现营运车辆运行风险态势实时预警；引入人机工程学原理对重点营运车辆的主动干预方式进行详细的设计，为"事前、过程、事后三位一体"的主动型动态监管提供技术支撑。

(2)营运车辆身份识别及预警技术与装备研发

通过RFID、DSRC、V2X、北斗定位等技术建立车辆唯一身份标识，通过与高速公路路段RSU路侧单元建立快速交互，利用车辆动态信息及其运政信息，实现车辆身份的多方验证，确定车辆真实有效身份。

研究针对高速行驶营运车辆的全息环视、分类、分级预警模型，区分营运车辆局部风险，采用风险点位动态判定，实现营运车辆风险动态多维全息环视实时分级预警机制；搭建针对营运车辆风险的动态多维全息环视分级预警及系统；研究基于营运车辆OBU/行车记录仪(车载单元)、DSM(人脸识别)、ADAS(高级驾驶辅助)、RSU、设备穿戴(智能手环)、罐体安全监测、视频监测、轮胎监测、北斗定位等技术的深度融合，研发在车辆行驶过程中与路况、天气、盲点检测、防碰撞、紧急制动等风险识别预警场景下的V2X预警接收协议及预警装备；研制一套基于车联网、数字孪生等技术的营运车辆行驶安全画像方法，结合RSU和MEC信息对高危路段、高危时段、特殊路况、车辆聚集、紧急事故等特定场景下及常规场景下的预警技术及装备；研究突发事故联合协同紧急救援锁定机制，在驾驶人突发疾病、轮胎爆胎等紧急突发事件时，结合RSU、5G等各种通信途径将报警信息及车辆定位信息推送至相关部门，形成安全联动，避免二次事故发生，联合协同，快速救援锁定。

(3)基于大数据的车辆运营企业风险画像

图3-42基于云控平台中"车辆运政信息系统""道路运输车辆动态监管系统"和"危险货物电子运单系统"等系统，提取"两客一危"运营企业车辆运行过程中产生的车辆运行、驾驶人行为、货物状态、道路环境等多维数据，通过地图匹配确定与车辆违法行为、驾驶人危险行为、货物异常状态等相关的时空信息并计算特征指标；利用主成分分析法对线性相关指标进行降维处理，得到运营企业风险评价综合评价指标集；构建主成分得分系数矩阵，确定各主成分得分，根据基于欧氏距离的K-means聚类方法对已有多维异构时空信息进行聚类分析，得到运营企业风险等级分类，并采用Silhouette函数评价聚类分析结果；采用层次分析法确定各评价指标权重，运用隶属度函数确定运营企业在各综合评价指标的隶属度，构建企业风险

评估的评价矩阵，分析得到企业风险综合评价指数；对比并综合隶属度函数和聚类分析方法结果，确定运营企业风险画像，作为反应运营安全质量的具体衡量标准，与该运输企业的主体信用等级相挂钩，为构建"两客一危"道路交通运输信用评价和公共信用综合评估体系提供理论基础。

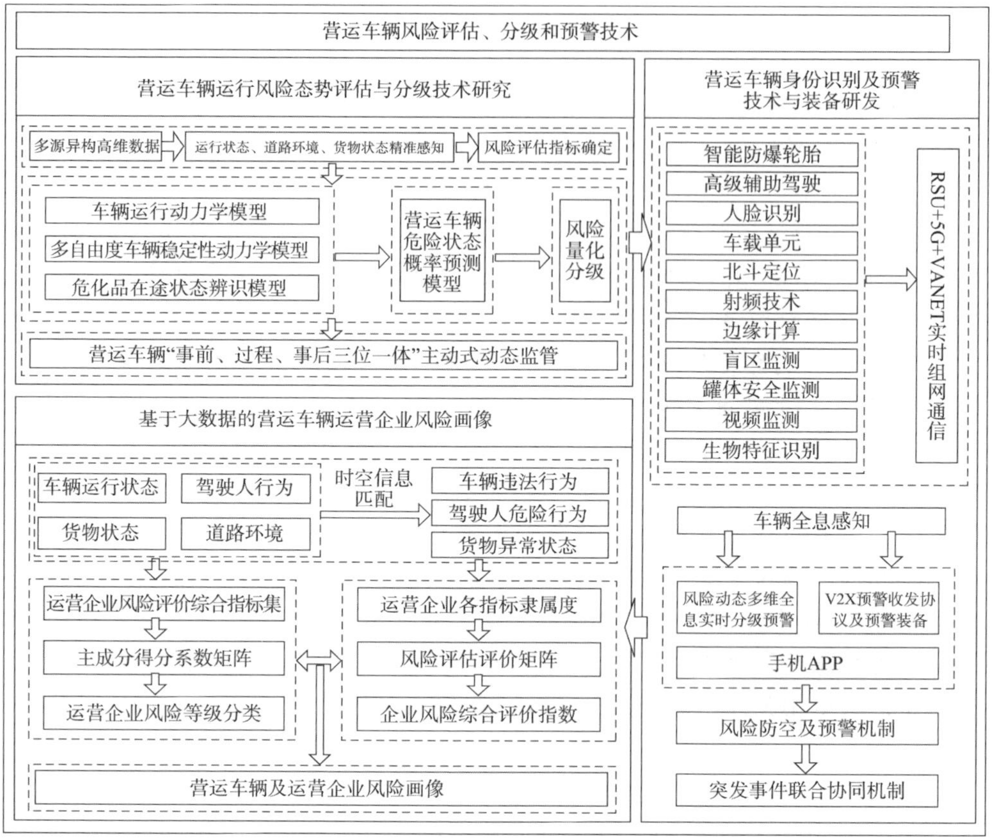

图 3-42　营运车辆风险评估、分级和预警技术指标体系

3.2.7　车辆智能监管与安全运行平台建设标准

基于智慧高速公路逻辑框架和物理框架，从感知技术、通信技术、信息处理技术、控制技术、信息安全技术、运维管理技术等方面进行研究。基于车辆智能监管与安全营运系统数据需求，确定"云边端"结构下的车路协同数据采集设备布设方法，建立基于多源异构数据的智能监管与安全营运系统数据库，分析数据关联特性，确定车辆智能监管与安全营运平台的数据分析子系统的解决方案，对系统多源

异构数据加以整合、分析、计算和重构，实现错误数据剔除和缺失数据修复，形成规范、统一的数据结构，同时提供多维度、宏观的交通运营服务信息进行展示。结合逻辑数据流关系，确定基本数据结构的无线通信协议，实现系统各个信息主体间的数据双向通信和多级协同。制定技术层面标准体系，统一车载终端传感器标准、数据接口标准、运营商编码标准等，保证数据准确、安全，及时接入智能监管与安全营运平台。配套信息安全、运行管理、平台性能要求、相应有关部门执法标准、多部门应急联动与协作标准、信息服务内容规范等内容，构建完善的车辆智能监管与安全营运平台建设标准体系，如图3-43所示。

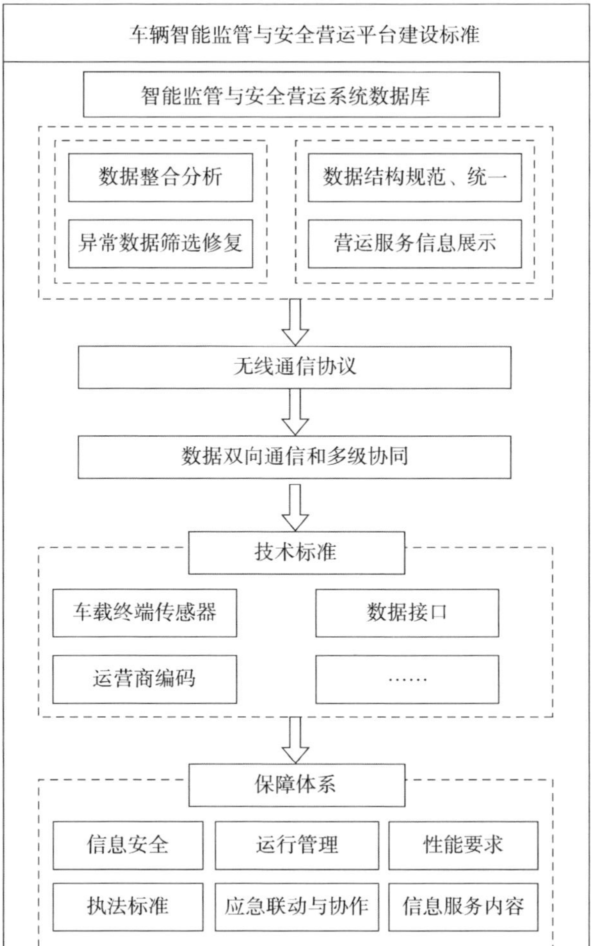

图3-43　车辆智能监管与安全运行平台功能结构图

3.3 交通安全态势分析

交通运行状态监测与态势评估主要通过构建通道型高速公路运行状态评估指标体系和综合评估方法,基于大数据中心基础设施层接入的交通流检测设备、视频摄像机、路面状况检测设备、能见度检测设备等智能感知设备,实现高速公路交通运行状况的综合评估;基于交通态势推演模型,确定异常交通事件对交通流的时空影响范围;通过合理的阈值设置,对可能或将要发生突发事件的情况进行及时预警,在此基础上,针对不同的预警级别,通过合理地分析,采取有效措施,实现高速公路日常运行管理和协调调度。

高速公路交通运行状态监测与态势评估系统利用高精度地理信息系统(Geographic Information System,GIS)地图数据,结合北斗高精度定位平台及多源数据融合模型研制基于接口的多源数据采集与接入模块、基于车道级的路网运行管理与分析模块、运行状态推演与辅助决策模块、交通事件自动检测与预警模块、应急处置与指挥调度模块。总体技术架构如图3-44所示。

其功能包括交通流状况查询与分析、运行状态综合评估和预警、交通事件影响范围和程度分析、交通数据综合处理分析、交通流监测与预警、交通事件监控、沿线视频监控、道路环境监测与预警、基础设施监测等。功能结构如图3-45所示。

3.3.1 高速公路实时监测与预警

(1)交通流监测与预警

交通流量监测是指通过车检器获取到交通流量、速度、占有率等数据。实时接入高速公路沿线布设的全自动交通情况调查设备(含车检器)和高速公路测速仪等交通流监测设备传输的数据,可以对选定的设备进行定位查询,查看选定设备的实时监测数据。对上述实时数据进行分析,定时测算路段交通流量、饱和度、平均速度等指标,并实时显示测算结果。

(2)交通事件监控

交通事件数据来源包括3种:一是视频监测,对摄像机采集的视频信号进行数字化处理,采用图像预处理技术、图像背景提取和更新技术、多目标识别与跟踪技术,对异常情况进行自动检测、记录和预警;二是雷达事件检测系统;三是通过社会公众人工填报或利用电话、短信、传真、邮件等方式报送。对自动或人工采集的信息,经过判断可产生公路交通突发事件等级的单项指标。

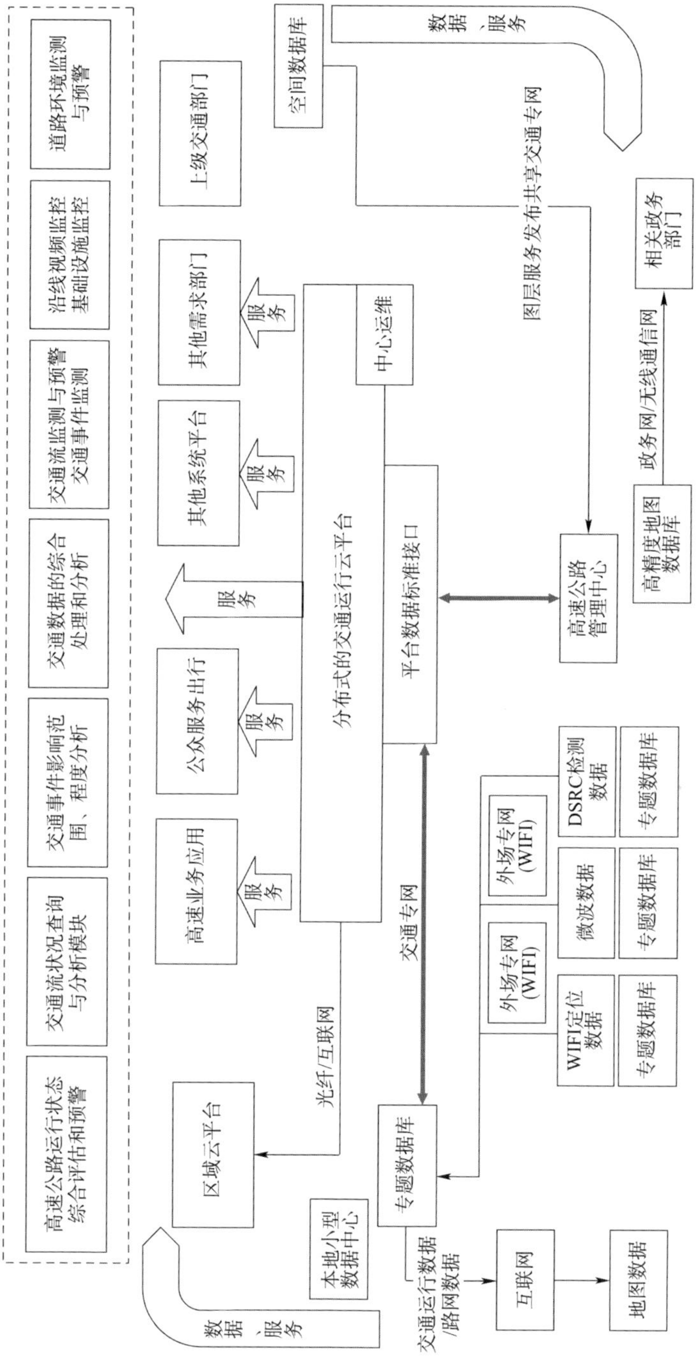

图3-44 交通运行状态监测与态势评估系统总体架构图

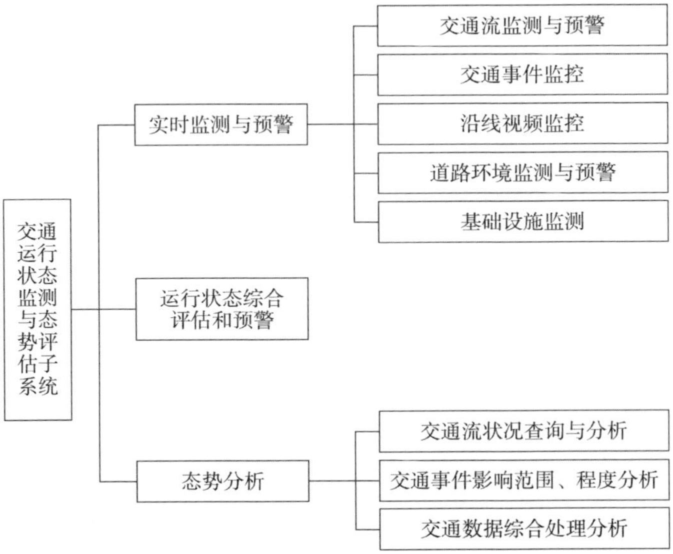

图 3-45　交通运行状态监测与态势评估功能结构图

(3)沿线视频监控

基于可视化平台展示沿线所有摄像机的位置分布,按照摄像机所处桩号将外场固定和移动视频监控终端的位置在平台上叠加显示,点击相应图标即可在地图界面上以弹窗方式播放监控视频,可指定摄像机或通过关键字搜索方式快速定位播放监控视频。

(4)道路环境监测与预警

道路环境监控是通过实时获取高速公路气象检测器的数据,获取气象信息,根据气象检测器所在位置信息,获得该位置的天气状态、气温、湿度、能见度、道面状态、路面温度等信息;并能计算出气象等级信息,主要包括总体气象等级、能见度等级、强降水等级、路面高温等级、强风等级、低温(冰冻)等级、降雪等级、沙尘暴等级等。

(5)基础设施监测

收费站监测:实时收费站运行情况监控是通过实时获取收费站附近的车流量检测器和收费流量数据进行输入,实时监控收费站车流情况、是否拥堵以及拥堵长度、收费口开放和封闭的个数,计算出当前收费站的通行能力和负载率情况。并且可以实时调用收费站的视频信息进行查看。

桥梁健康情况监测与预警:通过重点桥梁建设的健康监测系统,自动采集桥梁的各个状态参数(如采集关键截面应力应变,以反映车辆荷载、风荷载等引起的桥面异常变形),并对采集到的信息进行数据分析处理,分析桥隧的健康状况,周期性地将分析结果与规定的安全标准做对比,当监测结果超过设定的阈值时,系统自动报警。

3.3.2 高速公路运营综合评估指标体系

在交通运输部《公路网运行监测与服务暂行技术要求》的基础上,提出符合通道型高速公路交通流特点的运行状态评估指标体系及指标的计算方法,以及通道高速公路运行状态的综合评估方法;在此基础上,通过对阈值的合理划分,实现对高速公路预警等级的划分。

高速公路运行状态综合评估与预警指标体系主要包括路段的中断率、拥挤度、饱和度、交通组成特征指数、交通气象指数及节点通阻度等,并可以直观地在GIS地图上展示。

(1)中断率

中断率描述道路结构中断状态,其中,中断率值越小,对交通畅通、稳定运行影响程度越小;反之,对交通畅通、稳定运行影响程度越大。中断率主要包括路段中断状态、通道中断率两个指标。

路段中断状态依据《公路交通突发事件应急预案》中突发事件的预警和响应级别进行判定,高速公路交通突发事件等级划分标准见表3-2。当高速公路交通突发(阻断)事件等级不低于Ⅱ级时,路段处于中断状态。

高速公路交通突发事件等级划分标准[13]　　表3-2

突发事件等级	级别描述	颜色标示	事件情形
Ⅰ级	特别严重	红色	因突发事件可能导致干线公路交通毁坏、中断、阻塞或者大量车辆积压、人员滞留,通行能力影响周边省份,抢修、处置时间预计在24h以上时
			因突发事件可能导致重要客运枢纽运行中断,造成大量旅客滞留,恢复运行及人员疏散预计在48h以上时
			发生因重要物资缺乏、价格大幅波动可能严重影响全国或者大片区经济整体运行和人民正常生活,且超出省级交通运输主管部门运力组织能力时
			其他可能需要由交通运输部提供应急保障时

续上表

突发事件等级	级别描述	颜色标示	事件情形
Ⅱ级	严重	橙色	因突发事件可能导致干线公路交通毁坏、中断、阻塞或者大量车辆积压、人员滞留，抢修、处置时间预计在12h以上时
			因突发事件可能导致重要客运枢纽运行中断，造成大量旅客滞留，恢复运行及人员疏散预计在24h以上时
			发生因重要物资缺乏、价格大幅波动可能严重影响省域内经济整体运行和人民正常生活时
			其他可能需要由省级交通运输主管部门提供应急保障时
Ⅲ级	较重	黄色	Ⅲ级预警分级条件由省级交通运输主管部门负责参照Ⅰ级和Ⅱ级预警等级，结合地方特点确定
Ⅳ级	一般	蓝色	Ⅳ级预警分级条件由省级交通运输主管部门负责参照Ⅰ级、Ⅱ级和Ⅲ级预警等级，结合地方特点确定

通道中断率描述某一跨省市重要通道结构上中断的程度，反映通道拓扑结构的连通性，通道中断率采用通道中处于中断状态的路段里程以及受节点中断影响的路段里程占该通道总里程的加权比例来表征。

(2)拥挤度

拥挤度描述道路交通流拥挤的程度，其中，拥挤度越低，交通运行状况越好；反之，交通运行状况越差。拥挤度主要包括路段拥挤度、通道拥挤度两个指标。

路段拥挤度描述路段交通流运行拥挤的程度，由路段当前时段的平均速度来表征，路段平均速度越低，表示路段拥挤越严重。高速公路路段拥挤度等级划分标准见表3-3。

高速公路路段拥挤度等级划分标准[14] 表3-3

拥挤度等级	设计速度(km/h)		
	120	100	80
畅通	≥90	≥80	≥60
基本畅通	[70,90)	[60,80)	[50,60)
轻度拥堵	[50,70)	[40,60)	[35,50)

续上表

拥挤度等级	设计速度(km/h)		
	120	100	80
中度拥堵	[30,50)	[20,40)	[20,35)
严重拥堵	[0,30)	[0,20)	[0,20)

通道拥挤度描述某一重要通道交通流整体运行拥挤的程度。通道拥挤度根据通道中各路段时间平均速度的加权平均值计算而得,并可分为不同等级。详情见表3-3[14]。

(3)饱和度

饱和度是指道路已通过的交通量占最大通行交通量的比重,用来反映道路的利用效率。饱和度越高,道路利用效率越高;反之,道路利用效率越低。饱和度主要包括路段饱和度、通道饱和度两个指标。

其中路段饱和度是指在规定的时间间隔内,通过路段的交通量与该路段的最大通行能力的比值,用来描述路段利用效率;通道饱和度是用来反映通道的利用效率,由特定时间内通道中各个路段饱和度的加权平均值来表征。

(4)交通组成特征指数

交通组成特征指数用来描述不同交通组成(车辆类别)对行车的影响程度,其中,交通组成特征指数越低,不同交通组成对行车安全的影响程度越小;反之,不同交通组成对行车安全的影响程度越大。

交通组成特征指数主要包括路段交通组成特征指数、通道交通组成特征指数两个指标。其中路段交通组成特征指数是依据路段大车比例得到的一个无量纲指数,用来描述路段交通流的不同组成特征;描述通道交通流组成特征的指标,由通道中所有路段交通组成特征指数的加权求和值来表征。

(5)交通气象指数

交通气象指数用来描述不同气象状态对行车安全的影响程度。其中,交通气象指数越小,气象环境越好,气象环境对行车安全影响程度越小;反之,气象环境越差,气象环境对行车安全影响程度越大。

路段交通气象指数用来反映某一路段的交通气象对交通运行状况的影响程度。根据分析,影响交通运行状况的气象因素主要有能见度、路面状况等。因此,交通气象指数主要考虑能见度、路面状况等气象条件对交通的影响程度,以1~5来表征,分别对应无影响、轻度影响、中度影响、重度影响和严重影响5个级别。

根据不同能见度、路面状况对道路交通运行状况的影响,确定不同气象条件对交通运行的影响程度和影响值见表3-4和表3-5。

不同能见度对交通运行的影响值 表3-4

能见度等级	划分标准(m)	对交通运行影响程度	影响值
1级	VIS > 1000	视野非常开阔,对交通运行无影响	1
2级	500 < VIS ≤ 1000	视野较开阔,对交通运行有轻度影响	2
3级	200 < VIS ≤ 500	视野一般,对交通运行有中度影响	3
4级	100 < VIS ≤ 200	视野较差,对交通运行有重度影响	4
5级	VIS ≤ 100	视野很差,对交通运行有严重影响	5

不同路面状况对交通运行的影响值 表3-5

路面状况	对交通运行影响程度	影响值
干燥	无影响,正常行驶	1
潮湿、少量积水	轻度影响,车辆需适当减速	2
积水、凝霜	中度影响,路面摩擦系数下降,车辆必须减速	3

3.3.3 高速公路交通安全态势分析

高速公路交通态势分析主要分为交通流状况查询与分析,交通事件影响范围、程度分析以及交通数据的综合处理与分析3个方面。

(1)交通流状况查询与分析

通过接入交通流量检测、视频检测等交通流数据,实现对全线范围内交通运行状况信息的实时查询和浏览,包括实时交通流量、平均速度、饱和度、拥堵状态等,所有查询结果均可以通过列表或GIS地图的形式进行展示。提供对全线交通流状况信息的综合统计和对比分析,包括不同时间维度(年度、季度、月度、周、日、小时等)高速公路交通流状况信息的综合统计和对比分析。

(2)交通事件影响范围、程度分析

当高速公路发生交通事故时,事故现场将占据一定的空间,因此事发点的通行能力会有所下降;并且,事发现场容易分散邻近车道上驾驶人的注意力,这些情况均会影响车辆正常运行,造成延误,甚至出现交通拥堵与交通事故。交通事故对公路行车安全造成的影响与事故持续时间长短、交通事故类型、事发位置及上游路段交通流状况等因素有关，且这些因素是相互关联、互为影响的。在交通运行状况综合评估的基础上，对下一时间段交通态势进行推演，进而判定交通事件的时空影响范围，为高速公路运行管理部门制定科学决策提供支持。

(3)交通数据的综合处理与分析

利用先进的数据融合和挖掘算法，实现高速公路交通数据的综合处理和分析。通过高速公路不同区间旅行时间、交通流量的准确预测，构建面向通道型高速公路交通运行状态评估指标体系，同时对高速公路整体运行状态开展评估，判别运行状态等级，并以红、黄、绿等不同颜色进行展示，为管理者和出行者提供直观、准确的交通状况；车辆行驶规律分析指分析各类车辆行驶规律；推出行车指南(最低消费法、最短时间法、最短路径法等)相应接口，为用户节省资金或时间；根据车牌数据，定位车辆大概位置；给出拥堵区间的车辆估算值。

道路运行状态的实时感知与预测。根据交通量和路况等实时数据，自动分析判断出道路通行状态并随时调整，实时维持一张道路运行状态图；基于历史数据，自动分析生成一张道路运行状态预测图，划分为未来几天、一周、一个月等周期进行描述，并根据近期数据变化随时做调整，可以细化到路段。

3.3.4 人车路一体化多维安全预警感知与决策技术、装备及布设方法研究

基于多目标雷达、摄像头、各类基础设施监测传感器、气象检测器等，研究道路车辆运行状况全息感知技术。由建立在外场的道路感知设备获取道路实时情况，包括车辆、路面、天气、结构健康等数据，采集至边缘端和中心端进行运算分析。图3-46研发基于多源数据融合的高速公路路网交通运行状态、突发事件判别及预测方法及通信单元RSU、边缘计算单元MEC等路侧装备。预测方法包括边缘端和中心端两部分：

边缘端主要研究高实时性辅助安全驾驶服务，基于分布式技术，在高并发场景下提供高可靠的数值运算服务，具体包括前向碰撞预警、盲区预警、变道辅助预警、限速预警、紧急制动预警、异常车辆预警、危险状况提示、超视距诱导等；通过实时获取车辆运行轨迹信息，并根据轨迹信息分析车辆行驶意图，根据车辆行驶意图发现潜在风险，并将风险通过RSU广播至通信区域内的相关车辆，起到辅助安全驾驶的信息服务功能。

中心端主要研究低实时性服务，基于大数据和人工智能技术提供包括需要提

醒的各类服务信息，并通过 V2X 网络向相关车辆广播，该广播和车辆位置和所需业务等密切相关，例如道路安全事故、服务区相关服务信息等其他信息；分析车路协同收集的车辆轨迹信息，获取车辆行驶特性，如驾驶性格偏向、反应速度、违章情况等，向交管、驾管、保险、运输主管等外部公司提供更有针对性的分析数据报告，同时由数据分析产生用户个性化分析结果，并通过该结果获取针对独立用户的个性化需求。

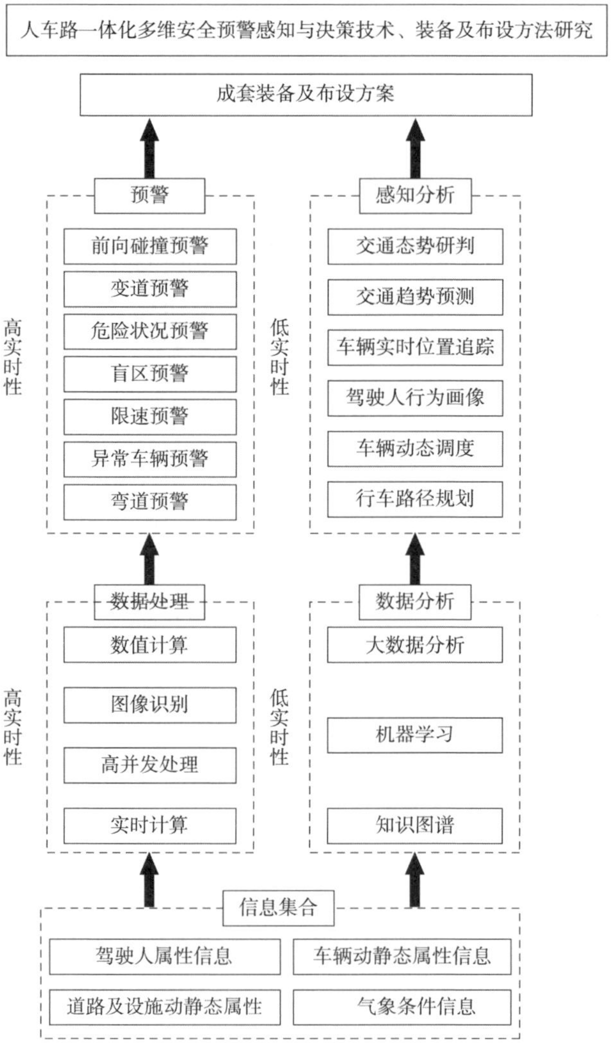

图 3-46　人车路一体化多维安全预警感知功能结构图

本 章 小 结

本章从驾驶人、车辆角度阐述高速公路行车安全保障技术，在驾驶人安全保障技术上基于车辆的运行状态进行驾驶行为检测，并建立了有序 Logistic 模型，针对重点车辆驾驶人的驾驶行为阐述了机器视觉监测，并在此基础上建立重点车辆驾驶人安全画像；在车辆方面主要从车辆违规行为、车辆自身以及危化品车辆介质运输 3 个方面进行监测，并建立车辆安全运行画像，进行车辆运行风险预测、营运车辆风险评估、分级和预警，搭建了车辆智能监管与安全运行平台，保障高速公路车辆运行安全。最后在驾驶人与车辆监测的基础上构建高速公路运营综合评估指标体系，进行高速公路交通态势分析，对人车路一体化多维安全预警感知与决策技术、装备及布设方法进行研究，以此达到降低高速公路行车安全风险的目的。

本章参考文献

[1] XIAN H C, HOU Y J, WANG Y, et al. Influence of risky driving behavior and road section type on urban expressway driving safety [J]. Sustainability, 2023, 15 (1), 398.

[2] 中华人民共和国交通运输部. 道路交通标志和标线　第 5 部分：限制速度：GB 5768.5-2017[S]. 北京：中国标准出版社，2017.

[3] 吕秀丽，刘希凤，白永强. 基于 SSD 的多因素融合的驾驶疲劳检测研究[J]. 电子测量技术，2022，45(15)：138-143.

[4] 杨静. 道路交通事故驾驶人失误分析与安全对策研究[D]. 焦作：河南理工大学，2009.

[5] 张子今. 犯罪学视野下的交通肇事原因及其预防对策[D]. 合肥：安徽大学，2012.

[6] 厦门日报. 厦门高速交警发布 2022 年发生的一般事故数据，十大违法之首是 TA [EB/OL]. (2023-01-07) [2023-05-08]. https://baijiahao.baidu.com/s?id=1754348146674172816&wfr=spider&for=pc.

[7] 邹涛. 大型货车长期违法占道判别模型的研究[D]. 成都：西南交通大

学,2015.

[8] 中华人民共和国应急管理部. 可燃气体探测器 第1部分:工业及商业用途点型可燃气体探测器:GB 15322.1-2019[S]. 北京:中国标准出版社,2022.

[9] 中国石油化工集团公司. 石油库设计规范:GB 50074—2014[S]. 北京:中国计划出版社,2014.

[10] 中华人民共和国公安部. 机动车运行安全技术条件:GB 7258—2017[S]. 北京:中国标准出版社,2017.

[11] 樊博. 基于实时交通流的高速公路事故风险预测与致因分析方法研究[D]. 重庆:重庆交通大学,2021.

[12] XIAN H C,WANG Y,HOU Y J,et al. Research on influencing factors of urban road traffic casualties through support vector machine[J]. Sustainability,2022,14(23),16203.

[13] 全国道路交通管理标准化技术委员会. 公路交通突发事件应急预案[EB/OL]. (2009-06-02)[2010-09-16]. https://www.mot.gov.cn/.

[14] 全国道路交通管理标准化技术委员会. 道路交通拥堵度评价方法:GA/T 115—2020[S]. 北京:中国标准出版社,2020.

CHAPTER 4 4

高速公路行车环境监测预警

作为高速公路行车安全的重要影响因素,行车环境近年来引起了越来越多高速公路管理人员与交通参与者的重视,行车环境的监测预警也成了高速公路行车安全方面的社会焦点。因此,本章将从道路、恶劣天气、特殊事件、车流量以及管理5个方面对高速公路行车环境的监测技术方法进行阐述,并选择恰当方法构建预警模型。

4.1 高速公路道路监测预警

交通安全对于保障高速公路的顺畅运行具有重要意义。一般来说交通事故的发生往往并非单一因素的作用,而是多种因素的综合影响,其中道路条件是引发交通事故的重要因素之一。目前,高速公路监测研究重点集中于路面、路基、边坡等方面,因此,下文也将从上述几个方面进行阐述。

4.1.1 高速公路路面状态监测

高速公路路面监测的目的在于帮助高速公路管理部门预先发现不良道路状况,确保高速公路车辆的安全行驶以及道路维护工作的正常运转(图4-1)。

图4-1 路面破损

1)高速公路路面监测参数

高速公路路面监测的参数通常包括纵向及横向平整度、路面平整度及表面状况等。常见的路面监测方法与仪器如下:

(1)路面平整度:指公路路面表面高低波动程度的一个指标。主要采用路面平整度测量仪进行监测(图4-2),该仪器可以实现高精度的路面平整度检测和数据记录。

(2)表面状况:指公路路面现有的损伤和缺陷。利用落锤式冲击试验仪、红外扫描仪等仪器对路面的掉坑、裂缝等损伤情况进行监测和评估。

图 4-2 连续式路面平整度测定仪

2)高速公路路面监测技术方法

如上所示,传统的路面检测技术大多是建立在硬件设施的基础上,虽然其得到的检测精度较高,但其存在成本高、检测范围受限、布设困难等缺陷。相较于传统的路面检测技术,视频图像分析技术、紧密联合检测技术以及光学成像技术等技术方法不仅成本低,覆盖范围广,而且克服了现有路面检测技术受环境因素影响而导致检测精度不高等问题。

(1)视频图像分析技术。该技术使用摄像头对路面进行实时监测,利用计算机视觉及图像处理等技术来分析路面的裂缝、变形和松散等情况,快速掌握路面状况,精准定位问题点。视频图像分析技术的一般步骤分为监测路面区域分割、路面阴影消除以及路面状态分类。

在监测路面区域分割步骤中主要选择合适算法(如混合高斯背景建模算法)从高速公路监控视频的静态背景中分割出完整的路面区域以消除道路两侧无用信息的干扰;在路面阴影消除步骤中,首先选择合适算法(如基于阴影 DSC 特征的阴影检测算法)对高速公路不同路面状态下的阴影进行检测,提取路面阴影特征,进而消除路面阴影,完成路面重建;在路面状态分类步骤中,基于上述步骤构建路面状态分类器,检测路面类型,完成路面识别[1]。

(2)紧密联合检测技术。该技术是一种将多种检测方法和技术紧密结合起来进行全面监测的方法,分为数据整合、数据融合及综合分析 3 个步骤。在数据整合步骤中利用多种机器设备对同一区域进行连续监测,获取不同领域、不同分辨率的数据,如声波数据、电磁波数据、地形图数据等;在数据融合步骤中选择合适算法构建多源时空信息数学模型,对各类数据进行相互校核、整合和优化处理;在综合分析步骤中,基于融合后的数据进行综合分析,确定目标目前状态和未来发展趋势,并评估其风险程度和掌握问题的具体位置和范围。

(3)光学成像技术。该技术采用高分辨率相机连续拍摄全景路面图像,并建立图像序列数据库进行存储,通过对比不同时间次序的图像序列进行检测和判断,以发现路面的裂缝和损坏的位置、范围和程度。

4.1.2 高速公路路基状态监测

高速公路的路基作为高速公路的基础,在高速公路运营过程中会发生不同程度的沉降现象(图4-3),其不仅直接影响高速公路的使用寿命,而且对于行车安全产生直接影响作用。

图4-3 路基破损

1)高速公路路基监测参数

高速公路路基监测的重要参数包括地下水位、压力、温度、位移等。

(1)地下水位:是指公路沿线土层或岩层下方的含水层。可以使用井筒法、孔测法等多种方法进行地下水位监测,监测仪器包括水位计(图4-4)、增量传感器等。

图4-4 雷达水位计

(2)路基压力:是指道路土壤(岩石)在荷载作用下所受到的垂直应力。主要运用沉降观测研究法和应变观测法进行监测,使用的仪器包括静触垫、应变计、沉降标杆等。

(3)路基温度:是指道路路面下土层或岩石内部温度的状态。可以使用高精度温度计进行实时温度监测,也可利用探针在不同深度处取样检测温度。

(4)路基位移:指的是由于公路荷载、地下水流、土质收缩等因素所引起的路基压缩或变形,导致路面位置发生相对改变。可以通过电子水准仪、塑料支撑桩式应变计等设备进行路基位移的测量。

2)高速公路路基监测技术方法

上述参数的监测方法各有优势,但仍然存在不足,大多方法仍然建立在硬件设施的基础上,虽然其得到的检测精度较高,但其存在成本高、检测范围受限、布设困难等缺陷。相较而言,卫星导航监测技术、声波检测技术以及激光扫描等智能监测方法能够克服传统监测方法布设困难、监测成本高等缺陷。

(1)卫星导航监测技术:利用全球卫星定位系统对路基的位移、沉降、变形等情况进行监测。它有定位准确度高、数据精细化、实时性强等特点,便于监测大范围区域内的路基情况。

(2)声波检测技术:声波传播会随检测对象的密度和弹性模量的改变而发生变化,声学检测可以检测路基保持与土壤的连结质量。通过将人工产生的地震波向地下发送,并在地面上记录和分析所得的信号,从而推断出地下自然介质的声阻抗、波速、密度等参数,从而实现对高速公路路基的智能监测目的。

(3)激光扫描技术:利用非接触式3D扫描技术对路基的表面形态进行测量分析,可快速获取大范围的路基数字化模型,数据丰富真实,便于现场多方面分析检测。

4.1.3 高速公路边坡状态监测

近年来,为适应社会、经济需求,高速公路开始越来越多地向山区蔓延,以此推动山区经济的快速发展。由于山区地形复杂,地势多变,高速公路建设要求高,因此导致大量高边坡工程的出现。

然而山区自然地质条件复杂,再加上自然因素与公路建设的影响,对原有地质造成了破坏,可能导致高速公路出现边坡的滑坡、失稳等灾害现象,如图4-5所示。因此针对高速公路进行监测就显得尤为重要,可以有效减小高速公路边坡滑坡等灾害现象造成的事故损失。

图4-5 高速公路边坡滑坡

1）高速公路边坡监测参数

（1）位移：描述边坡体沿水平方向和垂直方向的变形情况，是评估边坡稳定性最为重要的指标之一，通常使用倾角传感器（图 4-6）、GNSS 定位仪、激光扫描仪等装置进行监测。

（2）温度：是指道路边坡表面的温度。可以反映出地体中水分和盐分、经周年变化和局部加温等因素的影响，从而帮助判断地下水流和固液相变化情况，通常使用热敏电阻或红外线传感器进行监测。

（3）湿度：是指边坡土壤中含水分的程度。可以反映到底层地下水温度高低、大气气压大小等环境条件情况，往往作为地下水动态信息的受控参数，潜在地存在难以预见的不同情况应用。通常使用湿度计、导电仪表等进行监测。

（4）降雨量：据相关调查显示，60% 以上的边坡失稳都是由于降雨引起的，降雨在边坡的开挖施工过程中和支护完成后的运行过程中对边坡的变形和稳定性影响都较大。边坡降雨量监测仪器为雨量计，当前常用的雨量计有翻斗式雨量计以及容栅式雨量计等类型，如图 4-7 所示。

图 4-6　倾角传感器

a) 翻斗式雨量计　　b) 容栅式雨量计

图 4-7　雨量计样式

2）高速公路边坡监测技术方法

（1）大地测量法。该方法主要通过精密测距仪、水准仪以及经纬仪等工具监测边坡的水平和垂直变形。通过测量被监测点与基准之间连线的距离和角度变化，来计算被监测点的水平和垂直方向上的变化情况。这种方法的优点是观测数据比较直观，且监测点距被监测体有一定距离，因此监测安全；同时监测精度高、可以监测大范围的变形位移方向和变形速率等信息。此外该方法还适用于边坡不同变形阶段的监测，但其受实际工程的地形通视条件和气候等因素的影响，无法进行连续地观测。目前主要用于监测变形速率较大的滑坡水平位移和垂直位移，以及在危岩陡壁上监测裂缝变化情况。

(2)近景摄影测量法。该方法通过在被监测体一定距离的不同固定点放置摄影测量仪器，并同时对被监测体进行摄像，形成立体像对，再使用立方坐标仪测量被监测体上多个监测点的三维坐标，多次测量后比对获得其变化情况。量测摄影机、半量测摄影机和非量测摄影机等是常用的监测仪器。该方法具有精度高、采集速度快、易于存储、可同时监测多个监测点及重复性强等优点。因此，它适合用于检测需要大量信息的目标体或存在危险的区域的监测。此外，这种方法还适用于位于一些人工难以到达的地区或危险地区的监测，例如危岩体上的裂缝监测或地表滑坡位移监测。但该方法受气候影响较大。

(3)GPS 测量法。该方法是利用地面 GPS 仪器发出的信号，通过卫星导航系统中的多颗卫星联合确定地面信号发送点的三维空间坐标、运动速度和方向等物理参数。该方法主要使用 GPS 仪，具有全天候实时工作、高精度测量、高度自动化以及不受地形条件限制等特点。目前，该方法已在许多实际工程中得到广泛应用，主要适合进行地表三维位移监测的不同变形阶段，并且还适用于构建自动化监测系统[2]。

(4)多光谱遥感影像技术。该技术运用卫星遥感技术获取高光谱图像，并用数字表面模型(DSM)和其他遥感数据，来推断边坡裂缝变化趋势，提供较高的层次数据评价边坡裂缝现象与结果。

(5)钻孔采样法。该方法先在边坡体中预钻一系列观测孔，并用感湿仪仪器等，在其内引入一定气流后，直接测定观测孔内各点位处土体的水文势信息，获得地下水流动特性及时空变化信息。

4.1.4 高速公路道路线形监测

1)高速公路道路线形监测参数

高速公路道路线形监测参数主要包括纵向坡度、横向坡度、曲率半径、曲率变化率以及纵向倾角等指标。

(1)纵向坡度：表示道路纵向上的坡降情况，通常用%或‰表示。正值代表上坡，负值代表下坡，主要影响车辆的爬坡性能和制动能力。常见的监测仪器包括高程测量仪、导向仪等设备。

(2)横向坡度：表示道路横向上的倾斜情况，用%或‰表示。横向坡度的设计和控制可以提供良好的排水和抗滑能力，防止积水和车辆侧滑。常见的监测仪器

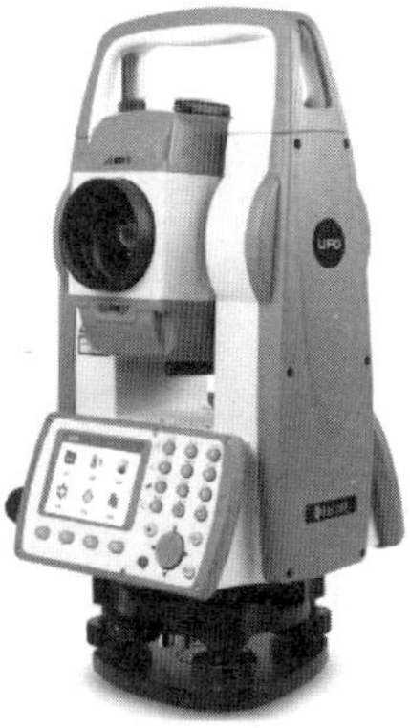

图4-8　全站仪

包括激光测距仪、倾斜计、水准仪等设备。

(3)曲率半径：表示道路曲线的弯曲程度，通常以 m 为单位。曲率半径越小，曲线越陡峭，车辆需要更大的转向力来保持稳定。常见的监测仪器包括曲率仪、全站仪(图4-8)等设备。

(4)曲率变化率：表示道路曲率的变化速率，通常用每米变化的度数来表示。曲率变化率较大的道路会对驾驶人产生更大的视觉和操作负担。通常需要使用专业的地面激光扫描仪、摄像机或其他传感器来获取道路的精确几何数据，然后通过数学模型计算曲率变化率。

(5)纵向倾角：表示道路纵向上的坡度变化率，通常用每米变化的%或‰表示。纵向倾角的变化会对车辆的加速、制动和燃油经济性等因素造成影响。常见的监测仪器包括高程测量仪、导向仪、倾斜计等设备。

(6)路面横向不平度：表示道路路面的横向垂直偏离情况，通过测量车辆行驶时受到的振动来评估。它反映了道路的平整程度和舒适性。通常使用车载振动传感器、加速度计或车辆动力学测量系统对其进行监测。

2)高速公路道路线形监测技术方法

高速公路道路线形监测的技术方法主要分为以下几种：

(1)人工巡检。该方法是指由专业人员按照一定频次对高速公路进行现场巡查，通过目视检查和触感检查等方式来判断道路线形是否存在异常，并进行记录和处理。

(2)线形测量仪器。该方法通常是指借助上文中的激光测距仪、导向仪、曲率仪等监测设备对道路线形进行测量，从而获取道路横断面、纵断面、曲线半径、坡度等参数，以判断道路线形是否符合标准。

(3)卫星遥感监测技术。该技术方法利用卫星搭载的遥感传感器获取道路线形特征和变化的信息，可以提供全面、及时且大范围的监测数据。卫星遥感监测技术可以通过分析获得地表数字高程模型数据，从而计算出坡度以及曲率等参数，评估道路线形的相关参数是否符合安全要求。

(4)GPS 监测方法。使用全球定位系统(GPS)进行道路线形监测，通过安装在车辆或测量设备上的 GPS 接收器，记录车辆行驶过程中的位置坐标和海拔高度等信息，进而分析道路的曲率、坡度等参数。

(5)惯性导航监测方法。借助车辆安装的惯性导航系统，通过测量车辆的加速度、角速度和姿态等参数，结合地理信息系统（GIS）数据，可以实时监测道路线形，并提供精确的位置和姿态测量结果。

（6）视频监测方法。利用摄像机或视频设备对道路场景进行连续拍摄或录制，然后通过光流估计、三维重建或者目标检测等计算机视觉技术来提取出道路的线形特征，例如车道线、边界标线和交通标志等。

上文介绍的技术方法可以单独应用或结合使用，以满足高速公路道路线形监测的需要。

4.1.5 高速公路道路监测预警模型

该预警模型以高速公路行车安全为研究对象，从道路影响的角度出发利用大数据技术进行事故致因挖掘，完成高速公路行车安全的道路关键致因因素的提取和采集；其次，研究关键因素间的关联反馈关系，构建高速公路行车安全风险态势评估体系与模型；最后，根据风险评估结果，实现高速公路行车安全风险分级预警，技术路线图如图4-9所示。

1）高速公路交通事故道路关键致因因素精准挖掘

基于道路交通事故大数据挖掘技术，利用事故频发倾向和事故因果连锁理论，分层阐释高速公路交通事故多发路线、多发路段和多发点的事故致因链；借助于相关系数、logistic回归、多元回归等相关性分析方法，建立事故发生及严重程度与各道路影响因素间的关联关系模型，实现高速公路交通事故关键致因因素的定性分析和重要度排序。

2）高速公路交通事故道路关键致因因素精准监测

利用前面阐述的道路监测技术分别从路面、路基、边坡以及道路线形4个方面进行信息采集，完成高速公路交通事故中道路影响因素的精准监测。

3）高速公路行车安全风险等级精准评估

基于道路关键因素监测提取结果，研究致因要素间的关联关系，甄选相对独立的致因要素构建高速公路行车安全风险评估指标体系，如图4-10所示。

根据上述评估指标体系，结合专家决策和博弈论组合赋权的方式，进行指标赋权[3]。其中博弈论组合赋权法将德尔菲法与熵权法两者进行组合，寻找主观赋权与客观赋权两者之间的一致与妥协，计算过程如下：

（1）向量线性组合。假设一共有N种方法来确定组合权重，那么：

$$u = \sum_{k=1}^{n} \partial_k u_k^T, \partial_k > 0, k = 1,2,\cdots,N \tag{4-1}$$

式中：u_k——构造的基本权重向量集；

∂_k——线性组合权重系数。

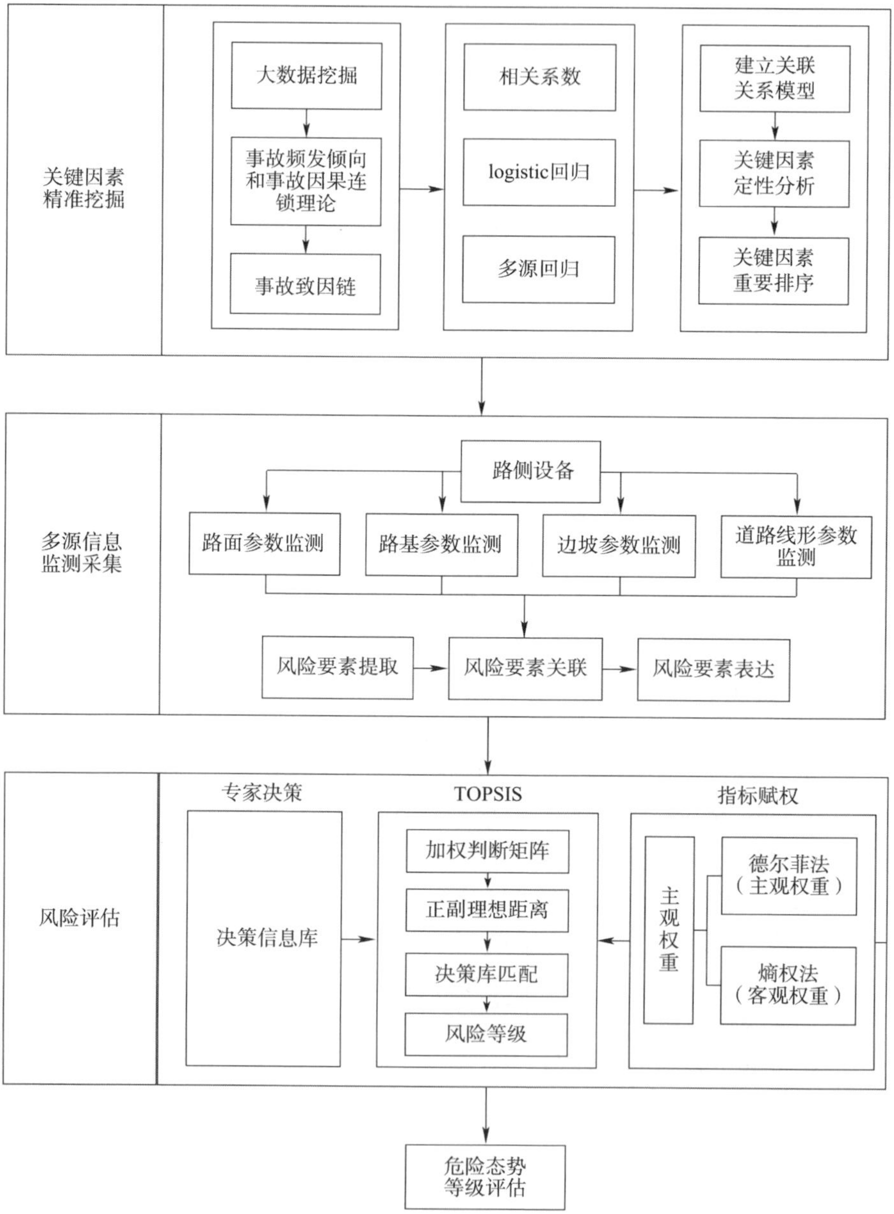

图4-9　行车安全监测预警模型技术路线

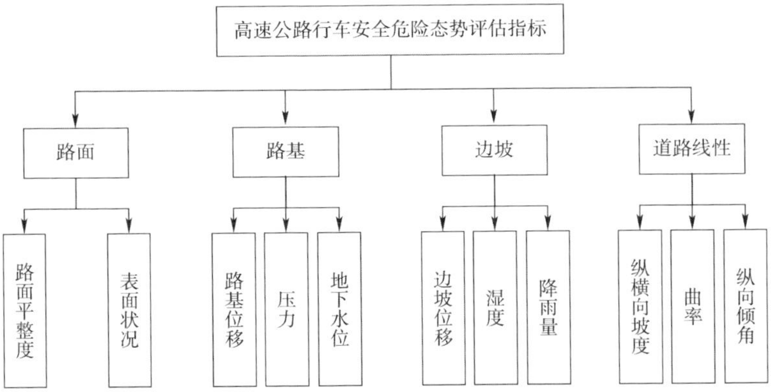

图 4-10　高速公路行车安全风险评估指标体系

(2)确定优化组合系数。为确定最优组合系数,可通过极小化 u 和 u_k 间的离差,对权重组合系数进行优化处理得到最理想的权重值,假设目标函数为:

$$\min \| \partial_k u_k^T - u_k \|, k = 1,2,\cdots,N \tag{4-2}$$

根据矩阵微分性质,式(4-2)最优化的一阶导数条件的线性方程组为:

$$\begin{bmatrix} u_1 \cdot u_1^T & u_1 \cdot u_2^T & \cdots & u_1 \cdot u_N^T \\ u_2 \cdot u_1^T & u_2 \cdot u_2^T & \cdots & u_1 \cdot u_N^T \\ \vdots & \vdots & & \vdots \\ u_N \cdot u_1^T & u_N \cdot u_2^T & \cdots & u_N \cdot u_N^T \end{bmatrix} \begin{bmatrix} \partial_1 \\ \partial_2 \\ \vdots \\ \partial_N \end{bmatrix} = \begin{bmatrix} u_1 \cdot u_1^T \\ u_2 \cdot u_2^T \\ \vdots \\ u_N \cdot u_N^T \end{bmatrix} \tag{4-3}$$

(3)组合权重计算。对 ∂_k 进行归一化处理后,即可得到组合权重 u^*,计算公式如下:

$$u^* = \sum_{k=1}^{n} \partial_k^* u_k^T, \partial_k > 0, k = 1,2,\cdots,N \tag{4-4}$$

由此即可得到更加均衡的综合权重。

在得到综合权重后融合关键致因因素排序结果,借助 Topsis(Technique for Order Preference by Similarity to an Ideal Solution)法构建评估要素的加权矩阵,计算评价指标的正、负理想距离,并以此计算相对贴近度安全等级。具体过程如下:

(1)构建加权决策矩阵。

$$y_{ij} = r_{ij} u^*, i = 1,2,\cdots,m;\ j = 1,2,\cdots,n \tag{4-5}$$

(2)计算评价指标的正、负理想解。

$$\begin{cases} y^+ = \max\{y_{1j}, y_{2j}, \cdots, y_{mj}\}\ j = 1,2,\cdots,n \\ y^- = \min\{y_{1j}, y_{2j}, \cdots, y_{mj}\}\ j = 1,2,\cdots,n \end{cases} \tag{4-6}$$

式中：y^+——指标的正理想点；

y^-——指标的负理想点。

(3)计算各评价指标的正、负理想距离，计算公式为：

$$\begin{cases} d_i^+ = \sqrt{\sum_{j=1}^{n} (y_{ij} - y_i^+)^2} \\ d_i^- = \sqrt{\sum_{j=1}^{n} (y_{ij} - y_i^-)^2} \end{cases} \tag{4-7}$$

(4)以正、负理想距离为基础，计算相对贴近度，确定安全等级，计算公式如下：

$$\varepsilon_i = \frac{d_i^+}{d_i^+ + d_i^-} \tag{4-8}$$

最终研究行车安全风险等级划分方法，具体划分为划分为安全、较安全、一般、危险、非常危险5级，并结合上述步骤中计算得出的相对贴近度，实现风险等级的精准判定。

4)高速公路行车安全预警

根据上述步骤中的风险评定等级进行预警，并且研究单一和多重刺激融合条件下声、光、电、震荡带等预警设备对听觉、视觉、触觉等人体感官的刺激反应，设计高速公路行车不同风险等级下的预警策略，通过定向音响、爆闪灯、激光幕灯、激光射灯等手段，进一步提升车辆运行安全性。

4.1.6 道路实时监测技术

对高速公路包括道路基础设施的技术状态在内的全息实时感知，是整个高速公路运输系统的基础。准静态基础设施数字化是构建整个全息场景系统感知的数据底盘，包括基于道路本身的空间位置、车道数量、车道宽度等基础信息，实时获取路面状态、设施技术状况、设备工作状态等动态信息。

利用大数据分析、数据融合、数据存储技术将车辆行驶过程中的各类数据存储在数据平台中，通过对道路基础数据、气象监测数据、设施设备状态数据融合计算分析，从多个维度对道路状况和环境状况进行精准研判。

4.2 高速公路恶劣天气监测预警

根据相关调查显示，在人、车、路、环境以及管理五类影响因素中，恶劣天气对于交通安全的影响性仅次于人的因素，据相关资料统计，在我国由雨雪雾等恶劣天气导致的高速公路交通事故占比接近20%[4]。此外，虽然部分交通事故的表面诱因是人的因素，但经过深究可以发现恶劣天气也在其中起到了一定的影响作用，如在恶劣天气情况下，驾驶人在心理上会受到负面影响，从而影响驾驶过程的安全性。因此，下文将针对高速公路恶劣天气（主要针对雨、雪、雾以及冰冻天气）的监测预警技术进行阐述研究。

4.2.1 高速公路降雨监测

1）高速公路降雨监测参数

高速公路降雨监测参数主要包括降雨量、降雨强度、持续时间等指标。

（1）降雨量：表示某一段时间内单位面积内的雨水总量，是描述降水量的基本指标，通常以mm或m^3/m^2来表示。常见的降雨量监测仪器有雨量计、自动雨量站和雷达降水探测器。

（2）降雨强度：表示单位时间内单位面积内的雨水总量，是评价降雨强度的主要指标之一，通常以mm/h或m^3/h来表示。常见的降雨强度监测仪器有雨滴谱仪（图4-11）、微波辐射计（图4-12）和激光雨情探测器。

图4-11　雨滴谱仪

图4-12　微波辐射计

（3）持续时间：表示降雨开始到结束所经过的时间，是描述降雨期间的基本指标，通常以min或h来表示。降雨持续时间监测仪器通常与降雨量、流量计等联合使用，以实现对流域水循环过程的监测和分析。其中，常用的监测方法包括记录视频、实时观测、遥感监测等。

2）高速公路降雨监测技术方法

（1）雷达降水探测法。该方法利用天气雷达的接收与发射能力（图4-13），精确定位和测量大气中的降水分布状况，能够快速而准确地进行降雨监测。该法使用了普遍信赖、广泛存在的卫星产品网络，历史数据参考能力强，并且具有强大的联动调度能力，但针对降雨质量评估仍需结合对高速公路监管标准系统的判断。

图 4-13 天气雷达

(2)地基 GPS 降雨反演法。该方法通过全球卫星定位系统(GPS)接收器和数据采集仪，在理论和实践中开展了卫星数据处理，在此过程中，测量到它们遭受影响的射线路径延迟可转换出精确的气象场信息，例如时间、空间等阈值参数及其方向，获取流域内降雨情况。

(3)视频图像分析技术。在该类方法中，可以利用实时视频实现对于降雨量和路面积水的实时监测，并且能够模仿人眼效果给出降雨等级和可视能见度之间的联系。目前针对路面积水的视频检测方法包括色差检测、车载 CCD 摄像机检测以及红外检测等。

4.2.2 高速公路降雪监测

1)高速公路降雪监测参数

高速公路降雪监测参数主要包括降雪量、降雪强度、积雪深度及积雪密度等指标。

(1)降雪量：表示单位面积内一定时间内的降雪量，通常以 mm/h 或 m^3/h 来表示。常用的降雪量监测仪器主要有雪棒、振动式降雪传感器和雷达反射率计等。

(2)降雪强度：表示单位时间内单位面积内的降雪量，是评价降雪强度的主要指标之一，通常以 mm/h 或 m^3/h 来表示。降雪强度监测仪器主要有激光颗粒成像仪、微波辐射计等。

(3)积雪深度：衡量积雪厚度的指标，通常以厘米为单位进行记录，反映了累计发生在一段时间内的总体雪量。常用的积雪深度监测仪器主要有激光测距仪、声波传感器及超声波传感器等。

(4)积雪密度：表示单位体积内的积雪质量，是预测雪体的相互作用力的非常重要的参数，该值一般以 g/cm^3 来表示。常见的积雪密度监测仪器主要有射线测量仪、振动杆式密度计和激光散射仪等。

2)高速公路降雪监测技术方法

(1)雨雪混合物状态监测法。该方法采用附着在某定点上的光电传感器或非接触式光学测高仪监测边坡表面积雪和水分状态的变化,通过光电触发方式、滚轮样条技术和智能冰层追踪算法,实时反馈道路积雪覆盖状况的可视图像和具体量化信息。

(2)物理观察试验法。该方法直接在现场边坡体上安装检测设备,实现对积雪深度、密度、硬度、含水率等指标的连续监测,能够比较精确地了解降雪的数量和变化趋势,将数据转化为雪厚、体积等参数估计,用于科学地分析道路通行速度、防止设施破坏等问题。

(3)视频图像分析法。与降雨监测类似,路面积雪与道路降雪量密切相关。因此也可从路面积雪的视频图形进行道路降雪监测,部分视频图像分析法工作原理是受启于路面积雪时路面影像的灰度值和平滑性会发生变化的现象,从而对路面影像的纹理粗糙度和方向特征进行提取,并根据其结果计算纹理二阶矩和图像对比度等,用以判断积雪厚度和分析路面积雪状态,进而达到对道路降雪情况的监测效果[5]。

4.2.3 高速公路雾天监测

1)高速公路雾天监测参数

高速公路雾天监测参数主要包括能见度、相对湿度、温度、露点温度等指标。

(1)能见度:是反映可视程度的主要参数,通常以 m 为单位来表示,表示能够看清目标的最远距离。在大雾情况下,通常能见度特别低,影响到驾驶人行车安全。常见的雾天能见度监测仪器主要有透过式激光雷达、远程红外成像仪器、气象光电传感器等。

(2)相对湿度:指空气中水分含量与饱和状态之间的比率关系,一般用% 表示。在大雾天气下,高湿度有利于水汽凝结形成雾气。常用的雾天相对湿度监测仪器主要有干湿球温度计、光学干湿球传感器等。

(3)温度:衡量空气的热度,一般以℃为单位。在大雾天气下,通常温度较低,有助于增大空气中水分的饱和度,从而导致大雾的产生。常见的雾天温度监测仪器主要有红外线成像仪、远程红外温度计等。

(4)露点温度:表示空气中达到 100% 相对湿度时的温度,是预测水汽形成可能性的指标之一。在大雾天气下,通常露点温度特别接近于空气温度。常见的雾天露点温度监测仪器主要有干湿球温度计、透射式激光粒子大小分布仪、露点传感器等。

2)高速公路雾天监测技术方法

(1)气象雷达技术。该技术根据雷达反射率信号与气象学知识设立在高速公路两侧,选择远离桥梁遮挡、较空旷的区域进行站点布局通过接收到的降雾回波信号判别降雾强度等参数,预报道路大雾出现可能性及其变化趋势。

(2)光电传感技术。该技术使用摄像机和红外传感器等探头,安装在固定位置上的标杆或专用柱子上,通过监测能见度的变化来检测大雾,准确获得大雾的形成、范围和扩散情况。

(3)红外热成像仪技术。该技术利用红外照明灯产生的红外光线照射路面区域,检测被照射区域的温度变化情况,由此实现大雾监测。

(4)基于视频亮度特征点的道路能见度检测方法。该方法的工作原理是以视频图像的整体亮度变化特征为基础,通过区域增长法寻找初始亮度、高度基本一致的道路区域,并通过分析兴趣域像素的亮度数据来获取变化特征点,计算大气消光系数,从而得到能见度,判断大雾浓度。

4.2.4 高速公路冰冻天气监测

1)高速公路冰冻天气监测参数

高速公路冰冻天气监测参数主要包括温度、相对湿度、降水量和降水形态、风速和风向、日照时数和太阳辐射等指标。

(1)温度:具体是指路面温度和空气温度。当温度低于0℃时,可能导致路面结冰,给车辆行驶带来安全隐患。常见的监测仪器包括气象观测站、路面温度传感器等。

(2)相对湿度:表示空气中所含水蒸气的含量。高湿度条件下,当温度接近或低于冰点时,路面容易结霜或结冰,给车辆行驶带来安全隐患。常见的监测仪器为湿度传感器,湿度传感器可与温度传感器结合使用,从而获得更全面信息。

(3)降水量和降水形态:降水包括雨、雪、冻雨等形式。降水量以及降水形态能够直接影响路面的结冰情况。积雪和融化后的雪水都可能造成路面的结冰。降水量主要通过雨量计(数字式自动雨量计和传统雨量计)进行测定,降水形态则需要结合降水量数据和其他方面因素进行考虑。

(4)风速和风向:风速和风向对道路冰冻的影响比较复杂。强风可以加快路面水分的蒸发,减少结冰的可能性。但是,在特定条件下,强风也可能将冰冻的雪吹到道路上，增加路面的滑冰风险。常见的监测仪器包括风速计和风向计。

（5）日照时数和太阳辐射：日照对路面的冰雪状况具有很大影响。阳光直接照射可以融化积雪和冰，提高道路通行的安全性。日照时数可以通过光照度传感器进行测量，太阳辐射则可利用辐射计进行监测。

2）高速公路冰冻天气监测方法

（1）温度检测法。该方法通过在高速公路路面上、旁边、下方等多个地点设置传感器，实时监测路面温度、地面温度、湿度等参数，并结合天气预报数据对道路结冰情况进行预测。

（2）车辆轨迹监测法。该方法通过安装在车辆上的传感器获取车辆行驶的轨迹、速度、减速度等信息，从而判断路面是否出现结冰现象。该方法可以实时监测路面结冰情况，具有灵敏度高、反应快的优势。然而，需要注意的是，该方法仍需依赖大量的车辆数据，并且对数据的处理和分析要求较高的技术水平。

（3）雷达检测法。该方法利用雷达系统发射无线电波，并接收反射回来的信号，以获取路面状态信息。该方法具有非接触式、实时性强以及较大覆盖范围的优势，能够提供全面的路况信息。然而，其易受到雷达安装位置以及天气等因素的影响。

（4）摄像头监测法。该方法利用摄像头设备对路面状况进行实时监测和记录，以便及时发现和预警道路结冰情况。该方法主要利用图像处理与分析技术对路面视频进行处理，提取出路面的特征信息，如颜色、纹理等，从而判断路面是否存在结冰现象。

4.2.5 高速公路智能融冰除雪系统

1）高速公路智能融冰除雪系统监测参数

高速公路智能融冰除雪系统监测参数主要包括温度、湿度、路面状态以及特殊区域等。

（1）温度：通过温度传感器实时监测道路表面温度和空气温度。这有助于判断是否存在结冰或积雪的可能性。

（2）湿度：通过湿度传感器检测道路表面的湿度水分含量，以确定结冰风险。湿度信息对于及时启动融冰措施至关重要。

（3）路面状态：可以利用地感车辆检测器、摄像头等设备，监测道路表面的湿滑程度、积雪深度、积雪类型（如湿雪或干雪）等。这些参数旨在评估道路的行车安全状况，并为融冰除雪措施的选择提供参考。

(4)雨雪天气:通过气象站、雷达等设备,实时监测降雨和降雪情况,预测天气变化趋势。这有助于预测道路结冰和积雪的可能性,提前采取相应的融冰除雪策略。

(5)特殊区域:对于高桥、隧道、坡道等特殊地形和区域,可能需要额外的监测指标,如桥面温度、风速、能见度等。这些参数能够更加精确地评估结冰和积雪的风险情况。

2)高速公路智能融冰除雪系统监测技术

高速公路智能融冰除雪系统监测技术除上述监测技术中的雷达监测、摄像头监测外,还有车辆感知监测法,该方法利用车载传感器和通信技术,实时监测行驶在道路上的车辆情况。通过车辆感知,可以评估道路表面的摩擦系数和湿滑程度。

高速公路智能融冰除雪系统利用以上监测技术,通过实时数据采集和分析,并结合预设的融冰除雪策略和模型,生成针对具体情况的决策指令,从而能够及时响应不同道路状况和天气变化,确保道路的安全通行。

3)高速公路智能融冰除雪技术方法

高速公路智能融冰除雪技术是指利用现代科技手段和装置,对高速公路进行自动化、智能化的融冰除雪操作,以提高道路的通行安全性和畅通性。具体如下所示:

(1)雪防排水系统。在高速公路路面、桥梁等关键部位设置排水设施,通过优化排水设计和排水网络,减少积雪和融雪水的聚集,避免路面结冰。

(2)加热路面技术。该技术方法通过在路面下铺设加热元件或利用地源热泵等技术,加热路面,使积雪快速融化或防止积雪结冰。

(3)自动化融冰系统。使用传感器、监测设备和自动控制系统,实现对道路温度、湿度等参数的实时监测和分析,从而及时判断是否需要启动融冰措施。该系统可以自动释放融雪剂或进行加热处理,以防止道路结冰。

(4)光伏融雪系统。利用光伏板建设在高速公路旁的太阳能发电系统,将太阳能转换成电能,通过电能加热路面,实现积雪融化。

4.2.6 高速公路恶劣天气监测预警模型

该预警模型以车辆冲突作为风险预测对象。首先,利用数据挖掘技术等方法确定恶劣天气下车辆冲突致因因素;其次根据关键因素与车辆冲突间的关联关系,建立高速公路行车安全风险评估指标体系,构建高速公路恶劣天气行车安全监测预警模型;最后,根据监测预警结果进行分级预警,技术路线如图4-14所示。

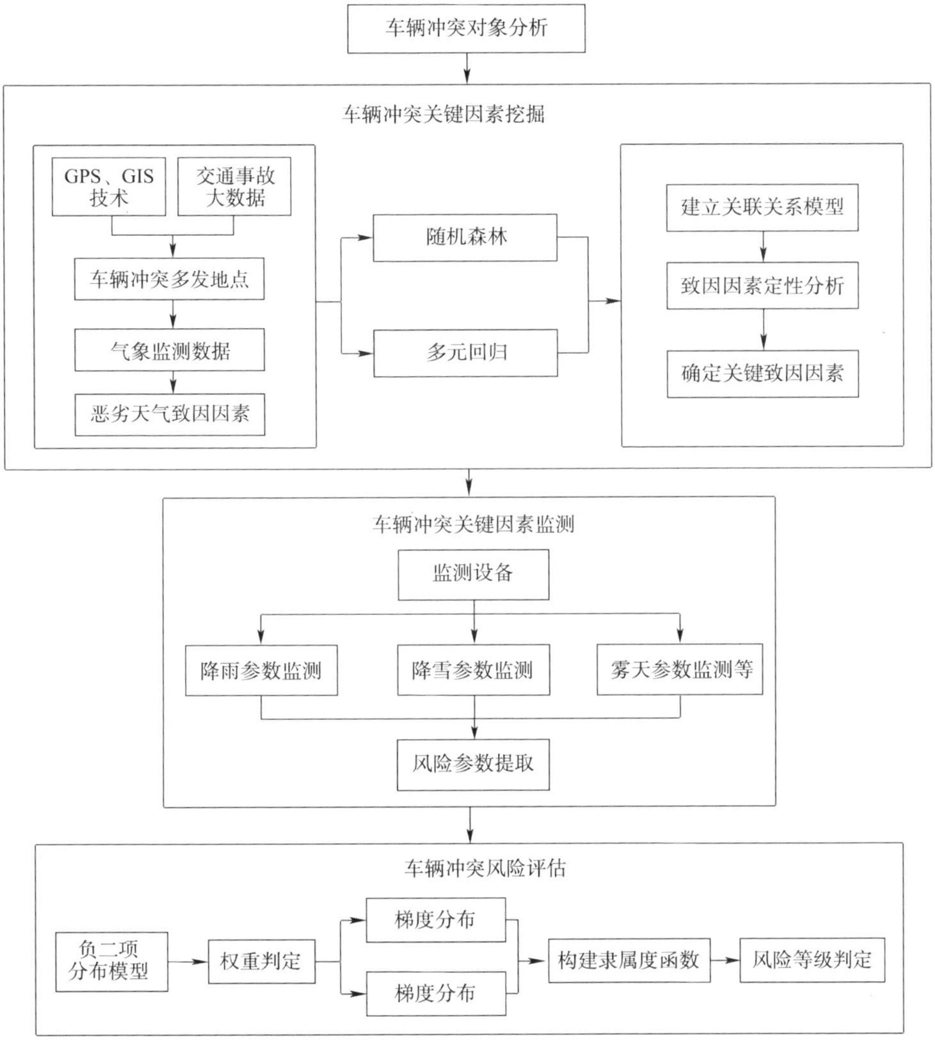

图 4-14　高速公路恶劣天气行车安全监测预警技术路线

1）高速公路车辆冲突对象分析

本节建立的预警模型以车辆冲突来表征行车安全风险，车辆冲突具体参数是指车辆处于碰撞状态下的时间（TET），即在一段时间内，车辆在行驶中接近前车时，所有碰撞时间 TTC 中，低于交通冲突阈值所占时间的总和。模型参考以往相关研究，将 TTC 阈值设定为 2.5s，倘若计算得到的 TTC 值小于 2.5s，则归为一次车辆冲突。单个车辆的 TET 计算公式如下所示：

$$\mathrm{TET}_j = \sum_{0}^{T} \varepsilon_i t \times \sigma \tag{4-9}$$

$$\varepsilon_i(t) = \begin{cases} 0 & \mathrm{TTC}_i \geqslant 2.5s, i = 0, 0.1, \cdots, T \\ 1 & \mathrm{TTC}_i < 2.5s, i = 0, 0.1, \cdots, T \end{cases} \tag{4-10}$$

式中：TET_j——单个车辆处于碰撞状态下的时间(单位:0.1s)；

T——车辆在检测路段行驶的总时间；

$\varepsilon_i(t)$——在以0.1s为检测步长时第i时刻的车辆状态；

σ——检测传感器的检测轨迹步长，设定为0.1s。

模型将天气监测频率5min内处于碰撞状态的所有车辆的总时间TET作为参与建模的因变量，计算公式如下所示：

$$R = \sum \mathrm{TET}_j, j = 0, 1, \cdots, n \tag{4-11}$$

2)高速公路车辆冲突关键因素挖掘

以GPS、GIS技术为基础，结合交通事故数据，确定高速公路车辆冲突多发地点。结合气象监测数据，阐述高速公路车辆冲突多发地点的恶劣天气致因因素。借助随机森林算法、多元回归等分析算法，建立车辆冲突发生及严重程度与各恶劣天气影响因素间的关联关系模型，完成高速公路车辆冲突恶劣天气致因因素的定性分析，确定关键致因因素。

3)高速公路车辆冲突的恶劣天气影响因素监测

确定关键致因因素后，利用4.2.1～4.2.4阐述的恶劣天气监测技术分别进行降雨、降雪、大雾以及冰冻天气等方面的关键因素监测采集，完成高速公路交通事故中恶劣天气影响因素的精准监测。

4)高速公路车辆冲突风险评估

基于关键因素监测提取结果，研究致因要素间的关联关系，基于恶劣天气致因要素提取高速公路车辆冲突风险自变量，建立高速公路车辆冲突风险评估体系，如图4-15所示。

完成高速公路车辆冲突风险自变量的提取之后，由于高速公路车辆冲突数据呈现过离散的特征分布，因此采用广义线性模型中的负二项回归模型进行建模[6]。

在模型构建过程中，假设分析单元i上某一时间段的处于碰撞状态的冲突总时间为y(单位:0.1s)。由于负二项分布模型是由泊松分布模型演变而来，因此根据泊松分布原理，此时分析单元i上发生冲突的总时间y概率计算公式如下所示：

$$P(y_i)=\frac{\mu_i^{y_i}\exp(-\mu_i)}{y_i!} \tag{4-12}$$

式中：μ_i——分析单元 i 上冲突总时间为 y 的期望值。

此时根据泊松分布特性，可得 $\mu_i=V_i$。

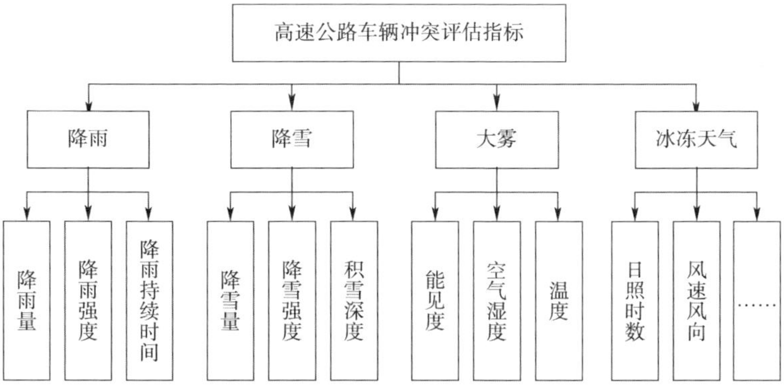

图 4-15　高速公路车辆冲突风险评估体系

倘若此时实际数据不能满足泊松分布的期望值等于方差的要求，可在期望值的计算公式中加入误差项 ε_i：

$$\ln\mu_i=\ln E_i+X_i\beta_i+\varepsilon_i \tag{4-13}$$

式中：E_i、X_i——影响车辆冲突产生的因素；

β_i——E_i、X_i 的待定系数。

加入误差项 ε_i 后的分布函数计算公式如下所示：

$$P(y_i|\varepsilon_i)=\frac{[\mu_i\exp(\varepsilon_i)]^{y_i}\exp[-\mu_i\exp(\varepsilon_i)]}{y_i!} \tag{4-14}$$

消除误差项 ε_i 后的分布函数计算公式如下所示：

$$P(y_i)=\frac{\Gamma(\mu_i+\alpha^{-1})}{\mu_i!\ \Gamma(\alpha^{-1})}\left(\frac{\alpha^{-1}}{\alpha^{-1}+\mu_i}\right)^{\alpha^{-1}}\left(\frac{\mu_i}{\alpha^{-1}+\mu_i}\right)^{y_i} \tag{4-15}$$

分析单元上冲突总时间的计算公式为：

$$\mu_i=\exp\left(\sum_{i=1}^{n}\beta_i x_i+\beta_0\right) \tag{4-16}$$

式中：μ_i——负二项分布模型中分析单元上的冲突总时间理论值；

x_i——影响车辆冲突产生的第 i 个因素；

β_i——x_i所对应的系数；

β_0——待定常数项。

在建模过程中，由于存在评估指标（即自变量）过多过少的情况，可能导致模型与实际情况间存在很大的偏差。因此，可以以自变量的方差膨胀因子（Variance Inflation Factor，VIF）为检验对象，倘若 VIF 大于 10，则表明该自变量存在严重共线性，应予以剔除。

最终，以负二项分布模型结果中的显著性为基准，结合德尔菲法，分析各自变量占据权重，在权重结果的基础上结合正弦曲线、梯形分布等隶属度函数，构建隶属于不同风险等级的隶属度函数解析式，实现车辆冲突风险等级的精准判定。

根据上述步骤给出的车辆冲突风险等级进行预警，并且制定多维度警报措施从听觉、触觉等角度刺激预警。此外，设计不同等级的预警策略，通过逐步提高警报措施对人体的刺激程度，来明确行车安全风险等级的不断提高，进一步提升车辆运行安全性。

4.2.7 恶劣天气实时监测技术

通过路侧天气感知系统，快速获取道路实时的环境气象信息，包括低能见度、降雨、降雪、道路结冰等影响安全的环境要素，并发送给驾驶人，从而，进一步提升行驶安全性。

当前视频 AI 技术在目标识别方面已经较为成熟，同时基于深度学习的视频分析算法也在逐步应用，通过视频智能学习算法识别天气形态具备研究条件。本专题基于视频 AI 的降雨、降雪、能见度、团雾气象信息监测技术，通过 AI 深度学习算法对降雨、降雪、能见度、团雾进行全天候监测，突破气象天气高密度部署和高实时性要求的技术瓶颈，为全路网高精细度的天气感知系统奠定技术基础。

4.3 高速公路特殊事件监测预警

4.3.1 高速公路事故监测预警

随着社会经济的发展，高速公路车流量逐渐增加，在流量增加的同时，事故、故障车辆的概率同步增加，阻碍了高速公路的正常运行，极易引发二次或次生事故、追尾事故，而且二次、次生事故发生的往往是恶性甚至重大事故。

突发交通事件发生后的 2 ~ 5min 是二次重大事故的高发时段。从我国高速公路近年发生的死亡事故分析，因二次事故或次生事故发生的死亡事故离首发事件一般不超过5min[7]。显然利用这5min的时间段,做到安全预警,可以有效避免重大事故的发生。这要求解决两个问题:一是及时发现,且发现精准率要高;二是发现后自动联控现场设施实现安全预警,赶在重大事故发生之前,立即进行事故前端的数字化预警与信息化管控,从而有效避免二次事故的发生。

建设高速公路事故监测预警系统是保障人身、财产安全与道路畅通的有效手段。在现有的交通条件下,如何通过信息化数字化技术实现事故监测预警管控,最大可能地保障司乘人员的人身财产安全及道路的畅通一直是高速公路运管部门高度关注的内容。

目前,我国对高速公路事故进行监测预警的方法主要分为视频监控系统、电子警察系统、路面感应系统、智能导航系统以及大数据分析系统5类。

1)视频监控系统

在高速公路上设置视频监控摄像头是最常见的交通事故监测预警方式之一。视频监控系统的原理是利用高清晰的摄像头对道路及周围环境进行实时监控,发现异常情况,及时报警并安排处理。具体来说,视频监控系统可分为以下几个方面:

(1)摄像头部署:根据道路及周边环境的特点和需求,设置适当数量的高清晰度摄像头,并合理布局和部署,确保监控覆盖全面且无死角。

(2)视频采集和传输:视频监控系统采用数字化技术获取视频流,通过有线或无线的方式将视频数据传输到监控中心或相关管理部门处理。

(3)机器视觉技术:为了更好地发挥视频监控系统的作用,在系统中使用机器视觉技术进行图像分析,实时检测车辆行驶状况和行人、动物等物品出现情况,及时对不正常的情况进行识别和报警。

(4)实时预警和处理:一旦监控系统发现问题,应该立即预警。例如,高速公路上产生事故或交通阻塞、违反交通规则或危险行为、拥堵或撞击事件等异常情况。只有进行实时预警并及时地做出应对措施,才能有效防止事故的发生,减轻事故的影响。

视频监控系统是一种效果最好、应用最为广泛的高速公路事故监测预警手段(图4-16),其具有实时性强、成本低、数据可靠性高等优势,可以帮助交通管理部门及时发现问题并做出应对。

2)电子警察系统

高速公路电子警察管理系统是能根据复杂系统控制、摄像、车辆故障检测、图像采集捕捉、拍照识别、自动跟踪补光、通信与传输处理等各工作单元技术要求,运用多种高科技信息处理技术,集远距离图像的采集、拍照及识别、同步控制、图像记录、通信以及传输管理于一体组成的一套复杂系统。并且它还具有防误拍、远程管理、自适应补光等功能,可以提供完整、清晰、准确地采集资料。它能够在无人值守的情况下,对过往车辆自动的监测、识别、分析以及确认交通违法行为,及时自动记录并固定违法证据,然后通过网络传输到公安交管部门的违法信息数据库,使公安交管部门获得所收集的资料,经审核后作为处罚证据。交通电子警察系统通过一系列自动程序设计,在实际运行监控过程中实现自动采集记录各类违法行为,就是履行交通警察的取证职权,与交通警察发现、判断、确认交通违法行为过程一致。

图 4-16　高速公路视频监控图

高速公路电子警察(图 4-17)的种类可以依据以下分类方式进行划分。

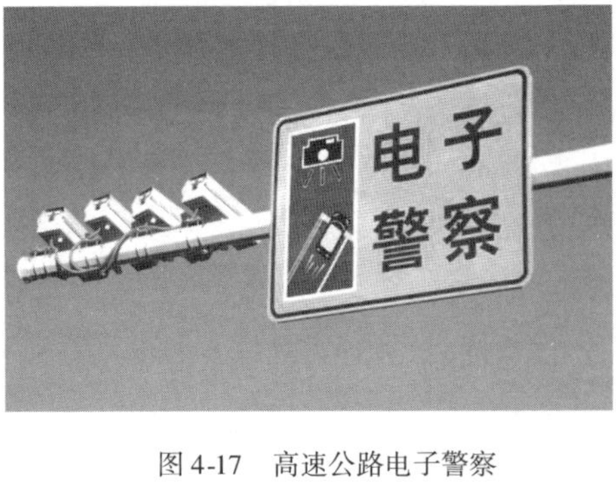

图 4-17　高速公路电子警察

一是按设立方式不同:一类是固定式自动监测设备,包括固定式超速记录系统、违法行为自动监测仪、公路车辆智能监测记录(卡口)系统、旅行时间监测系统等;另一类是移动式自动监测设备,包括移动测速仪和将自动监测设备安装在移动的交通工具上的移动执法车、车载测速雷达系统以及交通警察手持雷达测速仪等。

二是按功能不同分为：超速电子警察、卡口型电子警察、逆行电子警察、违章变道电子警察以及违停电子警察等。

三是按检测抓拍方式分：感应线圈检测抓拍、视频检测抓拍、雷达测速检测抓拍、红外线检测抓拍、压电感应检测抓拍、地磁感应检测抓拍。

3）路面感应系统

随着技术的发展和进步，自动化检测技术被广泛应用于交通运行状态管理，促进了高速公路交通事故预警技术的提升。路面感应技术是目前应用最为广泛的自动监控技术之一，其原理是通过部署在路面上的压力感应器进行数据采集和分析，实时定位车辆位置和状态，从而监测高速公路交通情况，提供数据支持。

路面感应系统主要包括以下三方面：

（1）安装感应器：感应器一般被部署在较为复杂的交通流路和特殊路段，例如拥堵点、收费站、施工区域等。感应器通常采用金属或者光纤制成，如图4-18所示，能够对车辆重量、速度以及车道数量等数据进行监测。

图4-18　高速公路压力传感器

（2）数据传输：通过感应器记录下来的数据，需要传输给服务器进行处理。数据传输方式可以采取有线或者无线方式。这里需要注意的是一定要确保数据传输的稳定性和可靠性，否则会影响后续分析和处理。

（3）分析和预警：高速公路运营管理者收到传输的数据之后，可以利用相关系统进行数据分析，可实现各种指标查询、管理信息监测评估、报表呈现等功能。同时，根据监控数据的动态变化，管理者可根据之前设定的规则实现自动预警和人工干预，从而保障公路畅通无阻和安全快捷。

相比于其他技术方法，路面感应系统具有精密度高、准确度好的特点，在现实生活中应用颇多，例如交通拥堵时密集地布置在高速公路上，十分方便操作和掌握，能够获取大量信息，可以极大地提高高速公路交通监管的有效性和时效性。

4）智能导航系统

在高速公路事故监测方面，智能导航系统可以通过以下方式进行监测：

（1）实时路况信息提醒

智能导航系统可以及时获取目标车辆的实时位置信息，并联动其他监测装置来获得路面交通信息。如果遇到了事故、堵车等异常情况，导航系统会自动提醒驾驶人，并提示具体问题所在地点。这样一来，可以降低事故发生的可能性。

(2) 与高速公路救援系统联动

智能导航系统还可以与高速公路救援系统进行联动，当遇到紧急情况时，可以通过导航平台呼叫救援队伍。驾驶人就近选择维修工作站，并向指定的救援人告知车辆详细的位置信息，保证及时有效的救援服务。

(3) 车辆监控和情报分析

智能导航系统可以留存车辆行驶轨迹、状态记录和各类异常行为影像资料，可以识别并分析与事故密切相关的重要信息。纵向数据分析将给出可靠的车辆行驶模式，横向数据处理也有能力识别道路偏差导致的风险。通过数据挖掘和深度学习等技术，此类信息可用于预测事故、实时提醒风险以及汇总统计道路状况信息。

智能导航系统在高速公路事故监测方面具有很大的优势(图 4-19)，可以对车速、路况和风险进行检测和提示，在行车过程中为驾驶人提供各种安全保障，并为后续的事故分析和管理工作提供强大支持。

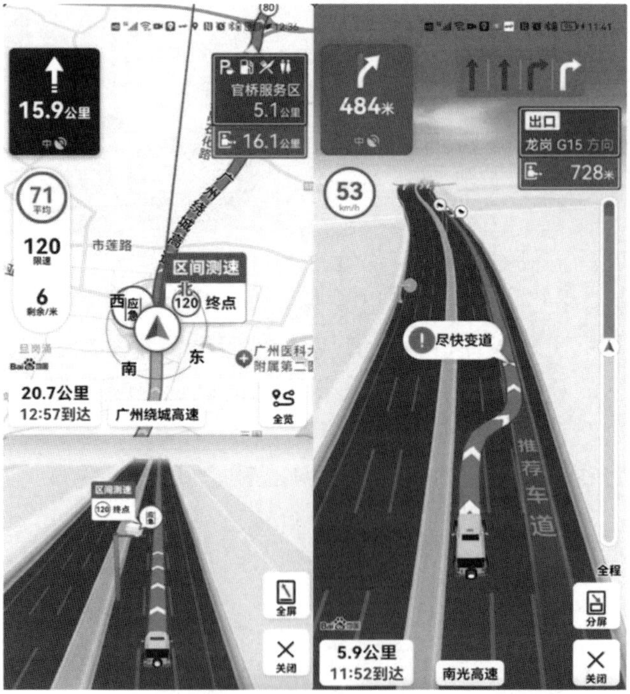

图 4-19　智能导航系统界面图

5）大数据分析系统

高速公路交通运行监测与智能管控系统通过融合云计算、大数据、GIS、移动互联网、物联网等新一代信息技术（图4-20），汇集省高速公路路政、养护、服务区、费收、交调、气象等数据资源，建成逻辑集中、共享交换、标准制定等功能为一体的全域资源共享数据库，形成完备的高速公路信息资源服务平台，切实解决数据分散、业务应用难于协同等问题；并以此为基础建成集高速公路综合监测、运行分析、应急管理、信息服务等功能于一体的综合管控平台，提升高速公路信息化管理水平，为管理决策、研判指挥奠定数据基础。

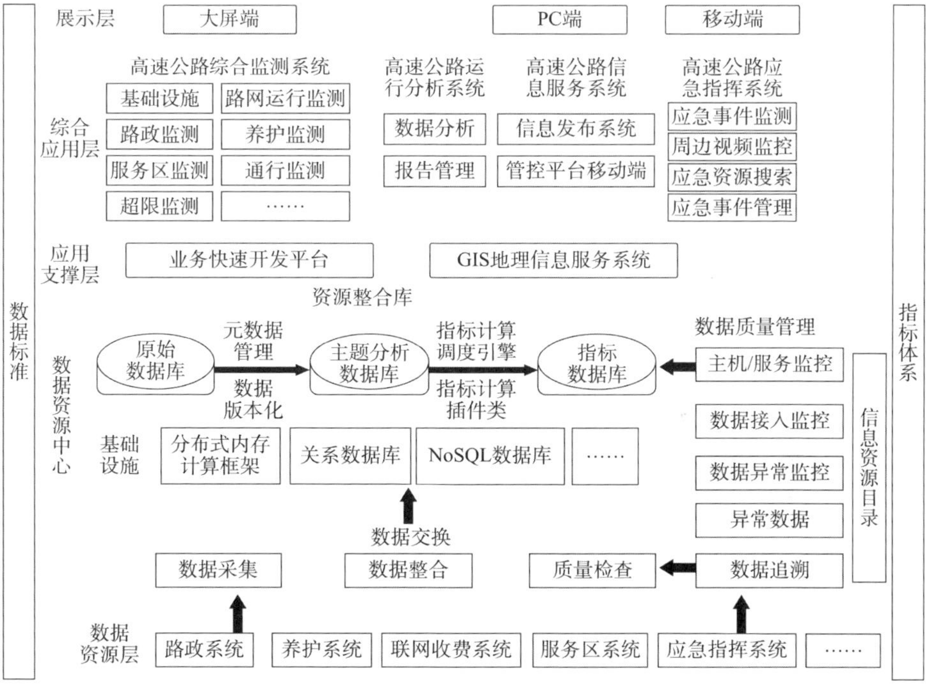

图4-20　高速公路交通运行监测与智能管控系统

4.3.2　高速公路交通事件监测预警

高速公路交通事件监测是对高速公路路网中的异常事件进行监测报警，包括拥堵情况、道路施工和养护等，高速公路管理人员应重点关注，同时对异常事件生命周期内路网各项运行指标及环境变化情况进行实时监测，对桥梁、隧道、服务区、收费站、监控视频、里程桩号及交通气象等信息实时监测。

1)高速公路拥堵

高速公路拥堵监测是对高速公路路网中的拥堵现象进行监测预警,包括拥堵路段和拥堵收费站等,监控平台及时发布预警信息,提醒高速公路管理人员重点关注。

(1)拥堵路段监测

拥堵路段监测的方法是:动态识别路网中的拥堵路段,全程跟踪监测路段的拥堵里程、拥堵持续时长、速度、全国排名等指标,在GIS地图中对拥堵路段的位置进行可视化,展示拥堵路段所属行政区、所属路线编号和名称、通行方向、附近基础设施(如桥梁、隧道等)、拥堵起止里程桩号等为高速公路管理人员进行事件态势研判和综合处置提供辅助决策依据。

(2)拥堵收费站监测

拥堵收费站监测的方法是:动态识别路网中处于拥堵状态的收费站,并对收费站的拥堵全生命周期进行监测。拥堵收费站监测指标包括收费站名称(出口/入口)、所属公路名称、所属行政区、拥堵时间、拥堵长度、速度等,通过GIS地图展示收费站拥堵传播范围,并可结合收费站客车流量、货车流量、饱和度、服务水平、交通事故、交通气象、道路施工等因素对收费站拥堵成因进行深度剖析。

2)高速公路施工

高速公路经常会有施工的情况,为了保障道路施工的正常进行与过往车辆的安全,需要对高速公路施工路段进行监测预警。

随着高速公路里程的逐年增加,为经济发展和社会进步做出巨大贡献的同时,高速公路项目建设也给道路的通行与安全造成了极大影响,其中,高速公路施工期的影响尤为严重。因为高速公路的施工周期相对较长,从开工到竣工通车通常需要很长时间,对道路通行会造成长时间的影响,其次,因为高速公路为多节点长线性构筑物,施工产生的影响范围大,持续性也会较长。因此,为了保障高速公路施工的正常进行与过往车辆的安全,需要对高速公路施工路段进行监测预警。

目前已经有了一些高速公路施工监测预警设备,这些设备一般包括监测模块、控制模块以及扬声器,监测模块和扬声器分别与控制模块电性连接,监测模块包括支撑组件以及设置在支撑组件上的云台摄像机,控制模块的输入端和云台摄像机相连采集车辆信息,控制模块的输出端和扬声器相连发出警鸣声。具体应用的预警原理是:当要对高速公路进行施工维修时,施工人员将底座放置于待施工的高速公路区域,调整好监测平台的朝向,使得监测平台对过往车辆进行距离和速度的监测,当监测到车辆距离过近且车速较快时,预警平台对车辆和施工人员发出预警,使得驾驶人能够及时进行变道和减速操作,同时也让施工人员更加注意自身安全,具有降低高速公路施工过程中安全隐患的效果。

除了高速公路施工对相关道路的通行与安全产生的影响,高速公路施工的质量与安全也非常重要,而在施工现场安装相关的监测系统,不仅可以实时查看施工进度,监督施工质量,同时还可以保障施工安全。

高速公路施工质量监测系统是大型、实时监测系统,能够使决策部门全面掌握和了解施工路段情况和设备的运行状态,提高施工路段的管理水平,保障高速公路施工设备安全、运行规范,确保施工过程安全、高效、流畅,合理组织施工过程,防止违规行为,减少施工质量不合格对施工进度的影响,提高施工质量,增加经济效益。

一般高速公路施工监测系统的功能如下:

(1)信息采集。采集施工路段上设备的各种数据(施工机械速度、沥青混合料温度、摊铺厚度、筑御深度、施工机械位置坐标等)。

(2)信息处理。对采集到的数据进行实时运算、分析处理及存储在数据库服务器。

(3)查询统计。对数据库服务器上的数据进行处理生成历史数据,供统计、查询等。

(4)客户端显示控制。根据采集来的外场设备数据,实时更新显示的信息,让操作人员及时了解高速公路养护机械的运行情况。

(5)视频监控。对施工过程进行视频监控,监视整体施工现场实时工作情况,且具有夜视功能。

3)高速公路养护

高速公路路面养护质量的监测与评价主要包括路面平整度、路面车辙、路面变形类病害(如坑洼拥包等)、路面强度(如路面的弯沉值)、路面抗滑值、路面裂缝类病害等。目前,对这些重要质量指标进行定期检测与评价,为路面养护管理部门提供真实可靠的检测结果已显得越来越重要。

在现代高速公路养护中,高速公路检测是制定高速公路养护方案的重要基础。传统公路检测技术精度低、费时费力,很容易破坏公路路面结构的完整性,现已无法满足当前高速公路发展与建设的需求。目前,高速公路采用的激光检测技术,能为高速公路养护工作规划的制定提供可靠的基础信息,继而使养护资源得到有效利用;能减少养护中的检测工作强度,提升工作效率与质量;能降低养护检测成本,且不会破坏路面结构。

激光具有分辨率高、衍射性好、方向性及相干性好等特点,因而在高速公路养护中使用激光检测技术就是利用了激光的这些优势特性,实现对高速公路的检测。激光检测技术具有检测时间短、精度高、降低检测工作量、测量范围大等优势,且能有效减少对高速行车的影响。

(1)高速公路路面平整度检测。

高速公路路面平整度是直接反应行车中稳定性、舒适度、公路使用寿命的一个重要指标,而且路面平整度能为后期公路养护及维修工作提供一定参考依据。通过车载式激光检测技术,就可将高速公路路面凹陷问题的相关尺寸信息直接读取处理,还能检查出路面坑槽及车辙等病害问题,即便是在恶劣环境下也能完成检测工作,比如积雪、积水等天气,更为重要的是能得到更加准确的检测数据。

通过激光断面仪检测路面平整度,是将激光测距仪固定在车体上,利用激光测距仪随时监测距离路面高度,但因为在测量过程中车体会受到路面平整度影响,导致最后测量数据并不能直接反映出整个高速公路路面的平整度。所以,还需在车体上安装加速度传感器,并通过积分处理加速度传感器的加速度信号。通过该检测技术,能将每个位置的每条车道的路面的平整度情况真实地反映出来,以便为高速公路养护管理提供科学的依据。

(2)高速公路路面车辙检测。

车辙也是路面比较常见的一种病害,会对行车安全、舒适度造成一定的影响,严重时还会引发交通事故。通过激光检测技术,能快速、准确地为车辙处理提供可靠依据,提升公路养护的针对性。比如:线激光检测技术在车辙检测中的应用,通过车辙信息采集模块中两个线激光器,发射线激光,激光经透镜到路面上,就会将路面凹凸不平的情况以相对应的条纹图像形式显示出来,再经过计算机、光电编码器等获取被测试路段的路面车辙信息。然后利用车辙图像处理模块处理采集到的相关信息,计算出车辙深度值,再将处理完后的相关数据从文件中读取出来,并填写相应的里程、桩号以及 GPS 信息,且这些信息可根据实际检测需求进行相应修改。最后,利用车辙系统分析软件得到每段里程的车辙深度的检测结果等。应用线激光检测技术能较好地对公路路面车辙进行实时、准确、高效的检测,从而获得路面车辙情况。

(3)高速公路路面弯沉检测。

将激光检测技术应用在路面弯沉检测时,由于操作较简单,精度较高,射程较远,能更好地应用在刚度大的高速公路路面中。目前,高速路面弯沉检测技术已向自动化方向发展,比如高速激光弯沉仪,能对高速路面实现长距离且连续性测试,具有检测效率高、安全性好、检测速度快,无须封闭交通等优点,适用于高速公路、高等级公路的路面弯沉检测，即便是路况较为复杂的路段也能高效地完成检测工作。比如我国某省干线高速公路养护里程为400km，如果按传统方法，根据弯沉情况检测里程控制在养护里程的20%来计算，需要检测100km，花费3个工作日才能完成；如果采取高速激光弯沉仪进行全面检测，只需不到1个工作日就能完成检测工作[8]。该检测技术能实现全面大规模的道路完成弯沉检测，还不影响检测路段的正常交通，提升了道路资源利用率，有效保障了人们出行安全。

4.3.3 高速公路自然灾害监测

1）高速公路滑坡监测预警

滑坡是山区高速公路建设中最常见也是危害最大的地质灾害（图4-21），因滑坡的产生条件、影响因素、破坏机理的复杂性和多变性，一直是世界各国研究的高速公路的痛点之一。边坡如果失稳，就形成滑坡、崩塌等地质灾害，轻则增加投资、延长工期，重则导致建筑物倒塌，甚至造成人员伤亡。

图4-21 高速公路滑坡

滑坡灾害监测技术已经有100多年的发展历史，随着科学技术的高速发展，监测设备已由早期只能进行地表裂缝测量的手工器具发展到现在各种用于地表、地下、空中采集各种参数的光学、机械、电子、红外、激光等仪器设备，再到目前的“3S”技术。“3S”技术指的是“遥感（Remote Sensing）”“地理信息系统（Geographic Information System）”和“全球定位系统（Global Positioning System）”3个英文单词首字母的缩写，是一种综合运用空间信息处理、分析、应用的技术手段。

国内外对“3S”技术在滑坡灾害防治中的重要作用都给予了充分的重视，比如美国地质调查局每5年制定的地质灾害防治计划中，都强调“3S”技术在滑坡灾害中的作用；我国的《国家中长期科学和技术发展规划纲要（2006—2020年）》对

“3S”技术在滑坡地质灾害监测与预测的作用进行了重点阐述。相关文献表明,随着以“3S”技术为主的地球空间信息观测技术的不断发展,滑坡灾害监测、滑坡变形预测、滑坡编录和区域滑坡易发性评价等方面获得了新的技术支持。

在高速公路滑坡监测预警方面,“3S”技术可以从以下几个方面起到重要作用。

(1)遥感技术

遥感技术是指通过航空影像、卫星影像等手段对目标地区进行采集,以获取有关地面变化的数据。对于高速公路滑坡监测,遥感技术可以直接获取滑坡地区的影像,并对地表的某些异常环境元素进行互动分析。不仅能快速地准确定位可能出现滑降现象的区域,而且能够分析出可能成为灾害源的地质条件,在滑坡前发出预警。

(2)地理信息系统技术

地理信息系统技术主要用于将多个数据来源整合在一起,并形成数字化决策支持系统。通过地理信息系统可展示地图在线式图层信息的超级便捷特点,并嵌入半实时数据流、交互性地图查询等子系统;应急管理部门或技术运维人员可以通过这种已经准备好的执行方案,随时掌握当前滑降点在线地图中的整体情况。

(3)全球定位系统技术

全球定位系统技术能够精确计算车辆的位置和速度,从而帮助预测、识别高速公路滑坡风险。通过相对数据传输实时对比,支持高效、便捷、及时的快速指挥和随时部署应急处理人员现场应对,避免事态扩大化明显,加快了救援和关键资源的集中应用。

总之,“3S”技术在高速公路滑坡监测预警上有独特的优势,在不同层次提供了不同形式的信息支撑能力。利用这些技术手段可以实现自动化监测和分析,对于灾害发生前的预警,可以更早地提醒可能出现的问题,并积极采取相应措施以便于保护公众交通出行安全,减轻灾害给社会性经济造成的损失,并尽量减少事件所产生状况的扩散。

2)高速公路地震监测预警

在高速公路安全监测领域中,地震是一种发生概率较小,但危害性极大的突发性灾害。地震安全问题一直是一个薄弱环节,并且由于缺乏先进的安全检测技术与专业的检测设备,地震以及地震引发的安全问题显得尤为突出,对高速公路交通安全造成了极大的威胁。

地震会对高速公路路面造成以下伤害。

①路基沉陷、扭曲变形。这是较为普遍的震区危害(图4-22),具体表现为两个方面:一是因地震造成的断裂错动或地下岩层受挤压、扭曲、拉伸作用发生变形而表现出路基路面变形。二是由地震引起的地表振动会造成路基变形、裂缝。特别是在土壤条件较差或抗震能力设计不足的路基中,这些振动会导致路基发生不均匀变形,出现沉陷、裂缝和扭曲变形现象。

②滑移破坏、路基开裂(图4-23)。由于填方与挖方路基的密实度、基底软硬不一致,多表现在斜坡半填半挖路基。地震时易沿填挖交界面出现裂缝并与岩土分界面或填土与原状土界面形成贯通性软弱面。地震时,路基边部出现松散滑落。

图4-22 路基沉陷

图4-23 路基开裂

③路基路面挤压破坏、隆起(图4-24)。受地震面波的影响,路基路面相互挤压、隆起变形,形成波浪状、拱翘状、错台开裂,地表波浪起伏,路基随之起伏变形,在鼓起地段产生众多横向张裂缝,严重得将路面面层结构挤走。

④防护工程破坏、路基支挡。由于地震时地基承载力降低、土压力增大、地基不均匀沉降、墙体材质、施工质量等因素的影响,震区路挡墙出现坍塌、外倾、侧移、墙面鼓胀、基础脱空等现象较多。

图4-24 路基路面挤压破坏

除此之外,地震还会造成高速公路两边边坡损坏和一些标志牌的倒塌,有隧道的路段还可能会导致隧道的塌方,有桥梁的路段可能会导致桥梁的倒塌等,这些都会对高速公路行车安全造成很大的威胁。因此,高速公路的地震监测预警十分重要。

目前,国内外对于高速公路沿线地震的检测主要是通过设置地震仪(图4-25),当地震发生并达到报警水平时,利用电磁波与地震波的速度差或p波与s波之间

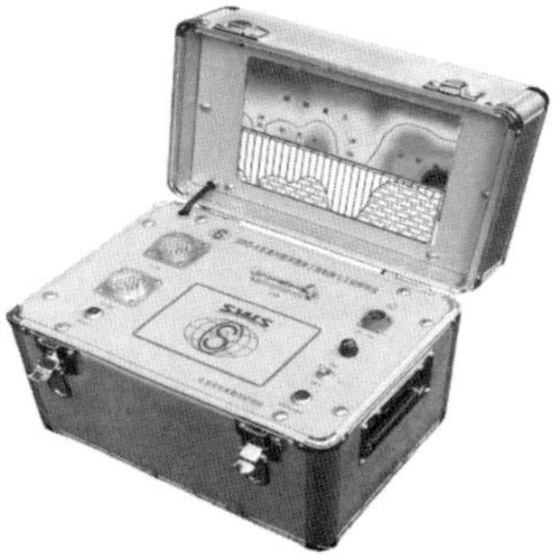

图 4-25　地震仪

的速度差，赶在破坏性的地震波到达之前，向正在行驶的车辆发出警报，使车辆减速或停车，避免造成安全事故。但是由于不同地质的不同特性，需要实地分析，无法做到全线的统筹兼顾，具有一定的主观性与复杂性。

现在部分高速公路已经安装了地震预警系统。如蜀道集团内江至宜宾高速公路（以下简称“内宜高速”）安装地震预警终端 24 处（图 4-26），实现全线全覆盖，成为全国首条全线应用地震预警系统的高速公路。四川地处多条地震断裂带，2022 年我国地震灾害是自 2015 年以来最严重的一年，大陆地区发生的多次地震灾害事件共造成 100 余人死亡及失踪，500 余人受伤，其中，伤亡最严重的便是 9 月 5 日四川泸定 6.8 级地震[9]。为进一步提升高速公路安全出行服务能力，川高川南公司在内宜高速沿线所有收费站、服务区、办公区都安装了地震预警终端。当发生对上述点位有影响（预估烈度≥4 度）的地震时，利用电波比地震波传播速度快的原理，在地震造成破坏前，地震预警接收服务器将自动打开广播系统，提前数秒至 10s 发出带有倒计时和预估烈度提示的预警警报声，高速公路管理人员可利用预警时间迅速启动应急预案，科学地引导司乘人员和沿线群众有序避险，有效降低人员伤亡和财产损失。

3）高速公路泥石流监测预警

泥石流是我国主要的地质灾害之一，每年造成的经济损失和人员伤亡巨大。泥石流（图 4-27）也是迄今尚未解决的高速公路灾害之一，是损毁公路设施及防治结构物的重要影响因素，严重影响高速公路的建设和运营。

高速公路泥石流监测分为泥石流一般监测和基于危害对象的监测两类。

高速公路泥石流一般监测主要包括对泥石流形成物源、沟道水源、诱发因素、运动过程、冲淤变化等进行的全要素监测，泥石流一般监测应根据不同的监测等级，采取相应的监测技术方法。

基于危害对象的泥石流监测是在一般监测的基础上，针对泥石流对高速公路路堤、桥梁墩柱、涵洞、桥涵、隧道等结构物危害所进行的监测，明确针对不同高速公路结构物对象的泥石流监测技术方法。

下面对这些监测技术进行详细介绍。

（1）降雨监测与气象观测

降雨监测主要是对泥石流形成和活动相关的降雨量及降雨过程进行观测，监测应采用自记式雨量计，并可实现监测数据的在线实时传输。气象观测可采用多参数自动气象站进行，同步实现降雨、气温等气象要素的监测。

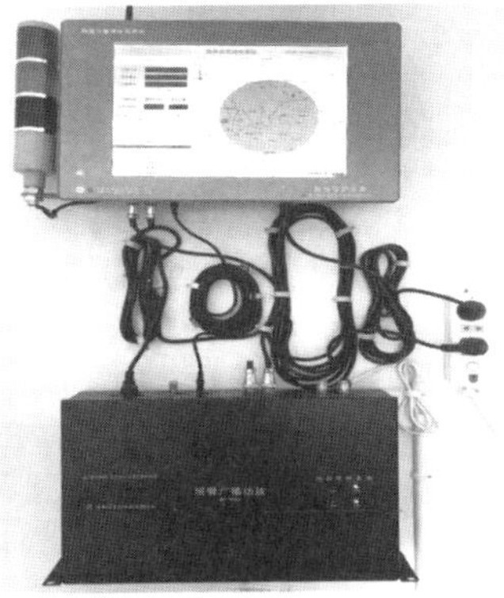

图 4-26　高速公路地震预警装置

图 4-27　高速公路泥石流

(2)物源体变形监测

在监测物源堆积体、坡体裂缝两侧设置观测(桩)或标志，建立变形监测断面或监测网，采用机械、电子、紧密测量或 GPS 等设备，观测岩土体变形碎块状况，确定物源能否加入流体形成泥石流的状态。

(3)泥位监测

应在沟道比较顺直的流通区，并距下游公路或设施有一定距离的沟道内选定监测断面。在布设监测设施前，可对监测断面进行断面修整、沟床固化等工程处理。泥位监测可使用以下非接触式仪器、接触式仪器或水尺法，并符合下列规定：

①非接触式测距仪器监测数据应包括不同时刻的泥位，并能在线实时传输。事先应测得仪器所在位置与沟床之间的垂直距离，泥石流发生时应测量仪器所在位置与泥石流表面之间的垂直距离，并根据二者高度差计算泥石流的泥位，泥位值可取连续 3 次测量的平均值，每次测量误差不应超过 5%；

②接触式测距仪器通过布置于监测断面上的钢索检知器或触网式泥石流报警器，根据流体触及钢索或触网的高度判断泥石流的泥位。泥位值可取连续测量 3 次的平均值，精度不应超过实际泥位的 1/4；

③水尺法是在监测断面处设置标尺，接用水准仪或通过目测确定泥位高度。

(4)流速监测

泥石流流速监测可使用非接触式流速仪、上下断面时间差法或浮标法，并符合以下规定：

①非接触式流速仪测速。应选用适宜于测量泥石流流速的仪器，仪器应进行

标定,测量误差不应超过8%;

②上下断面时间差法测速。将钢索检知器、触网式警报器或非接触式泥位计等设备安装于泥石流沟道已知距离的上下断面处,根据监测到的泥石流信息时间差计算泥石流的流速。上下两个监测断面之间的距离不宜小于50m;

③浮标法测速。在沟道中较为顺直、冲淤基本平衡、沟床较为稳定的沟段设置两个以上监测断面,当泥石流流经监测沟段时,在最上游的断面投放浮标并分别记录浮标达到各监测断面的时间。根据上下断面的距离和浮标通过的历时,计算泥石流流速。

(5)重度监测

泥石流重度监测宜在有人值守的监测点进行,可事先准备已知体积的容器,采样后立即称重,计算泥石流重度。

(6)地声、次声、震动等物理参数监测

泥石流地声监测传感器应安装在泥石流沟道两侧的基岩内,埋深1~2m,再用土或其他隔音材料覆盖。测试信号经前置放大后用电缆线直接输入计算机。

次声监测仪应放置在泥石流流域的流通区,距泥石流危害公路位置200~1000m为宜,尽量避开可能产生低频噪声的人为干扰源,次声传感器朝向上游方向。

震动监测传感器应安装在泥石流沟道两侧的基岩内,埋深1~2m,再用土覆盖。物理参数监测信号经前置放大后均用电缆线直接输入计算机,以备在泥石流预警中参考。

(7)视频监测

视频监测是采用视频监测器对泥石流进行实时监测。监测器应选用具有红外功能的设备,分辨率不低于720P。可对泥石流泥位监测水尺、泥石流流体冲击公路结构物进行视频监测,也可通过图像解析获得泥石流泥位、流速参数。泥石流预警应首先判断沟道是否具备泥石流发生的条件,可通过监测泥石流发生过程中地声、次声、泥位、流速、孔压、影像等信息,判断泥石流形成区是否具备启动条件,流通区是否已经出现泥石流发生各种现象,并确定泥石流的规模,对高速公路的危害程度,距危害对象的距离,综合计算泥石流危害公路设施的时间,提前对泥石流造成的危害发出准确预警。

泥石流预警应由专业人员通过监测,综合泥石流发生及运动过程中的多种信息作出判断。专业预警人员应对每次预测信息进行检验,对泥石流预测的空间尺度、时间尺度和技术精度进行评价。对于大型、风险较大、有一定技术条件的泥石流沟可推荐通过建立实时监测预警系统的方式进行综合、高效的监测预警，如图 4-28 所示。

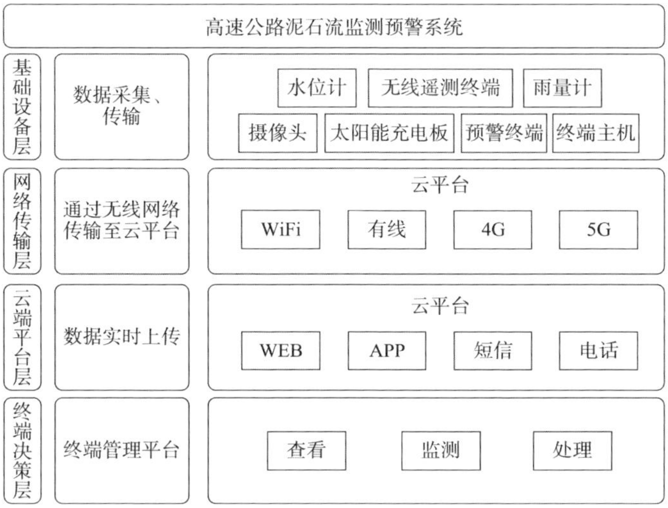

图 4-28　高速公路泥石流监测预警系统

高速公路泥石流监测预警一般都会运用物联网、云平台、传感等技术，在可能发生泥石流的区域结合水文地质条件，合理布设监测点，安装各类传感器，实时采集泥石流次声信息、水位信息、降雨信息等数据。并通过无线网络上传至服务器监控中心，然后针对上报数据进行实时分析处理，完成可视化图表监测、阈值上限设置、异常警报提示、视频监控远程调度控制等泥石流的信息化预警监测工作，可以提升工作效率、降低维护成本、提高预警准确度。

预警系统一般分为：基础设备层、网络传输层、云端平台层、终端决策层。

基础设备层由水位计、无线遥测终端、摄像头、太阳能充电板、雨量计、预警终端和终端主机等终端组成，提供数据采集和传输功能。

网络传输层的作用是将传感器采集的数据信息通过无线网络技术，传输至云平台进行处理、存储与转发，再将结果由云平台通过 WiFi/有线/4G/5G 技术将数据传输至终端。

云端平台层是通过将数据实时传至云平台，云平台会对数据进行综合诊断分析，并借助 WEB、APP、短信、电话等方式，随时随地向管理人员及终端推送信息。

应用决策层的原理是基于终端系统上显示的数据和处理分析，管理者可以通过终端管理平台随时查看各监测点数据，实时检测是否安全，降低事故发生概率。

最后,通过设备和软件结合,高速公路泥石流监测预警系统可以实现如下各类应用:①泥石流实时监测:通过监控设备等硬件设备,进行全方位监测,确保山体正常,处于安全状态,减少安全事故发生;②视频监控系统:管理人员可以登录云端管理平台,通过监控对各观测点区域进行24h实时视频画面监测和视频记录;③智能预警:系统提前设置阈值,当检测分析得到的数值超过或接近该值时,系统自动进行预警,监控后台也可接收站台摄像头的视频并应急处理,迅速反应,提高效率。

4.3.4 高速公路抛洒物监测预警

对于抛洒物的检测,传统技术使用视频目标检测模式匹配,但由于抛洒物本身不规则,难以进行准确的识别,实际应用产生了大量误报,落地效果差,同时高速公路难以做到全程照明,在夜间和雨雪雾天视频检测不可用。由于车辆在遇到抛洒物时会产生避让轨迹,可以融合运营车辆高精度定位数据和路侧布设雷达联网感知的车道级实时位置数据进行运算,获得大型车流的绕行轨迹规律,以便检测抛洒物并报警。

4.4 高速公路交通流监测预警

高速公路交通流监测是指通过车检器获取到交通流量、速度、交通流密度等数据,实时接入高速公路沿线布设的全自动交通情况调查设备(含车检器)和高速公路测速仪等交通流监测设备传输的数据,可以对选定设备进行定位查询,查看选定设备的实时监测数据。对上述实时数据进行分析,定时测算路段交通流量、饱和度、平均速度等指标,并实时显示测算结果。

检测和统计高速公路的基本交通参数见表4-1。

交通流量信息表 表4-1

交通数据	描述
车流量	车辆内通过的车辆数目
车道平均速度	车道内车辆的平均速度,以km/h表示
车头时距	同一车道前后两辆车通过同一地点的时间差,以s表示
车头间距	同一车道前后两辆车之间的距离,以m表示

续上表

交通数据	描述
车道时间占有率	车辆通过时间的累积值与观测总时间的比值,以%表示
车道排队长度	车辆发生拥堵的车辆实际排队长度信息
车流密度	在单位长度(通常为1km)路段上,一个车道或一个方向上某一瞬时的车辆数

4.4.1 交通流监测方法

随着科技的发展,现在高速公路交通流的监测方法也更加智能便捷,交通流监测设备包括环形线圈检测器、地磁车辆检测器、超声波检测器、红外检测技术、微波车辆检测器、视频车辆检测器、浮动车检测技术等。根据检测设备的不同,分别分析各类交通流数据的获取设备,并对交通流数据的获取方式进行分析比较。

1)环形线圈检测器

环形线圈检测器是一种基于电磁感应原理的车辆检测器(图4-29),它的传感器是一个埋在路面下面、通过一定工作电流的环形线圈。当车辆通过线圈或停在线圈上时,车辆引起线圈回路电感量的变化,检测器检测出变化量就可以检测出车辆的存在,从而达到检测目的。它可以获得当前监控路面交通流量、占有率、速度等数据,是世界上用量最大的一种检测设备。

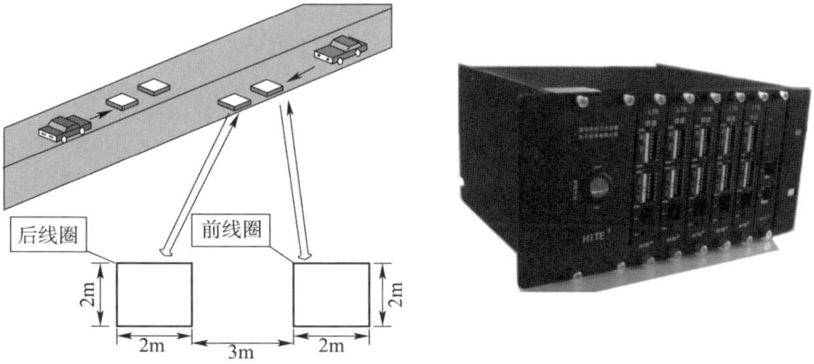

图4-29　环形线圈检测器

环形线圈检测器的安装需要在每条车道的下方埋设两个线圈,路侧设置机箱,控制主机和数据传输设备传输到监控中心。环形线圈检测器优势明显,一是测速度和交通量计数精确度较高,在291.7m/s的速度范围内,检测器都可以对车辆的存在做出相应响应,误差范围在 -4.7% ~4.3%,满足国家行业标准。二是环形线圈检测器的工作稳定性好,在初始安装调试完毕后,可长时间保持较高的检测精度。三是不受气象和交通环境变化的影响,抗干扰能力强。存在的缺陷主要是施工、养护方面对路面及交通的干扰,因需要在每条车道下埋设线圈,所以对公路的路面有破坏作用;长期使用后,线圈易被重型车辆、路面修理等损坏,更换线圈时工作量较大,且施工时需封闭车道,影响交通[10]。

2)地磁车辆检测器

地磁车辆检测器是一种通过数字式磁敏传感器探测车辆对地磁的影响的一种检测器(图4-30),以此来判断车道上车辆经过情况的无线传感器网络装置。通过这种装置可实时、准确地感应车道上经过的车辆,并将采集到的信息通过无线传感器网络发送至与之配套使用的信号控制机,信号控制机通过获取的车流信息来分析当前车道的流量、车流密度、车速、车型等。

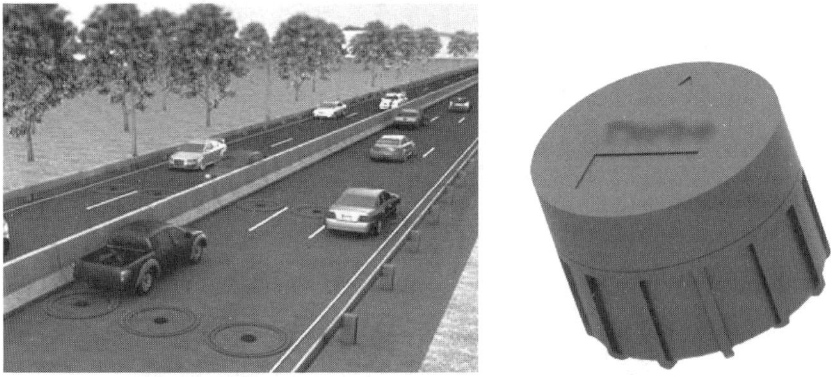

图4-30 地磁检测器

相对于环形线圈检测器,地磁检测器的安装仅需在路面钻一个孔,将地磁检测器植入路面。地磁检测器目前应用于公路的案例相对较少,而在城市智能化停车场管理及城市道路交通流参数检测等领域的应用较多。

3)超声波检测器

超声波检测器是一种在高速公路上应用较多的检测器(图4-31),它利用车辆形状对超声波波前的影响来实现检测。超声波车辆检测的探头具有发射和接收双重功能,被设置于高速公路的正上方或斜上方,向路面发射超声波,并接收来自车辆的反射波。一般超声波检测器能检测出车高处于0.75~1.6m的车辆。

由于超声波检测器采用悬挂式安装,从架设方便、使用寿命等方面来说,路面埋设式检测器不如超声波检测器，所以超声波检测器成为目前使用量仅次于环形线圈的一种检测器。

图 4-31　超声波检测技术

超声波检测技术的优点是安装方便，使用年限长，但也有诸多缺点：其检测范围为锥形，识别范围受到限制，易受车型、车高变化的影响，易受大风、暴雨等天气因素的影响，并且在车流量大、出现拥堵的情况下，精度大大降低。因此，若使用该方法，需要在实际中考虑多种因素的影响。

4）红外检测技术

红外检测技术在原理上与超声波检测技术相似（图 4-32）。一般是将红外检测器置于道路顶部或道路侧方。红外反射检测器由一个红外发射器和接收器构成，在发红外光线后经过车辆反射接收。将接收信号进行电子信号分析即可得到车辆轮廓信息。其缺点在于易受尘土、雨水、大雾等因素的干扰。

5）微波车辆检测器

微波车辆检测器主要由微波发射、接收探头及其控制器、调制解调器等组成（图 4-33）。一般采用侧向安装模式（适合双向四、六车道）。微波检测技术的工作原理为：微波检测器通过发射中心频率为 10.525GHz 或 24.200GHz 的连续频率调制微波在检测路面上，投映一个宽度为 3 ~ 4m，长度为 64m 的微波带。每当车辆通过这个微波投映区时，都会向检测器反

图 4-32　红外检测技术

射一个微波信号,检测器接收反射的微波信号,并计算接收频率和时间的变化参数以得出车辆的速度、长度等信息[11]。

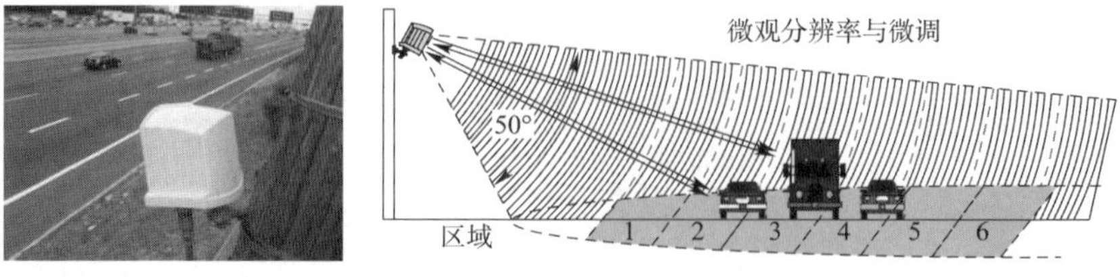

图 4-33　微波车辆检测器

基于微波的交通信息检测技术已有十多年的历史,它不但具有其他检测手段难以媲美的优点,并且几乎能克服其他技术手段的缺点。随着科技的进步,近几年微波雷达技术得到了迅速发展,它能非常准确地检测车流量、车道占有率及车辆长度等交通流信息。因此,微波车辆检测技术能完美地作用于交通信息检测与行车诱导系统,其主要优点有:数据实时性强,检测数据量充分,检测精度高,安装和维护时不需要破坏路面;可同时检测道路多个行驶车道;寿命长,维护成本低;不受光照及雨、雾、雪、尘等恶劣自然环境因素影响。

微波检测器作为比较传统的车检器在高速公路应用较多,国内大部分高速公路新建感知设备中都有微波检测器的应用。

6)视频车辆检测器

视频车辆检测器是一种将视频图像和模式识别相结合并应用于交通领域的采集技术(图 4-34),它以视频摄像机作为前端传感器,在摄像机采集到的视频图像上设置虚拟检测区域,当车辆进入虚拟检测区域时,图像背景的灰度值将发生变化,通过图像处理单元即可判断车辆的存在,进一步得到车流量、速度、车流密度等数据。

图 4-34　视频车辆检测器

近年来,随着图像处理技术的成熟,视频检测技术也越来越多地应用于交通领域,成为国内外智能交通研究的热点课题。目前,视频检测器在美国、台湾等国家和地区的高速公路有较多的应用,国内如上海、北京等城市道路也有所应用。

视频车辆检测器的优势明显,对交通干扰小、可获得信息多,直观可视化好,有些检测器还可以获取车牌、车型等信息。但其缺点也非常明显,需要对数据进行提取,受交通环境、摄像机分辨率影响大。

7)浮动车检测技术

浮动车检测技术是利用装有 GPS 和无线通信装置的车辆,当车辆在观测道路上行驶时,通过记录车辆的位置、行驶方向、行驶速度等交通信息,关联与浮动车同路、同时行驶的车辆,利用一系列的路网地图匹配和模型计算等数学公式得到道路上车辆行驶状态,可用来检测车辆的行驶速度、行驶时间、交通量、车辆密度等。

4.4.2 交通流预警模型

1)拥堵指数

拥堵指数是定量评估路网运行状态的综合性指标,能够客观地描述和评价高速公路路网的运行状态。拥堵指数定义为分析时段和分析范围内所有拥堵路段累计拥堵时长与路段长度的乘积之和,除以分析时段总时长和分析范围内路网总里程,并归一化为 0 ~ 10 之间的值。在流量监测方面通过列表和曲线图的形式展示不同监测对象的拥堵指数[12]。

用$\overline{I_{a,t}}$表示分析范围 a 在分析时段 t 内的单位拥堵里程时间,a 表示分析范围,t 表示分析时段,$\overline{I_{a,t}}$的计算公式如下:

$$\overline{I_{a,t}} = \frac{\sum_{i=1}^{N} l_i \cdot \beta_{i,t} \cdot \omega_i}{L \cdot t}, i \in a \tag{4-17}$$

式中:N——分析范围内路段条数;

l_i——路段的长度;

$\beta_{i,t}$——路段在分析时段内的累计拥堵时长;

ω_i——路段的权重;

L——分析范围内路网总里程。

将单位拥堵里程时间标准化为 0 ~ 10 之间的数值,计算结果即为拥堵里程指数(又称"拥堵指数")。分析范围 a 在分析时段 t 内的拥堵指数 $\mathrm{CMI}_{a,t}$是单位拥堵里程时间除以所有数据的一个分位值 QV,计算公式如下:

$$\mathrm{CMI}_{a,t}=\frac{\overline{I_{a,t}}}{\mathrm{QV}} \tag{4-18}$$

为了防止标准化后的指数大于10，对标准化后的指数做进一步的处理，处理方法如下：

$$\mathrm{CMI}_{a,t}=\begin{cases}\mathrm{CMI}_{a,t}, & \mathrm{CMI}_{a,t}\leqslant 9.5\\ 9.5+0.1\lg(\mathrm{CMI}_{a,t}), & 9.5<\mathrm{CMI}_{a,t}\leqslant 100000\\ 10, & \mathrm{CMI}_{a,t}>100000\end{cases} \tag{4-19}$$

由此就可以判定高速公路路网是否处于拥堵状态。

2)饱和度服务水平

饱和度是最大交通量和最大通行能力的比值，包括高速公路路段或路线饱和度、收费车道饱和度、收费广场饱和度、收费站饱和度。用S表示饱和度，V表示交通量，C表示通行能力，则饱和度S的计算公式如下：

$$S=\frac{V}{C} \tag{4-20}$$

根据饱和度，判断监测对象的服务水平。当饱和度小于等于0.35，服务水平是一级，高速公路交通流处于自由流状态；当饱和度大于0.35且小于等于0.55，服务水平是二级，高速公路交通流基本处于自由流状态；当饱和度大于0.55且小于等于075，服务水平是三级，高速公路交通流状态处于稳定流的上半段；当饱和度大于0.75且小于等于0.9，服务水平是四级，高速公路交通流状态处于稳定流的下半段；当饱和度大于0.9且小于等于1，服务水平是五级，高速公路交通流状态处于拥挤流，交通量即将达到饱和状态；当饱和度大于1，服务水平是六级，高速公路交通流处于拥堵状态，是通常意义上的强制流或阻塞流。

4.5 高速公路动态管控

4.5.1 高速公路主动交通管控

高速公路主动交通管控是指利用先进的技术手段，对高速公路上的交通流进行实时监测和调控，以提高交通效率、减少拥堵，并确保道路安全畅通的一种系统化管理方法。

在高速公路动态管控中，主动交通管控采取的措施如下。

1）动态限速控制系统

动态限速控制系统已成为发达国家进行高速公路主动交通管控的重要手段，例如德、英等欧洲国家针对冰雪、雾等天气对交通的影响，在已有交通监控系统基础上安装可变限速标志（间隔300～500m），实现主动的动态限速管控，有效缓解了交通拥堵和交通事故，下面主要介绍基于门架式可变信息标志。

基于门架式可变信息标志实现高速公路车道级动态交通管控，通过对沿线交通流状态以及环境特征进行自动检测和分析，实现对当前路线交通流运行状态的实时分析和主动判别；基于预先设置的交通控制策略自动调整车道级限速值，并通过门架可变信息标志发布当前车道限速值和异常交通状况预警信息，从而可以实现对高速公路交通流的主动干预，达到稳定交通流状态、降低行驶速度差、提高通行效率和降低交通事故率的目的。

当交通运行状况正常时，可变限速标志显示正常限速值，在发生突发事件、大流量拥堵、恶劣气象情况下会进行动态限速。

（1）发生突发事件情况下动态限速。

高速公路道路被划分成若干个控制单元，当某区域发生突发事件时，需对上游车辆进行速度管控。借助动态调整上游路段的限速值，控制逐渐靠近事件发生路段的行驶车辆，通过限速值逐渐减小，减缓沿线的车流车速。随着交通量不断增长，车辆排队现象将逐步向上游扩散。为缩小相邻路段的速度差，需梯度调整上游各路段的限速值，从而实现平滑交通流。同时可变信息标志提示“前方事故预警”信息。

（2）大流量拥堵情况下的动态限速。

在沿线发生交通拥堵状况下，高速公路上车辆速度下降，车速差异大，易引发追尾事故。通过动态限速控制可从根本上降低相邻车辆行驶速度差，从而在缓解拥堵的同时提高行车安全。当沿线发生交通拥堵时，通过有效的动态速度控制手段降低某路段内高速行驶车辆的比例，使路段内车辆运行速度维持在平稳均速的状态，并可根据相邻两路段限速值的配合减小其速度差，减少追尾事故的发生，在路段车流拥挤情况发生时，保障车辆交通安全。同时可变信息标志提示“前方拥堵预警”信息。

（3）恶劣气象情况下的动态限速。

当出现大雾、强降水、暴雪等恶劣天气，或者路面被冰雪覆盖的情况下，通过动态限速控制系统可有效降低相关路段内的车速，实现高速公路管理少封路甚至不封路的效果。配合超速抓拍系统，适时改变高速公路不同路段的最高限速值，实现路段内车辆速度的动态控制，同时可变信息标志提示“恶劣气象预警”“前方交通事故等”信息，可有效预防车辆追尾和多车相撞事故。

门架式可变信息标志效果示意图如图4-35所示。

图4-35　门架式可变信息标志效果示意图

2）匝道控制系统

高速公路匝道控制系统通过电子技术、通信技术和自动化控制技术等手段，对高速公路匝道上的交通流量进行实时监测、识别和分析，并根据交通流量、车辆类型、行驶路线、天气状况等因素指定调控措施，对进入匝道的车辆进行控制与调度，从而维持该路段交通流畅和安全有序。

高速公路匝道控制系统一般由交通监测、数据处理、中央控制、无线通信以及车道指示五个模块组成。控制流程如图4-36所示。

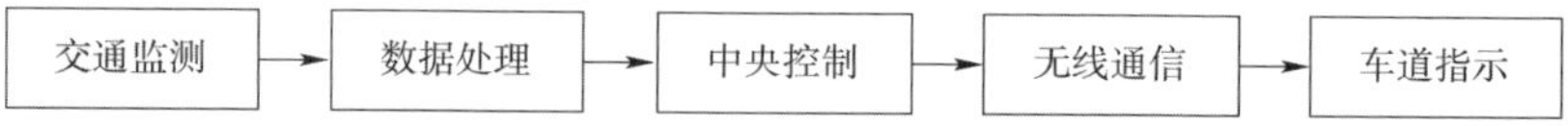

图4-36　匝道控制流程

其中各个模块功能如下所示：

（1）交通监测。该模块利用视频监测、雷达、磁性环圈等各种传感器设备，实时监测和识别车辆的数量、种类和行驶状态等信息，建立交通数据图谱。

（2）数据处理。该模块在交通监测得来的交通流量数据基础上，利用人工智能、机器学习等技术手段，对交通流量进行优化调度和控制。

（3）中央控制。中央控制模块根据数据处理模块计算出的交通流量优化调度与控制措施对高速公路入口匝道道闸、信号灯、可变情报板等多种设施进行远程监控和控制。

(4)车道指示。该模块接收中央控制模块的优化调度指令后,为车辆提供进入高速公路的信号指导。

(5)无线通信。该模块主要应用现代化无线通信技术,能够在各个模块之间建立联系,从而实现实时传输数据,使监控与决策在时间和空间上得以衔接。

通过上述技术模块的应用,高速公路匝道控制系统可以实现对高速公路匝道交通流量的动态调度、交通信息的实时预警以及指定车道通行方向的控制等一系列功能,有效提高匝道口的运行效率和通行能力,保障高速公路行车安全。

3)交通诱导系统

高速公路上布设的交通诱导系统主要由路况监测、信息处理、信息发布、中央处理及自动化处理等功能模块组成。上述的功能模块通过多种信息传播手段向驾驶人提供实时的路况信息、交通信息和安全提示,并且根据交通流量、天气状况、事故发生等情况,对车辆进行引导和调度,以达到减少拥堵、改善通行条件、提高出行效率的目的。

交通诱导系统的功能模块效用,其中路况监测系统主要利用视频监控、道路状态检测仪等技术手段,获取车流量、速度、密度等交通影响参数的实时数据。信息处理系统则将路况监测模块采集到的各类数据进行整合、分析,并结合历史数据和相对应的预测模型,生成相应的路况分析报告和决策建议。信息发布系统则将会通过路侧情报板、LED 显示屏以及 App、微信等多种数字平台,根据信息处理系统处理结果,向驾驶人发布相关交通优化、交通管制、安全提示等信息,提供及时有效的交通指导。置自动化控制系统可以设在路侧情报板或者车载终端上,根据通过路况和分析数据得到的最佳路径,为驾驶人提供车道信息和行驶路线指引。中央控制系统则设置于道路管理中心,对交通运输信息进行集中调度和紧急处理,从而更好地应对紧急突发状况。

总的来说,交通诱导系统不仅可以为驾驶人提供实时的交通信息和安全提示,减少交通事故概率,而且还可以有效缓解高速公路拥堵状况、提高路网通行能力,进而达到路面交通的优化管理。

4)碰撞预警系统

高速公路常见的交通事故类型有碰撞、道路拥堵、追尾、翻车以及刮擦等。其中,碰撞虽不是最主要的交通事故类型,但从其对人身伤害以及财产损失的影响程度来说,需要高度重视,加强预防措施。高速公路的合流区与交织区是碰撞事故的高发区域。

在高速公路合流区内，由于车速差异大、驾驶人视野受限、并道窗口期短等原因，容易导致交通事故的发生。最常见的安全隐患包括主路外侧车道车辆超速、主路和加速车道存在违停、匝道出现大货车、主路车流量大、匝道驶入车辆行为不规范等。通过在合流区设置智能化设备，检测主路、匝道的车辆，判断它们的行为，并通过声、光等方式提示、诱导、警告合流区车辆，帮助车辆合理地通过合流区，降低事故发生率。通常使用毫米波雷达和视频相机检测车辆速度、位置，并通过联动的路面投影设备、可变情报板、警示灯来发布预警信息，达到合流区碰撞预警的目的。合流区碰撞预警管控系统对合流区主线和匝道途经车辆的位置、速度做出检测和预判，并根据车辆位置做出对应的预警提醒，避免车辆碰撞。

高速公路交织区最常见的碰撞隐患是视线盲区，在交织区内，由于道路弯曲和土地起伏等原因，可能会使驾驶人产生视线盲区，从而导致驾驶人错判对面交通状况这类事件的发生，容易造成交通事故。此外，由于不同车辆自身的行驶速度、货物质量等方面存在差异，当多辆车在交织区内进行合并或者交叉行驶时，就容易出现车辆之间无法协调的情况，进而导致车辆碰撞等事故的发生。除上述安全隐患外，驾驶人自身的驾驶技术、心理素质和道路指示标识的布设同样也是交织区交通事故发生的重要影响因素。

高速公路交织区碰撞预警从交织区内流量监测与调控的角度出发，该类方法首先通过车载或路侧监控设备对交织区内的车流量、速度等交通参数数据进行实时监测和收集。随后，系统将所收集到的数据进行分析比对、算法计算，得出碰撞事故或其他类型事故的发生概率。一旦系统检测到有两辆车存在可能会相撞的情况或其他潜在危险，就会通过车载终端或者路测情报板发出预警信号，提醒车辆驾驶人尽快采取减速或换道等措施，从而有效地避免相撞事故的发生。此外，也可利用雷达、摄像头等监测设备感知车辆的位置和运动状态，并利用人工智能等技术进行综合分析，当交织区存在碰撞风险或其他潜在危险时，会向驾驶人发出声音或灯光报警，进而避免碰撞事故的发生。

5）重点车辆安全管控系统

建设高速公路重点车辆安全管控系统，可实现对高速公路行驶的在途重点营运车辆进行实时动态监测、实时预警及全过程化的信息化管理。一旦重点营运车辆发生违停等异常情况，系统平台及时响应，并会显示发生异常事件中车辆的地点、所属路段、报警类型等信息，便于管理者应急救援队伍快速组织赶往现场，同时对预警信息进行发布，实现以最快速度处置交通事故。

系统通过利用超速、非法停靠和疲劳驾驶等危险驾驶行为的相关智能监测算法，如机器学习算法中的决策树、随机森林，图像识别算法中的支持向量机、卷积神经网络，实时检测重点营运车辆超速、非法停靠和疲劳驾驶等异常事件，并在界面上进行声光报警提示，以便保障高速公路运行安全。还可以实现服务区内危险品车辆监控，对进入服务区的危险品车辆进行实时监控与预警，当危险品车辆进入服务区时，服务区合理引导车辆进入危化品车辆停车区域。

6）应急指挥调度系统

高速公路突发事件的逐年增多，对道路使用者的安全构成了严重威胁，由于高速公路突发事件具有很强的隐蔽性、突然性，而且没有固定模式，这给高速公路管理带来诸多难以想象的困难。防止或减少突发事件带来的危害是应急管理的重点，借助现代技术手段如多种融合通信、系统互联、监控监测、数据分析、应急管理等，对高速公路可能发生的突发事件加以科学地分类，进行事前危机识别，并以一体化的处置流程，建立全方位、全天候的突发事件防控机制，做好应对风险和突发事件的思想、预案准备、机制准备和工作准备，坚持防患于未然。

应急指挥调度系统是利用高科技设备、技术，建立以道路感知、问题防控和事件处置为中心的知识库，将应急预案进行程序化，实现预防、预警、指挥、调度、协调、信息自动处理的功能。在应对急突发事件时，可根据事先编制的预案与决策，对各相关信息进行自动处理，迅速调动高速公路管理部门、各路段管理处和控股公司的人力、物力资源及相关社会资源，实现信息高效互通、联动，确保指挥人员与执行单位、人员的高效互动，使各单位、各部门高度协同，达到快速反应的目的，并能全程跟踪记录，在事件结束后提供相关记录资料，以及时对应急预案进行检讨改进。

上述高速公路的主动交通管控措施都有助于提高高速公路的安全性、通行效率和服务质量，为驾驶人提供更好的出行环境。

4.5.2　高速公路交通态势分析

交通态势指的是当前的交通状况和情况。它通常涉及道路、交叉口或特定区域内的车流量、拥堵程度、行驶速度等信息，以及可能影响交通的因素，如事故、施工、天气等。

高速公路交通态势分析是通过收集、监测和分析高速公路上的交通数据，以获取当前的交通情况并进行评估。

1）高速公路交通态势分析流程

高速公路交通态势分析主要包括交通数据采集、数据处理与分析、交通指数计算、交通态势预测及数据展示与发布等步骤，交通态势分析流程如图 4-37 所示。

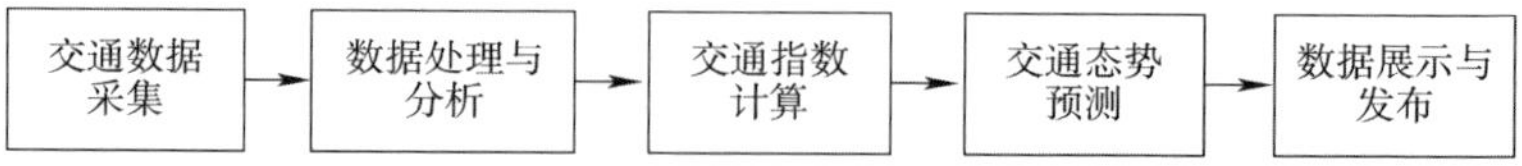

图 4-37　交通态势分析流程

(1)交通数据采集。利用交通监测设备(如传感器、摄像头、电子不停车收费系统等)收集高速公路上的交通数据,包括车流量、车速、车道利用率、交通事故等信息。

(2)数据处理与分析。对采集到的交通数据进行存储、整理和处理,运用数据挖掘、统计分析等方法提取有用的信息,如交通状况、拥堵程度、瓶颈路段等。

(3)交通指数计算。基于交通数据的分析结果,计算交通指数来评估当前交通状况的好坏,常见的指数包括拥堵指数、通行速度指数等。

(4)交通态势预测。通过历史数据,利用模型预测方法对未来一段时间内的交通状况进行预测,如预测拥堵路段、高峰时段等,为交通管理和出行决策提供建议。

(5)数据展示与发布。通常借助实时路况地图、交通信息发布平台等途经将交通态势分析的结果以可视化的方式呈现给用户,帮助驾驶人和交通管理部门更好地了解交通状况。

2)高速公路交通态势分析参数

进行高速公路交通态势分析时,可以考虑以下参数:

(1)交通流量。包括单位时间内通过某个路段的车辆数量或车辆密度等指标。通过实时监测和统计,可以了解道路上的交通流量情况,判断是否存在拥堵情况。

(2)平均速度。衡量车辆在高速公路上行驶的速度。根据车辆平均速度的变化,可以评估交通流畅程度和行车条件。

(3)拥堵指数。用于衡量交通拥堵程度的指标,可以根据车辆密度、平均速度等参数计算得出。拥堵指数越高,表示交通拥堵程度越严重。

(4)车道利用率。指车道使用情况的比例,即实际使用车道与总车道数之间的比值。通过监测车道利用率,可以了解车道的负荷状况和交通流分布情况。

(5)边界流量。指高速公路某一入口或出口处进或出的车辆流量,反映交通流向和路段的负荷情况。

(6)旅行时间可变性。指同一路段在不同时间段内的平均旅行时间差异程度。可通过计算不同时段内的平均旅行时间来评估交通流量的变化和交通运行的稳定性。

(7)路段占有率。衡量某个路段上车辆占据的道路空间比例,可以反映拥堵程度和车辆密度。

(8)交通事故频率。统计在一定时间内发生的交通事故数量,用于评估交通安全情况。

以上参数均可用于对高速公路交通态势进行分析和评估,帮助交通管理部门做出相应的决策,优化交通组织和资源配置,提升交通效率和安全性。

3)高速公路交通态势分析技术

如今的高速公路交通态势分析多借助大数据分析、人工智能以及车联网技术等新兴技术进行。

(1)大数据分析。

现如今道路交通态势分析通过采集高速公路的交通数据,如车流量、平均速度、时间、天气等,并运用大数据分析技术对交通态势进行分析和预测,为交通管理部门提供决策参考。具体应用于以下方面:

①数据采集与存储技术。包括车辆探测器、视频监控、无线通信、传感器等设备的应用,能够高效地采集和存储大规模的交通数据。

②数据清洗与预处理技术。由于交通数据往往存在数据噪声、异常值和缺失值等问题,需要借助数据清洗和预处理技术进行数据质量的提升和缺失值的填补,以确保后续分析的准确性和可靠性。

③大数据分析与挖掘技术。通过应用大数据分析与挖掘技术,如数据挖掘、统计分析、时间序列分析等方法,对大规模的交通数据进行处理和分析,抽取出有用的模式、趋势和规律。这些技术可以用于交通流量预测、拥堵预测、事故预警等任务。

④可视化技术。通过可视化技术将庞大的交通数据转化为图表、地图等形式,并结合交互式操作,使得用户可以直观地理解和分析交通态势。可视化技术可以用于实时交通监控、态势展示和决策支持等方面。

⑤跨领域融合与协同分析技术。将交通数据与其他领域的数据(如天气数据、车辆识别数据、社交媒体数据等)进行融合,通过交叉分析和协同分析,挖掘出更深层次的信息。

借助采集、存储、清洗、分析和可视化等大数据分析技术,能够帮助交通管理部门更好地了解和应对交通拥堵、安全等问题,提高交通运行效率和安全性。

(2)人工智能。

在高速公路交通态势分析中,运用人工智能的具体技术如下所示:

①机器学习。通过训练模型,使计算机能够从大量数据中学习到交通模式、趋势和规律。可以应用监督学习、无监督学习和强化学习等机器学习方法,对交通流量预测、拥堵预测、事故预警等任务进行建模和预测。

②深度学习。深度神经网络是一种强大的人工智能技术,可以适用于图像识别、视频分析和语义理解等领域。在高速公路交通态势分析中,可以利用深度学习方法处理传感器数据、视频监控数据,进行车辆识别、流量监测和事件检测等任务。

③自然语言处理。通过自然语言处理技术,可以处理文本数据,如交通警报、社交媒体上的交通信息等。可以应用文本分类、实体识别、情感分析等方法,从海量的文字信息中提取有关交通态势的关键信息。

④图像处理与计算机视觉。利用图像处理和计算机视觉技术,可以对监控摄像头拍摄的交通场景进行分析,包括车辆检测、车辆跟踪、交通流量统计等。这些技术可以为实时交通监控、拥堵预警和事故处理提供支持。

综上所述,人工智能在高速公路交通态势分析中发挥着重要作用。通过深度学习、自然语言处理、图像处理和数据挖掘等技术手段,可以实现对交通态势的准确分析、预测,提高交通运行效率和安全性。

(3)车联网。

运用于高速公路交通态势分析的车联网技术主要包括以下几个方面:

①车载传感器技术。将安装在车辆上的传感器通过车载通信设备与网络连接,收集车辆的实时状态信息,如车速、位置、加速度、制动状态等。

②GPS 定位技术。利用全球卫星导航系统(GPS)确定车辆精确的位置信息,结合时间戳和车速等数据,可以实现车辆轨迹的记录和分析。

③无线通信技术。利用移动通信网络(如 4G、5G)或车载自组网技术,将车辆采集到的交通数据实时传输到交通管理中心或相关平台,以供分析和监测。

④车辆间通信(Vehicle-to-Vehicle,V2V)技术。通过车辆间的无线通信,实现车辆之间的实时交流和信息共享,如实时路况、交通事故警报等,提高驾驶安全性和交通效率。

⑤车辆与基础设施通信(Vehicle-to-Infrastructure,V2I)技术。将车辆和道路基础设施(如交通信号灯、路侧单位)进行通信,获取道路信息和交通控制指令,提供实时导航、路线推荐等服务。

上述车联网技术可以实现车辆之间、车辆与基础设施之间的信息交互和数据共享,从而提供准确、实时的高速公路交通态势分析,为驾驶人和交通管理部门提供决策支持和交通服务。

4.5.3 高速公路交通流向分析

交通流向一般是指车辆在道路上的运动方向。了解交通流向对于交通管理和规划非常重要。

高速公路交通流向分析指的是对高速公路上不同方向上车辆流动情况进行研究和评估的过程。通过收集和分析交通数据,了解高速公路上车流量的来源、目的地以及车辆在不同方向上的流动规律。这种分析可以揭示交通流向的变化趋势、高峰时段和低谷时段等信息,有助于管理部门制定交通管理措施、优化交通组织和资源配置,提高交通效率和减少拥堵。

1)高速公路交通流向分析流程

高速公路交通流向分析主要包括下述步骤如图4-38所示。

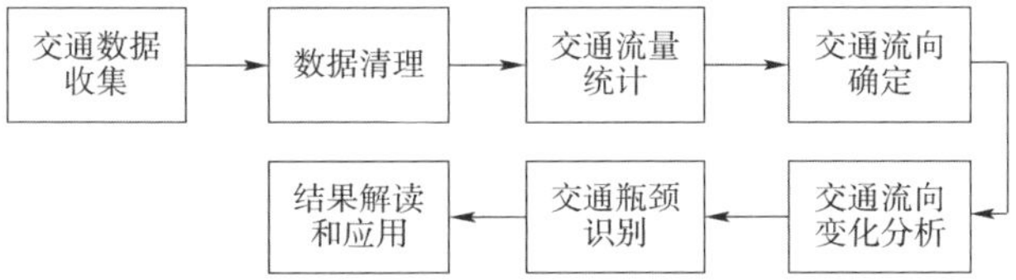

图4-38 交通流向分析流程

(1)交通数据收集。收集与高速公路交通流相关的数据,例如车辆计数器记录、GPS数据、交通调查问卷等。

(2)数据清理。对采集到的数据进行清洗和整理,去除异常值、缺失数据等,使数据具备一致性和可用性。

(3)交通流量统计。根据收集到的数据,分析不同时间段、不同方向上的交通流量。可以统计每个进(出)口道路的车流量、车型分布等信息。

(4)交通流向确定。通过统计分析,确定各个进(出)口道路的主要交通流向,即车辆的来源和目的地。可以借助统计方法、图表和地理信息系统等工具进行可视化展示。

(5)交通流向变化分析。对不同时间段、不同天气条件等因素下的交通流向进行比较和分析,找出交通流向的变化规律,并评估对交通运行的影响。

(6)交通瓶颈识别。通过交通流量和流向数据,识别出可能存在交通瓶颈的区域或关键路段,即交通流动受限制的地方。这有助于管理部门制定改进措施和优化交通组织。

(7)结果解读和应用。对分析得到的结果进行解读和评估,为交通规划、资源配置和交通管理等方面提供决策支持。根据分析结果,制定相应的交通治理策略,以提升交通效率和用户体验。

上述步骤并非为固定步骤,具体的流程和方法可能会根据实际情况和需求而有所变动。此外,在进行“交通流向分析”这一步骤时,还需要结合实际数据和专业知识进行综合判断和分析。

2)高速公路交通流向分析参数

在对高速公路的交通流向进行分析时,需要考虑一些重要的参数和指标,如下所示:

(1)车流量。统计高速公路不同入口与出口之间的车辆通过的数量,可以得到各个方向上的车流量。通过分析车流量,可以了解高速公路某一方向上的车辆密度和交通负荷情况。

(2)出入口流量。对每个高速公路出入口进行流量统计,可以了解某一特定方向上车辆的进出情况。通过比较不同出入口流量的变化,可以判断交通流向的相对密集程度和方向变化。

(3)时间段分析。将一天分成若干时间段,分别统计每个时间段内的车流量和速度等数据。这样可以研究不同时间段内高速公路交通流向的变化,如高峰时段、低谷时段等,并据此制定相应的交通管理措施。

(4)平均车速。监测高速公路上车辆的平均行驶速度,可以评估交通畅通程度和拥堵情况。较低的平均车速通常与交通拥堵相关,而较高的平均车速表示交通流畅。

(5)事故发生点。分析高速公路上事故发生的位置和频率,可以揭示可能存在的交通安全隐患或瓶颈区域。这有助于采取相应的交通管理和预防措施。

(6)路段流量分布。通过绘制高速公路各路段的车流量热力图或流向图,可以直观地展示不同路段上的交通流向情况。这对高速公路的规划、设计和扩建提供了重要参考。

在对高速公路的交通流向进行分析时,以上参数和指标的综合运用可以帮助理解高速公路上的交通状况,优化流量分配,改善路段拥堵,提高整体通行效率和交通安全性。

3)高速公路交通流向分析技术

现如今进行高速公路交通流向分析时,通常采用以下技术:

(1)车牌识别技术。利用摄像头和图像处理算法对过往车辆的车牌信息进行自动识别和记录。通过汇总和统计车牌信息,可以了解不同方向上的车流量,从而分析交通流向。

（2）GPS 定位技术。借助全球定位系统（GPS），获取车辆位置信息并实时上传到服务器。通过收集并处理车辆轨迹数据，可以绘制车辆运行热力图，揭示不同路段的交通流向和拥堵情况。

（3）移动网络数据分析。通过移动网络提供商获得手机用户的位置信息，结合地理信息系统（GIS）技术和大数据分析，可以估计不同道路上的交通流量，推断交通流向。

（4）道路感应器。在高速公路上设置感应器，例如电磁感应线圈或压力传感器，用于检测车辆通过时的参数变化。通过感应器数据的分析，可以判断车辆的流向和流量情况。

（5）空间数据挖掘。运用空间数据挖掘和机器学习算法，分析历史交通数据和其他相关数据源，以寻找交通流向的潜在模式和规律。

上述技术或多或少存在一定缺陷，因此一般结合使用，经过交通数据采集、处理和分析等步骤，实现对高速公路交通流向的准确分析。

4.5.4 面向高效安全运行与精准个性服务的高速公路智慧运营平台设计

1）系统需求

车辆安全感知及预警技术缺乏整合，系统结构与技术架构缺乏层次化与集成化设计。亟须从系统整体角度出发，构建营运车辆监管与安全运营平台以及车路融合监管与安全运营系统、车辆风险评估分级和预警系统、高速公路全息交通感知与智慧运营系统等子系统。

2）"云-边-端"一体化云平台搭建

针对高速公路"云-边-端"支撑平台薄弱问题，基于"云-边-端"的车路融合监管和安全运营体系，深入研究"云-边-端"多级架构下的感知、决策、控制等相关任务的合理分布及云端和边缘节点一体化协同机制，基于容器、微服务等主流技术框架，构建"云-边-端"一体化云平台，如图 4-39 所示。

3）"云-边-端"数据来源

（1）路侧数据。

①视频感知。

②交通流感知。

③交通事件感知。

④交通环境感知。

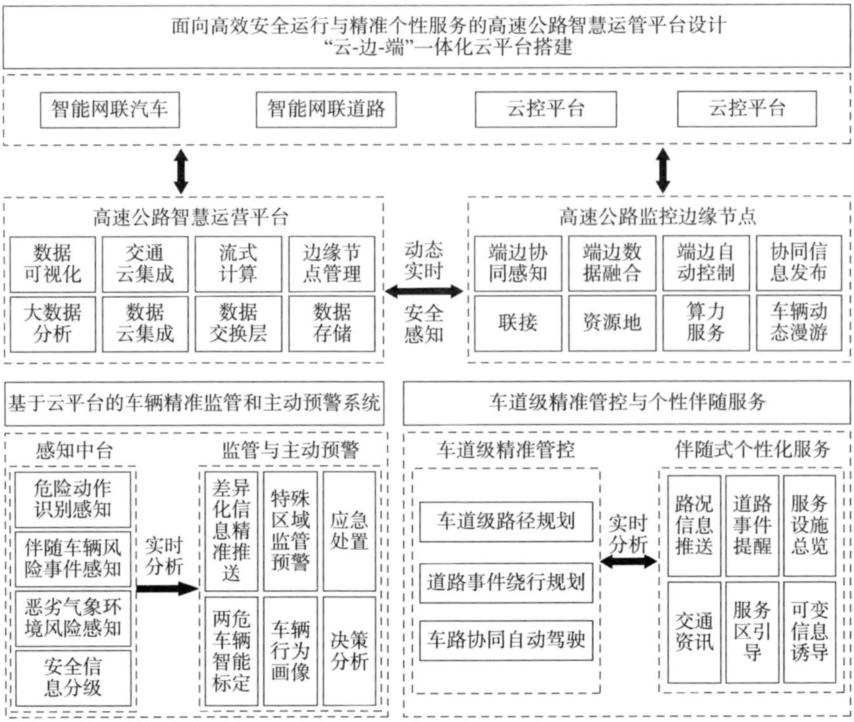

图 4-39　高速公路智慧运营平台设计图

⑤设备设施感知。

(2)公共基础数据。

①机电设备。

②基础设施数据。

4)基于云平台的车辆精准监管和主动预警系统

考虑到驾驶人危险行为的多样性和不确定性，基于视频 AI 分析技术，实现边缘端的实时检测与识别，利用云端的大数据深度挖掘学习分析驾驶行为，并结合“两客一危”车辆的危险动作高效识别模型，实现车辆由被动式转为主动式预警。针对“两客一危”车辆的周边车辆风险事件，以视频为基础、雷达为辅助，利用 FPGA 的可重构特性，采用雷摄一体化技术，实现周边车辆毫秒级风险事件自动检测及面向路侧单元的实时预警，同时通过 5G 技术向中心系统推送信息。

在恶劣气候环境动态感知方面，系统以视频为基础，结合道路上布设的降雨、降雪、结冰传感器实现“两客一危”车辆风险全息感知，及时警示司乘人员，同时中心系统通过感知中台获取到的数据进行风险评估与预警,实现移动端个性化伴随服务。

采用软件开发中的重用技术,将边缘端的实时检测、数据驱动、事件驱动相结合,解决异构多源数据融合和场景之间的不匹配问题,构建基于车路协同的公路安全信息主动预警系统,实现向车辆推送差异化安全信息分级警示与信息的功能。针对行车事件的成因多样性与因素广泛性,对高速公路智能人、车、路、环境等要素全面、实时、无缝感知,实现一体化协同服务。

5)车道级精准管控与个性伴随服务

车道级精准管控采用北斗高精度车道定位技术,实现复杂交通环境下动态车辆精准亚米级定位,结合高精度地图,精准呈现车辆所在位置及运动轨迹,为车道级导航、运营车辆管理等场景提供精准的位置服务。管理精度从“道路级”升级为“车道级”,不仅需要同时具备高精度连续稳定定位和车道级高精地理信息平台的支撑,还需要具备全息可靠感知的能力。

借力高速公路上已部署的可变信息标志、广播设备以及警示灯等设备,同时在隧道、桥梁、连续弯道、急弯、事故易发路段、湿滑路段、长下坡路段、服务区、互通立交桥等高危区域布设传感器设备,采用窄带物联 NB-IoT 技术,结合 AI 技术进行基础设施和环境的智能化检测及联动,中心平台系统可以通过网口、串口等设备协议进行通信,也可以对特殊区域进行电子围栏标定,当车辆经过这些区域时,通过智能路侧感知终端和边缘计算服务器实现对危险路段的全息信息感知,并为车辆提供安全辅助预警,变被动安全为主动安全,为非网联车辆提供施工预警、交通事件、安全预警、提醒等信息,使驾驶人提前获取道路状态信息,提升事故多发路段的安全行驶能力,避免人、车的二次伤害。

在高速公路部署诱导设备进行预警诱导信息服务的同时,开发基于微信软件的伴随式小程序信息服务系统,系统采用轻量、可靠的移动端 Vant 组件框架,采用 MIT 开源协议,为驾乘人员提供了伴随式个性化信息服务。

4.6 高速公路智慧隧道及数字孪生技术

4.6.1 高速公路智慧隧道

1)智慧隧道面临的问题

近年来,伴随“新基建”风口的来临,智慧隧道在智慧高速建设浪潮中成为行业热点。对智慧隧道的大力建设起源于国家对智慧高速的大力支持。自2010年以来,国务院、国家发展改革委、工信部等多部委陆续印发了支持、规范智慧公路行业的发展政策,各省市也随之陆续发布了相关发展目标。隧道是高速公路的重要组成部分,成为智慧高速建设中的核心环节之一。但由于此前智慧隧道的建设先例较少,因此各地的建设标准和要求各异[13]。2018年,交通运输部划定了9个智慧公路试点地区,为智慧高速的建设按下了快进键,智慧隧道也遍地开花。目前,北京、上海、山东、浙江、江苏、四川、新疆等多地的高速公路中均已启动智慧隧道的建设,部分项目已建成投入使用,随着智慧隧道的建设和使用,也面临着诸多问题[14]。

(1)智慧隧道在建设中存在只注重新技术、高端设备的使用,忽略设备的相融性、实用性。一些项目为了追求舆论噱头,盲目堆砌高端设备、新兴技术、系统平台,忽略了需求导向和问题导向,部分设备和功能成为“鸡肋”。

(2)各子类系统处于各自分立、没有整合的状态,且未形成实时联动。隧道场景中的设备极其复杂,包括照明、通风、指示标志、监控、检测、消防等方面设备,尽管很多设备已实现智能化,但设备与设备之间产生的数据不能互联互通,难以支撑设备之间的智慧调控。

(3)部分隧道系统保障体系的稳定性差,缺乏科学、合理、可操作性强的应急预案。在极端条件下,如供电、通信等基础系统的稳定性无法保障,导致信息的采集、分析和传输无法实现,整个系统失去牢固地基,瞬间倾覆。

(4)行业缺少成熟的方案供推广,还处于盲人摸象阶段。尽管近年来不断有建成案例,且各地建设方案也有趋同趋势,但仍然缺少标准规范的指导,尚未形成可供全行业推广的成熟方案。

(5)隧道与普通道路环境相比存在较大的差异。隧道环境构造比较特殊,处于狭长地带,较为封闭,隧道内无应急车道、无白昼黑夜,这些特殊性对交通安全造成影响。

(6)隧道内发生事故的严重程度高于普通路段。在运营管理中应更加注重对交通拥堵、隧道火灾、违法变道、交通事故、行人入侵、车辆逆行、路面抛撒、停车占道、非机动车检测等场景的高效预测与处置。

(7)由于隧道内的业务场景复杂,存在“数据孤岛”,各个数据呈现离散化,难以支持高效决策。

(8)隧道运营安全相关监管机制体系尚不完善,交安、监控等设施损坏后维护不及时。

(9)目前,隧道内人工巡查基本以事后特情处置为主,缺乏对洞内“两客一危”重点车辆实时监控,无法实时识别交通风险及评估交通安全态势,并采取对应措施。

2)智慧隧道技术

(1)隧道火灾检测。

公路隧道结构封闭,交通量大,一旦发生火灾,就会产生极大的危害性且逃生困难,所以火灾自动报警探测器必须做到可靠、先进且具有高灵敏度和极低的误报率的特点,这样才能立足于防患未然,及时早期自救。

选择火灾检测探测器的基本原则是不仅要对隧道温度变化进行有效的数据分析,还要确保在事故发生时有快速、可靠的反应与报警,确保预防为主,做到万无一失。一般隧道的火灾检测设备为双波长红外火焰探测器,长度超过3000m的特长隧道,增设感温光纤火灾报警探测。

隧道火灾检测报警系统主要由隧道管理站监控室消防报警监控工作站、隧道变电所火灾报警控制器,信号处理器、避雷器、隧道内双波长火焰探测器、综合盘(内置输入模块、指示灯等)、手动报警按钮及信号线缆、传输光缆、24V电源箱等构成。

火焰探测器安装于隧道侧壁消火栓箱旁,隧道内按照40m间距布设。火焰探测器利用火的特定波长,及火焰闪烁频率判定火灾。火焰探测器不受隧道内风速影响,响应速度快、报警精度高,主要用于检测明火。报警信息通过屏蔽线缆以特定总线方式传输至变电所火灾报警控制器,火灾报警控制器接受并处理手动报警按钮、火灾报警综合发回的报警信息,并具备对报警信息和故障信息的记忆功能,可直接显示系统的工作状态和火灾报警信号。

感温光纤探测器沿隧道中心顶部挂设,性能稳定,主要用于检测高温无明火有烟的情况。探测器和信号处理器可对隧道中各点信号进行及时而准确地采集与处理。隧道内的感温光纤探测器通过单模通信光缆将火灾探测信号传至隧道口变电所内的信号处理器,信号处理器通过协议模块与火灾报警控制器相连,将数据汇至火灾报警控制器,火灾报警控制器与信号处理器通过交换机将信号上传至监控分中心火灾报警计算机。

同时,在各变电所内设置烟感、温感探测器。烟感、温感探测器信号使用屏蔽双芯线连接到火灾报警控制器或者隧道内综合盘。

隧道火灾检测系统包含系统采集和系统联动功能。

①系统采集功能。

隧道管理站火灾报警计算机应具备采集和处理火灾报警信息的功能,并在工作站计算机屏幕上显示火灾报警的状态信息，如报警地址、时间、报警类型等，同时自动记录和存储。

②系统联动功能。

系统应具备与视频监控子系统的联动功能，当发生火灾时，视频监控子系统提供报警地址、时间，闭路电视监视子系统自动将故障地点处的摄像机监视画面显示在相应的大屏幕投影屏或工作站显示器上，监控系统根据情况提供控制方案，经人工确认后再进行发布。系统同时具备与消防救援机器人的联动功能，当检测到火灾报警信息时，联动消防救援机器人赶赴现场巡检，待值班员经其他手段确认后再进行救援、灭火。

（2）智慧管控。

针对在隧道运营和管理过程中遇到的实际问题如积累了大量的设施、车辆、运行、管理、环境等信息，但对数据的开发和利用不够；缺少主动安全预警与控制诱导的智能化手段，对异常事件发生时的交通组织与快速救援效率不高；交通事件只知关联关系，不知因果，以及多系统孤岛式运行，难协同等问题，可以通过采集前端设备数据进行融合计算分析，实现全天候、全要素隧道运行状态监测，辅助管理人员及时掌握隧道运行状况。根据隧道内实时交通状态执行主动管控策略，注重事前主动预防，激发道路运能，提升应急处置能力，以达到隧道内的安全高效运营目的。

从车辆、断面、路段、路网 4 个层级，在隧道内采用速度和谐、动态车道分配、极端天气响应、动态车距诱导等手段进行安全管控，采取拥堵响应处置、匝道控制等手段进行效率管控，为管理方提供可视、可控、可处置的管理平台，为出行者提供及时有效的信息服务。整合电子监控、事件检测、照明控制、风机控制等九类机电设备系统。系统可通过 PLC 控制各个子系统，制定多套隧道应急管控预案，包括隧道内车辆故障、隧道施工、隧道火灾、危化品泄漏等应急管控预案。同时，对隧道监控、应急处置、安全监测、节能损耗、资产养护等全方位业务统一管理，打破各自系统之间的阻隔，实现数据和资源的有效整合、联动、协调。通过隧道风险识别、风险主动管控、应急协同联动、智慧管控平台等实现安全、提质、稳流和均量的管控目标。

（3）低碳节能。

高速公路隧道的高能耗、尾气排放造成的环境污染问题越来越受到运管部门的关注，而隧道的通风是运营管理费用中最大的日常开支之一，也是智慧隧道实现低碳运营的关键。

隧道内的通风系统可通过数据采集、分析、联动、报警、管理一体化系统，实现对尾气排放等内部环境状况的实时监测；与风机进行联动控制，实现隧道中废气含量过高时风机自动启动通风；与烟感设备进行联动预警，当发生火灾等灾害时及时调度救援力量到达现场。通过遥测、遥调、遥信、遥控、遥传功能，实现精细化管理，节能降耗的同时，也可在灾害发生时安全高效处置。此外，为打通各系统的关联性，实现平台一体化操作，还可通过高速公路隧道智能管控平台，在监控系统中实现对照明、通风等各类机电设备的统一控制。

（4）隧道智慧养护。

隧道养护是隧道运营的重要板块，直接影响隧道内通行质量和安全。近年来，部分隧道通过使用巡检机器人解决养护过程中的人力成本高、作业效率低、隐蔽工程养护难、设备维护不及时等问题。

隧道巡检机器人沿隧道拱顶或边墙纵向布置轨道，根据轨道上固定标记结合机器人旋转编码器实现精确定位。将隧道进行网格化区域划分，并利用视觉相机，拍摄每一个网格内的隧道衬砌图像，并基于机器学习算法实现自动识别和检测衬砌裂缝、掉块、渗漏水等表观病害，及测量病害的形态特征参数，结合基于新的结构安全评价方法进行分级评价，完成结构安全评价。还可对路面上出现抛洒物、掉落物或路面发生积水等可能会影响行车安全的情况进行实时排查和提醒，对隧道内拥挤程度、堵点等交通状况进行实时监控，实现隧道内高频率、全覆盖养护和监测。

除从智慧管控、智慧防灾、低碳节能、智慧养护四大方向出发，通过信息化技术解决智慧隧道的难点、痛点外，近年来飞速发展的新技术手段也为隧道智能化运营和管理提供了更广阔的思路和途径。

①AI 感知技术。

以雷视融合、AI 感知技术、大数据等核心技术为基础，通过大量真实样本训练，让 AI 感知系统达到应用级别。同时融合 GMM、Yolo 和 ResNet 等思想设计深度网络检测目标物体，对目标进行分类和定位，结合交通流模型等交通行业相关技术，有效进行交通事件及交通流检测。AI 感知技术可解决隧道内远端小目标识别和跟踪效果差、车辆被部分或者完全遮挡后容易跟踪失败、目标检测因飘框问题影响车辆跟踪等实际问题，实现隧道智能化监测、预警、预防重大交通事故、交通态势感知的目标，全面保障隧道安全运营。

②多重感知功能与无间隙监测。

通过全方位覆盖的毫米波雷达、高清摄像及光栅传感器等智慧设施，对包括隧道在内的高速全路段实现无间隙监测，对人、车、道路、环境精准感知，对异常停车、大雾天气等交通异常事件进行识别、智能决策和精准发布。通过以上方式,可实现隧道内的智慧运维、智慧照明、智慧管控、智慧收费等多项功能,智慧灯杆集成的气象雷达功能则可自动调节路灯开闭状态。

③ETC 技术。

通过 ETC 多波束雷达、大数据以及人工智能技术对在隧道通行的车辆进行画像,对高危车辆进入隧道通行实施事前管控、全过程监控、事后快速反应及时处置的标准化操作流程,可提高隧道的安全通行水平,有力保障隧道交通安全。

4.6.2 高速公路数字孪生技术

围绕高速公路数字化、网联化、智能化的要求,提出数字孪生高速公路建设方案。所谓数字孪生高速公路,就是在高速公路的管理、运营、养护阶段,通过各种传感器监测尽可能精准地获取高速人、车、道路、设备设施的状态和运行情况,然后建立准确的物理模型,进行分析、挖掘、预测、推演,并以此结果引导干预高速公路的运营,然后以引导干预的结果进行评估、并不断改进模型,使其更贴合物理世界,提高其预测和推演准确率,使得虚拟和现实交相辉映,成为共同进化的孪生智能体,达到减少高速公路的养护和运营支出、减少高速公路拥堵和危险事故的发生,提升高速公路通行能力,提升高速公路安全水平,提升高速公路智能化管理水平。

数字孪生高速公路旨在解决高速公路的智能养护和智慧运营的问题。需要场景和资产的数字化技术,设备的网联化以及智能化。数字孪生方案是结合地图、大数据、AI、物联网、仿真等方面的技术优势,为智慧交通打造的整体解决方案,如图 4-40 所示。它包含数据融合模块、三维重建模块、感知模块、微观交通仿真模块、感知融合模块、孪生展示交互模块、信息发布和上报模块。为高速公路管理和运营客户提供场景数字化、交通智能监控、预测分析、智能控制优化等功能,助力其全面感知高速公路的运行状态,更高效、科学、精细化地管理高速公路,提升高速公路的通行能力,提升其服务水平。

数字孪生高速的整体架构如图 4-40 所示。

1)三维重建

整合在高精度地图制作采集、三维重建、深度学习、游戏建模等方面的技术,制定一整套的三维重建方案。

(1)数据采集。

通过配有专业采集设备 GPS/北斗、IMU、Camera、Lidar、轮速计的采集车到高速公路进行数据采集,能满足高速公路的高精地图采集,保证地图采集数据的绝对精度和相对精度。外业采集的数据包括行车轨迹、图像、激光点云等数据，拥有车道线、路沿、护栏、路灯、交通标志牌等信息。在采集过程中，采集员需实时监控采集情况，不断确认采集设备是否正常工作，并且需要根据天气和环境情况来选择不同的摄像头参数。采集的数据经过数据自检、复制、备份后，进行回传，待数据入库检查无误后，保存至外业原始资料库。若数据自检和入库检查的过程中发现数据有问题，需进行补充采集。

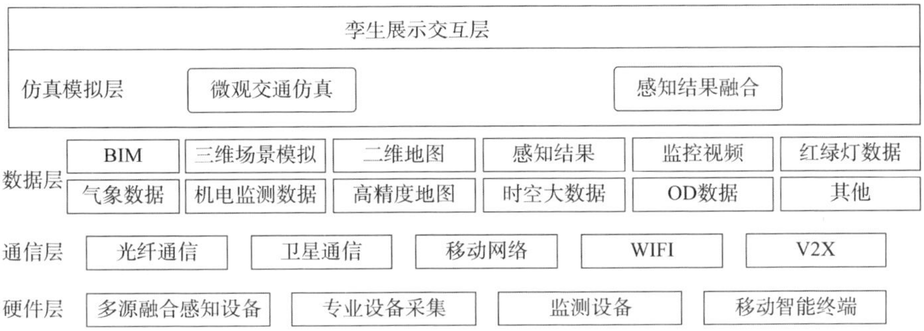

图 4-40　数字孪生高速整体架构图

(2)场景的制作。

场景的重建通常有两种方法，一种是基于三维重建的方法，就是对采集的图像或者点云，生成带真实纹理贴图的网格；另一种是采样游戏制作的方法，美工先制作一个个的模型组件，然后再对照现实照片进行摆放。上述两种方法都有非常明显的优缺点，前者采用真实的纹理贴图，因而具有非常高的逼真度，但是它的纹理网格非常的大，仿真系统采用的游戏引擎难在对其进行渲染时，无法达到满足要求的帧率；其次，由于采用真实的纹理，没有材质信息，无法对其增加光照，因而无法模拟不同的天气变化；最后，其是一整个网格，不具有语义信息，因而也满足不了提供真实值进行验证的仿真功能。后者采用游戏制作的方法，能够通过控制模型的精细程度，使其满足渲染的需求，同时也自带语义信息，能够满足真值仿真的需求，但是它也具有两个缺点，首先是纹理由美工绘制而成，真实度上有一定欠缺，其次，通过手工一个个进行摆放速度非常慢并且不够准确。

针对以上问题，结合高速公路的场景简单，组件类型相对较少，重复利用率高，但是摆放工作量巨大等特点，三维重建提出建立模型库 + 自动摆放的高速静态场景自动化生成的技术路线。首先，使用专业采集车收集原始的点云和图像数据；然后，通过深度学习技术，对采集的数据进行自动识别，提取场景中每一类元素的属性(类别、位置、尺寸大小、朝向等)，生成参数化场景描述文件；最后，根据参数化的场景描述文件的信息，将模型库中的组件进行调整摆放，实现静态场景的自动化生成。

①模型库的建立。

针对高速场景出现的元素特点，将其分为面对象、线对象、点对象和多边形对象四大类，针对类别需要制作相应的模型或材质球。面状物体包括：道路、车道线、地面等。这些可以通过高精度地图的车道线和边缘线或者从点云上提取边界线，自动生成格网来实现，因而模型库中只需做出相应的材质球即可。线状物体包括：挡光板、隔离带、隔离墩、隔音墙、路栅栏、边坡挡墙、其他护栏等，这些可以通过从点云中提取相应的点云拟合曲线，然后将模型沿着线的走向摆放来实现，因而模型库中需要制作一小段限制模型。点状物体包括树木、灯杆、龙门架灯杆类，路牌指示牌、红绿灯、建筑类以及其他物件，可以通过从点云中分割提取其位置、朝向、尺寸等信息，然后进行摆放，因而模型库中需要做出相应的树、杆等组件模型。多边形对象包括：绿化带、地植等，可以通过点云中提取其边界、类别和密度，然后进行随机摆放，因而模型库中要制作地植材质球和单颗灌木即可。

②模型库中组件的命名规范。

为了便于检索，与参数化文件能够自动对应起来，必须将组件的命名统一规范起来，一般采用“模型类别—类型—颜色—区域”的格式，比如白色左转箭头，其属于道路面状设施，是静态模型（用 SM 表示），因而其命名为 SM—Arrow—Left—White—Beijing。通过此命名方式，从点云中提取箭头时，识别出是白色的左转箭头，提取出箭头的位置和朝向，便可以检索到此组件，摆放到相应的位置和朝向。如此建立起一一对应，便可自动生成场景。

③参数化信息提取。

采用基于深度学习的点云语义分割方法从这些数据中提取需要的信息进行场景的参数化描述。关于点云的分割，传统的方法是先分割出地面，然后采用欧式距离聚类方法进行分割，对每一种元素设计一种处理方法。这种思路适用于元素比较少并且彼此之间区分性比较大时，但是当其元素增多时，之前设计的方法可能就不再适用，因为其可扩展性比较差，并且其方法准确率难以提高。而高速的静态场景重建，涉及的元素比较多，并且类型比较复杂，因而采用传统的方法，难以达到满意的效果。为此采用适合点云卷积的深度学习语义分割算法，我们对需要生成场景重要的元素，分为五大类 30 个小类进行标注学习。

④后处理过程。

a. 地面。基于高精度地图中的车道线以及边缘线可以生成三维路面网格，根据车道线以及高速路规定的车道线宽度可绘制出车道线网格，对各部分指定模型库中的材质球进行处理，便可得到真实路面。

b. 线状物体。如隔离带、路缘石等线状分布的，将语义分割后的点云投影到二维平面拟合曲线，根据数字高程模型（Digital Elevation Model，DEM）得到曲线上每个点的高程，从而得到三维曲线，然后根据其相对于中心线的位置，判断其走向。最后从模型库中找到对应的组件进行摆放。

c. 树木。乔木和灌木，在场景重建时，乔木是一个个的点对象，灌木则是面对象，因而对语义分割后的乔木的点云进行基于高程信息的 CHM（Canopy Height Model）数据聚类分割，得到每一颗树的位置、大小、高度等参数化描述信息，对灌木则根据 Alpha-Shape 算法求出其包围的多边形，然后人工指定类型进行摆放。

d. 标志牌。分为标准牌和指路牌以及广告牌等，可将点云聚类分割后投影到图像，然后在图像上分别进行处理，可以很容易地识别出标准牌类和非标准牌类。对于标准牌类，直接在模型库中找到其对应的模型即可；对于非标准的牌类，则可以通过光学字符识别（Optical Character Recognition，OCR）算法识别其上面的文字及相应的位置，进行自动绘制；对于复杂的标志牌也可直接人工绘制。

e. 杆类的处理。聚类分割后，可以轻易地识别出其高度、方向等参数化信息。而后对模型库中的杆类组件进行采样，通过模板匹配，可以识别出杆类的细分类别。由于采集车扫描到的点云可能不全，也可将其投影到图像上采用图像分类的方法进行识别，进而得到类别信息。此外也可以根据杆子相连的牌子信息，推断杆类的类型和粗细等信息。

f. 对其他物件，可通过点云提取尺寸位置等信息，类别信息可通过模板匹配进行识别或者投影到图像上进行分类，进而求出其类别等描述信息。

g. 对于收费站、服务区等建筑，由于其比较少，再加上扫描不全，因而人工建模更合适。

经过以上后处理过程，便可得到场景各元素的参数化描述信息。进而自动摆放各元素组件，便可生成整个高速公路的场景。

（3）多源数据的融合。

基于采集车点云和图像生成的模型往往只有道路及两边宽度范围很窄的模型。这在视觉上给人一种断裂感，为了弥补这种缺失，采用 DEM 叠加卫片的方式来生成更大范围内的三维实景。具体就是以 DEM 数据生成网格，然后将相应位置的卫片作为纹理映射上去，生成三维实景。由于能够获取的 DEM 和卫片通常分辨率也不会特别高，比如 DEM 通常在 75m 或者 50m，卫片最大可到 0.5m。其生成的三维实景和三维模型存在对不齐的问题。因此也需要解决两个精度不一致的数据如何融合的问题。对于此问题统一的解法就是骨架变形技术。可以使用分支控制单形的几何变换,并通过几何变换能量函数的全局优化求解确定网格顶点变形后的位置。用该方法求解骨架变形问题,可保证网格变形结果与变形的骨架保持紧密一致,克服了硬改变局部关系的错乱问题。

图4-41显示了DEM叠加卫片生成的实景和三维重建场景采用骨架变形技术融合到一起的效果。

图4-41　多源数据融合高速重建效果图

2)感知模块

数字孪生引擎需要准确测量道路要素与交通流。使用单一传感器进行全天候测量存在其局限性,视觉传感器产品成熟度高,纹理信息丰富,算法研究广泛,然而检测识别容易受到光线、天气等因素的影响,成像质量较差时无法保证目标识别率。毫米波雷达受光照和天气的因素影响小、稳定性高,测距距离远精度较高,但是毫米波雷达分辨比较低,对金属比较敏感,识别性能比较差,且不能够识别目标的特征信息。激光雷达使用三维点云来表示建模环境表面,测量位置准确,但是容易受到雨、雪、雾霾等天气的影响。此外,高昂的成本与使用寿命有限也限制了激光雷达的普及。多传感器融合将各种传感器进行多层次、多空间的信息互补和优化组合处理,最终产生对观测环境的一致性解释。融合过程充分利用多源数据进行合理地支配与使用,利用多个传感器相互协同操作的优势,进而提高整个传感器系统的感知能力,以实现更精确、更丰富的道路信息全天候全天时的感知。

在高速场景中,使用人工智能方法对视频数据进行处理与分析,实时检测车辆在图像中的位置和大小,并区分车辆类型与颜色。然后对不同的车辆进行持续性追踪，以得到其完整的行驶轨迹，结合毫米波雷达所探测的距离与速度信息，关联得出每辆车的空间位置、行驶速度与航向。若感知系统中还搭载了激光雷达，需要使用人工智能技术对三维点云进行处理与分析，识别其中的车辆等，在时间维度通过多帧之差的平移差进行速度估计。融合各传感器的输出，产生对车辆的一致性估计结果，并结合高精度地图可进一步实现车道级定位及历史轨迹追踪。

感知模块整体框架如图4-42所示。

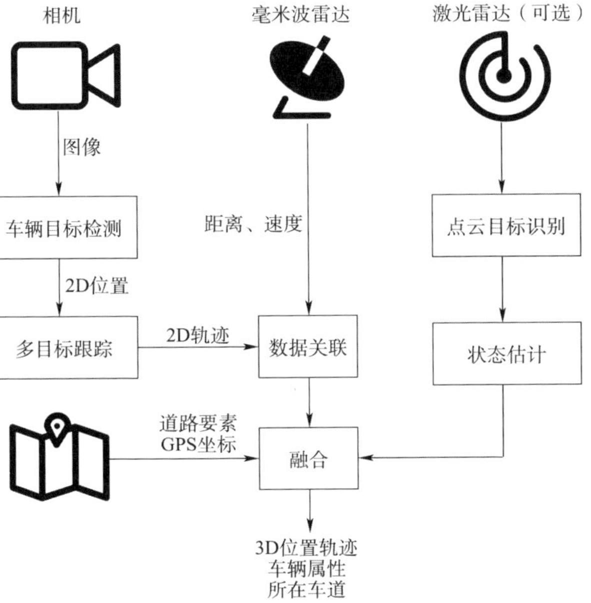

图4-42　感知模块整体框架图

本章小结

本章以高速公路行车环境为基本点出发，从道路、恶劣天气、特殊事件、交通流、动态管控等角度阐述高速公路行车安全监测预警措施。在道路方面针对路面、路基、边坡以及道路线形进行监测预警，对道路进行实时监测；恶劣天气监测预警方向则主要集中于降雨、降雪、雾天及冰冻天气，并简要介绍智能融冰除雪技术，对恶劣天气进行实时监测；在交通流方面则主要介绍其监测方法，并且在道路、恶劣天气及交通流3个方面分别在其各自监测参数介绍的基础上构建监测预警模型。

特殊事件的监测预警指标则聚焦于交通事故、交通事件、自然灾害、公路抛洒物方面。高速公路动态管控则从主动交通管控、交通态势分析及交通流向分析这三方面分别进行阐述，搭建了面向高效安全运行与精准个性服务的高速公路智慧运营平台。最后则主要介绍了高速公路智慧隧道及数字孪生技术。

本章参考文献

[1] 吴哲成. 基于视觉信息的高速路面状态检测技术研究[D]. 北京：北京工业大学，2020.

[2] 蒲建华. 高速公路边坡监测及信息管理系统应用研究[D]. 成都：成都理工大学，2014.

[3] 王金祥，赵树恩，杨其芝，等. 基于博弈论组合赋权 TOPSIS 法的汽车碰撞危险态势评估[J]. 科学技术与工程，2020，20(8)：3315-3322.

[4] 田华，吴晓峰，蔡岗，等. 交通管制天气风险预警和对策[M]. 北京：气象出版社，2019.

[5] 郁健. 高速公路天气监测、事件预测及专网系统应用研究[D]. 南京：南京大学，2018.

[6] 鲁岳. 驾驶人、车辆、道路和环境组合影响下城市道路驾驶压力负荷和交通事故分析及预测方法[D]. 广州：华南理工大学，2021.

[7] 王炳炯. 高速公路监测预警系统的应用[EB/OL]. (2022-09-26). [2023-05-08]. https://mp. weixin. qq. com/s/JH03eVNEbFXSTfO83yXAEw.

[8] 李华，李卫海，孙志刚. 激光检测技术在高速公路养护中的应用[J]. 中国标准化，2018(12)：203-204.

[9] 中华人民共和国应急管理部. 应急管理部发布 2022 年全国自然灾害基本情况[EB/OL]. (2023-01-13)[2023-05-08]. https://www. mem. gov. cn/xw/yjglbgzdt/202301/t20230113_440478. shtml.

[10] 刘震东. 车联网环境下城市应急车辆优先通行协同控制方法[D]. 长春：吉林大学，2022.

[11] 杜威. 智能交通数据质量控制关键技术研究[D]. 南京：东南大学，2017.

[12] 肇毓. 基于多源异构大数据融合技术的路网运行监测预警平台[J]. 中国交通信息化，2022(6)：96-99.

[13] 前瞻经济学人. 重磅！2022 年中国及 31 省市智慧公路行业政策汇总及解读(全)[EB/OL].(2022-03-06)[2023-06-28]. https://baijiahao.baidu.com/s?id=1726530128104203075&wfr=spider&for=pc.
[14] 拓维信息. 公路信息化知多少(二):交通新基建提速,开源鸿蒙助力隧道升级[EB/OL].(2023-03-31)[2023-06-28]. https://baijiahao.baidu.com/s?id=1761847136675375761&wfr=spider&for=pc.

CHAPTER 5　5

高速公路危化品运输安全保障与应急

危险化学品运输车辆因为装载了大量易燃易爆或有强烈腐蚀性的危险品，一旦发生事故，不仅施救难度高，对道路通行影响大，更可能对事故现场的人员及周边环境带来严重危害。而在高速公路上危险化学品由于车辆速度较快，一旦发生事故，后果会更加严重。

危险化学品，是指具有毒害、腐蚀、爆炸、燃烧、助燃等性质，对人体、设施、环境具有危害的剧毒化学品和其他化学品。危险化学品的运输也因为其易燃易爆的特点，在运输过程存在一定危险性。依据《危险货物分类和品名编号》(GB 6944—2012)，按危险货物具有的危险性或最主要的危险性分为九大类：爆炸品、压缩气体和液化气体、易燃液体和易燃固体、自燃物品和遇湿易燃物品、氧化剂和有机过氧化物、毒害品和感染性物品、放射性物品、腐蚀品、杂类(医废和危废)。

本章内容以 LNG 为例说明高速公路危险化学品运输安全保障与应急的处理。

5.1 危化品运输监测

在危险化学品运输事故中，由于车辆碰撞与倾覆而导致的事故损失占据较大比重。因此，应在危险化学品运输过程中监测车辆姿态和加速度这两组运行状态，从而判断是否可能发生碰撞或倾覆事故后再考虑其他因素。同时，在危险化学品运输过程中，需要通过各种传感器和摄像头等设备监测车内人员状态(驾驶人、押运人)、车辆运行参数、危险化学品运输过程状态、外部环境状态等信息。

5.1.1 危险化学品状态监测

1)储罐压力

储罐内压力通常是运输人员最关心的参数。以 LNG 为例，由于其超低温特性(0.1MPa，-160℃)，在储运过程中，储罐内部流体与外界环境之间存在较大的温差，导致储罐内部的 LNG 会吸收外界热量，使得 LNG 密度变小、膨胀或转变为气态，从而增加储罐内压力。当罐内压力过高时，会发生泄漏甚至爆炸的严重事故。一般情况下，LNG 储罐的设计压力为 0.8MPa，工作压力为 0.3MPa。

储罐压力主要通过压力传感器获得，而压力传感器(Pressure Transducer)是一种能感受压力信号，并能按照一定的规律将压力信号转换成可用的输出的电信号的器件或装置，其通常由压力敏感元件和信号处理单元组成。按不同的测试压力类型,压力传感器可分为表压传感器、差压传感器和绝压传感器(图5-1)。

根据所运输危险化学品的不同,应设置不同量程的压力传感器。如:LPG储罐设计压力一般为1.77MPa,且槽罐车运输一般不需要罐体外部绝热;压缩天然气(CH_4)设计压力一般为25MPa,液化天然气运输槽罐车外部要有绝热层。

2)气体浓度

LNG槽罐车的操作箱位于罐体尾部,其中含有机械压力表或液位表以及一些阀口管件。若保证罐体完整,各阀口是危化品泄漏的主要部位。因此,通常在操作箱内安装气体传感器检测操作箱内危化品的浓度。《可燃气体探测器》(GB 15322—2018)规定测量范围在3%~100%LEL之间的探测器,其量程上限应为100%LEL,低限报警设定值应在5%~25%LEL范围,如具有高限报警设定值,应为50%LEL。低限报警设定值可调节,应在5%~25%LEL范围内,天然气的爆炸下限为0.0802mg/L。

气体传感器是一种将某种气体体积分数转化成对应电信号的转换器(图5-2)。探测头通过气体传感器对气体样品进行调理,通常包括滤除杂质和干扰气体、干燥或制冷处理仪表显示部分。

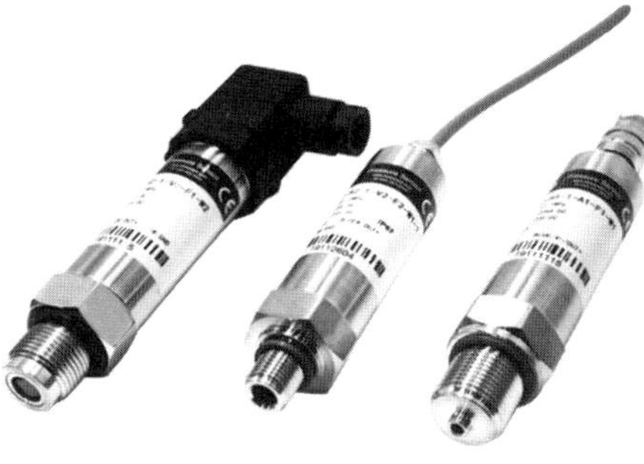

图5-1　压力传感器

图5-2　硫化氢气体传感器

气体传感器包括:半导体气体传感器、电化学气体传感器、催化燃烧式气体传感器、热导式气体传感器、红外线气体传感器、固体电解质气体传感器等。

气体传感器是化学传感器的一大门类。从工作原理、特性分析到测量技术,从所用材料到制造工艺,从检测对象到应用领域,都可以构成独立的分类标准,衍生出一个个纷繁庞杂的分类体系，尤其在分类标准的问题上还没有统一，要对其进行严格的系统分类难度颇大。在选取气体传感器时应保证如下特点。

(1)稳定性。

稳定性是指传感器在整个工作时间内基本响应的稳定性，取决于零点漂移和区间漂移。零点漂移是指在没有目标气体时，整个工作时间内传感器输出响应的变化。区间漂移是指传感器连续置于目标气体中的输出响应变化，表现为传感器输出信号在工作时间内的降低。理想情况下，一个传感器在连续工作条件下，每年零点漂移小于10%。

(2)灵敏度。

灵敏度是指传感器输出变化量与被测输入变化量之比，主要依赖于传感器结构所使用的技术。大多数气体传感器的设计原理都采用生物化学、电化学、物理和光学。首先要考虑的是选择一种敏感技术，它对目标气体的阀限制(Thresh-OldlimitValue，TLV)或最低爆炸限(Lower-Explosive-Limit，LEL)的百分比的检测要有足够的灵敏性。

(3)选择性。

选择性也被称为交叉灵敏度。可以通过测量由某一种浓度的干扰气体所产生的传感器响应来确定。这个响应等价于一定浓度的目标气体所产生的传感器响应。这种特性在追踪多种气体的应用中是非常重要的，因为交叉灵敏度会降低测量的重复性和可靠性，理想传感器应具有高灵敏度和高选择性。

(4)抗腐蚀性。

抗腐蚀性是指传感器暴露于高体积分数目标气体中的能力。在气体大量泄漏时，探头应能够承受期望气体体积分数10～20倍。在返回正常工作条件下，传感器漂移和零点校正值应尽可能小。

其中，气体传感器的基本特征主要通过材料的选择来确定。

3)液位

一方面，液位反映了危化品在储罐中的充满率，液位过高时储罐超载，容易发生泄漏事故，《液化天然气罐式集装箱》(JBT 4780—2002)规定LNG罐箱的额定充满率应不大于90%；另一方面，液位的波动反映了槽罐车运输的平稳性。

液位传感器(静压液位计/液位变送器/液位传感器/水位传感器)是一种测量液位的压力传感器(图5-3)。静压投入式液位变送器(液位计)是基于所测液体静压与该液体的高度成比例的原理，采用隔离型扩散硅敏感元件或陶瓷电容压力敏感传感器，将静压转换为电信号，再经过温度补偿和线性修正，转化成标准电信号。

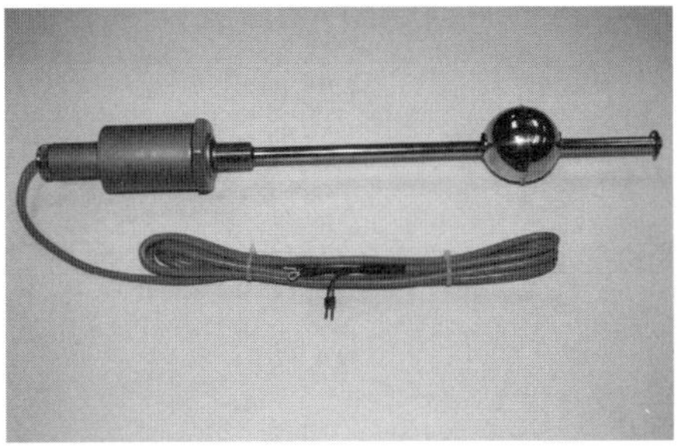

图 5-3　液位传感器

液位传感器共分为两类：一类为接触式，包括单法兰静压/双法兰差压液位变送器、浮球式液位变送器、磁性液位变送器、投入式液位变送器、电动内浮球液位变送器、电动浮筒液位变送器、电容式液位变送器、磁致伸缩液位变送器、伺服液位变送器等；第二类为非接触式，分为超声波液位变送器、雷达液位变送器等。

危险化学品运输过程中由于液位会随着车辆的行驶而变化，因此需要使用单片机对其进行相关处理，从而使其能够准确地显示液位波动及平均位置。

4）门开关

门开关是指操作箱口的开关状态，目的是为了防止非法人员开启操作箱口偷窃货品。

5）其他装置

罐车本身有一些安全装置，这些安全装置有些是通过传感器动作。以紧急切断阀为例，紧急切断阀又称海底阀或底阀，一般安装在罐体底部（图 5-4）。紧急切断阀可以在管路发生大量泄漏时快速关闭，紧急止漏。装卸过程中，紧急切断阀借助油压系统（按阀门驱动形式不同，也可能是气压系统）提供压力使阀门打开，当出现紧急情况时，通过远程控制系统打开油压（气压）紧急泄放装置卸掉压力，使紧急切断阀关闭，达到切断效果。

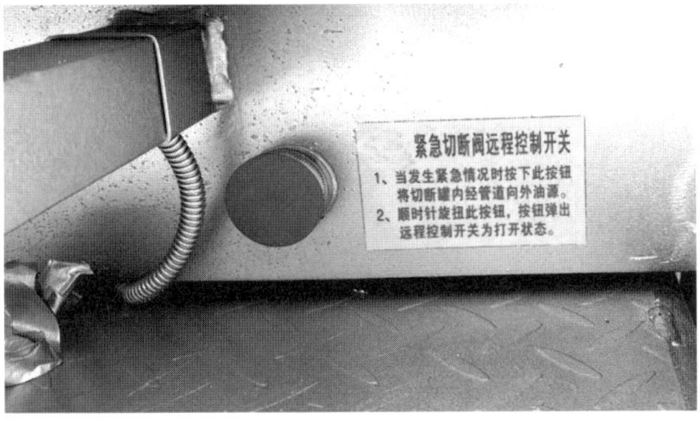

图 5-4　紧急切断阀

在非装卸时，紧急切断阀应处于闭合状态。如果液体危险货物罐体包含多个货仓，则应在每个货仓对应设置一个紧急切断阀。远程控制系统用于实现对紧急切断阀的远程操作，控制系统可以通过气动、液动或手动方式控制紧急切断阀的开闭。通常在罐车装卸操作箱附近和车身尾部（或驾驶室）会分别设置两组远程控制开关，因此，可通过传感器或远程系统来获得紧急切断阀的状态。

如果在作业过程中意外发生火灾，操作人员无法靠近罐车关闭紧急切断阀时，控制系统的动力管路中易熔金属融化，阀门动力断开，会自动关闭紧急切断阀。在《道路运输液体危险货物罐式车辆紧急切断阀》（QC/T 932—2018）中，易熔金属的熔融温度要求为75 ±5℃。

如果在装卸过程中发生管路破裂或其他大量泄漏的情形，紧急切断装置会通过过流切断来自动关闭过流阀，实现切断功能（图5-4）。过流阀的工作原理是在液化气流速过大时，在过流阀的上下会产生一个压差，流速越大压差也就越大。当压差大于过流阀小弹簧推力时，过流阀可以自动关闭，从而防止液化气大量外流。

5.1.2 环境参数监测

1）温度

环境温度是很重要的环境参数，可使用温度传感器（图5-5）来测量。LNG储罐的保冷系统不可能保证罐内液体与外界环境处于完全绝热状态，因此，外界环境温度越高，罐内压力升高越快。数据显示，夏季是危化品道路运输事故的高发时期。《LNG罐车操作规程》规定，当环境湿度达到40℃时，应配备遮阳设备或冷水喷淋降温设备。

2）湿度

环境湿度影响气体的扩散，可使用温度传感器（图5-6）进行测量。研究表明，在一定范围内随着湿度的增加，LNG泄漏而发生爆炸事故的严重程度随空气相对湿度的增加而增加。

图5-5　温度传感器

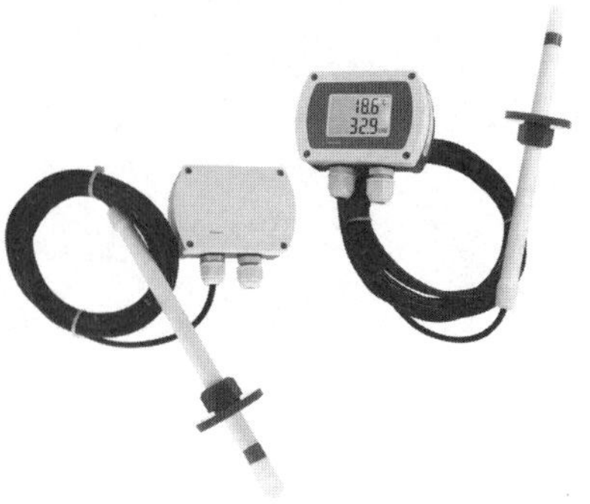

图5-6　湿度传感器

5.2 危化品运输事故应急救援

应急处置是面对突发事件时所采取的紧急救助措施。一旦危险化学品运输事故发生,对事故性质及其发展趋势的精确把握,合理的应急资源调度和第一时间采取有效应急处置措施,可以防止事故进一步扩大。

当突发事件发生时,采取科学合理的应急处置可以有效遏制事故进一步恶化,从而降低事故对人员、财产及环境造成的危害。而突发事件的风险评估也为事故后的应急处置提供了理论基础,确保救援的科学性。

5.2.1 危险化学品泄漏事故应急救援基本原则

危险化学品泄漏事件具有突发、传播速度快、影响途径多、影响范围大这些特点,所以,遇到紧急救援时必须要应采取“预防为主,防救结合”的原则,要事先做到预防准备为主要,迅速且就近处置的方式,听从上级指挥,不断分级做到自己该做到的任务。采用科学的方法以及措施,加强各部门之间的合作关系。如果事故已经发生,一定要快速地查明泄漏物质的种类、浓度、污染范围和潜在危害,然后迅速采取相应的措施来进行控制。要突出重点,区别对待,有针对性地进行,以降低事故的损害。

5.2.2 危险化学品泄漏事故应急救援的基本任务

(1)对突发事件的风险进行及时的控制是紧急情况下的第一要务。只有对其进行及时的控制,避免其进一步扩大,才能及时有效地进行救援。

(2)在紧急情况下,救助灾民是一项非常重要的工作。在紧急情况下,要保证做到及时有效地对现场伤亡人员进行救治,并且做到及时将伤亡人员转移到安全领域。这些是减少人员损伤程度,有效降低危险事故发生概率的关键。

(3)引导群众进行自我保护和疏散。由于突发事件蔓延速度快,所以要及时引导、组织群众采取多种保护措施,迅速撤离有潜在危险的区域,并组织群众在疏散过程中进行自救、互救。

(4)对事故地点及时进行打扫,消除事故造成的影响。对于由事故所产生的有毒有害物质,以及对人类和环境造成威胁的物质,应立即组织人员进行清除,防止危险事故再次发生。

(5)查明事故的起因并估计危害程度。事故发生后,要对事故的成因、性质进行初步的调查,对其影响范围、危害程度进行评估,确定人员伤亡,以便对事故进行详细的调查和处理。

5.2.3 危险化学品应急救援特点

危险化学品泄漏扩散应急预案的特点如下。

(1)综合性。应急预案的内容应包含安全与防污,其对策包括消防安全、泄漏处理、医疗急救和污染处置。

(2)科学性。由于事故的种类、大小、天气情况、复杂环境等,对危化品泄漏事故的波及范围及规模有着重要的影响。运用科学的方法和计算机技术对危化品运输事故危害进行评价,是制订和执行应急预案的先决条件。在确定应急措施的范围和事故影响范围的基础上,确保了各项措施的实施效果,避免了人力、物力、财力的浪费,使事故的损失最小化。

(3)代表性。由于各种化学物质的种类繁多,其特性不同,因此,目前还没有对每个化学事件的危险进行评价的条件。所以,有必要通过适当的甄别来识别评价目标。

(4)可操作性。化学意外事件通常都是突发性事故,往往会造成较大人员伤亡和财产损失。因此,在总体规划中要做到预测、评估、组织、通信、应急设备、应急保障措施,能够准确、有效地执行,并达到人们所预想的结果。

5.2.4 危险化学品应急救援步骤

有效开展应急处置需要对事故信息、气象条件及周边环境有着较高的了解程度,而危险化学品运输过程以泄漏事故最为严重,以危险化学品运输泄漏事故为例开展应急处置,通过对此类事故资料调研和收集,其处置过程主要包括以下步骤:

(1)侦测检查。

主要是需要确定遇险人员位置数量、救援路线、事故所处地理区域特点和环境布局。通过这一步掌握现场实际基本情况。

(2)警戒疏散。

主要根据现场情况设置警戒区域,同时疏散无关人员。

(3)安全防护。

主要配备个人防护用品,并保障救援安全。

(4)冷却稀释。

主要是稀释驱散危险化学品。

(5)抢险堵漏。

主要是确定泄漏口的部位、形状和压力,根据运输介质确定堵漏方法和堵漏工具。

(6)现场导罐。

主要是消除电位差,并根据地理区域和环境布局进行现场导罐。

(7)吊装运输。

主要是采用水枪、泡沫防控点火源形成,最后进行吊装运输。

(8)清场撤离。

主要是撤离现场人员,并对装备和场地等进行洗消。

5.3 危化品运输事故后处理

建立完善的防范机制,以便实时监测油罐的状况,并针对泄漏的不同状况,制订相应的应对方案,以确保在发生泄漏时能及时获得有效处理。

(1)现场人员应急处理。

比如,在油罐压力骤减、易燃易爆气体报警、可疑煤气泄漏等情况下,必须配备两个人,戴着氧气面罩,拿着青铜扳手,从上风口看风向,确定是否存在危险。如果发现易燃易爆的毒气泄漏,应向消防队报告,并在当地搜寻是否有毒物;在工地周围设置了一条安全的防线,并安排专门的人员带领消防队进行处理。

(2)设立事故现场指挥部。

一旦发生危险化学品泄漏,按照相应的反应系统等级和实际情况,在风口区建立一个安全控制点,并与隔离区有一段距离,以配合相关单位进行应急处置。

(3)危险区域的划定及人员疏散。

检查人员会依据现场地形地貌、风向风速等因素,快速将危险区进行分区,准确判断出致死区、重伤区、轻伤区、感知区,并对危险气体的扩散密度进行实时地更新,并根据危险气体的分布状况,将危险地区内的人员撤离,并将其转移至安全地带,由专业医护人员进行救治。

(4)控制泄漏源。

一旦发现泄漏点,工作人员就会立即采取措施,防止泄漏事故的恶化发展,阻止意外发生,为营救工作创造一个安全的条件。当容器泄漏时,可以通过安全阀门向火炬释放,从而减少泄漏。采用捆扎法或橡皮塞式充气装置进行瓶塞式或向其他罐体内通入。

(5)降低气体浓度。

减少泄漏气体的含量可以有效地控制泄漏事件的严重性,在低密度地区,使用关闭阀门以阻止泄漏继续扩散,在高密度地区使用喷水和灭火水枪来稀释泄漏的瓦斯。

(6)事故后处理。

当泄漏的情况被有效地控制后,应立即进行彻底地清理,采用清洗、吸收、通风、吹气等方法,或者使用化学药剂和有害气体进行化学反应,将现场的污染转移到污水提升池中,以免污染周围的环境。

整个应急救援过程须在现场指挥部指挥协调下有条不紊地开展,救援人员能力素质要求较高,严格按照要求佩戴防护装置进行救助,洗消工作全面彻底开展,全方位控制事态严重发展,降低经济损失。

5.4 危险化学品运输车辆事故应急预案

5.4.1 LNG 车辆运输事故应急处理原则

1)应急预案基本概念

应急预案是为保证在重大事故或灾难发生时,能够快速、有效地进行应急救援工作,从而减少事故所带来的损失。预先制定指的是在对危险进行辨识和评估的基础上,对应急组织机构的人员及职责、救援行动、物资装备的调配等方面预先做出的具体安排。

2)应急预案的作用和意义

重大事故应急预案的编制是应急救援准备工作的核心内容,应急预案的编制可以保证有效、及时、有序地开展应急救援工作。应急预案在应急救援中的重要体现在以下几个方面:

(1)确定了应急救援的范围和体系,为企业提供了应急工作的依据。

(2)应急预案的制定有利于做出及时的应急响应,降低事故后果。

(3)成为城市应对各种突发重大事故的响应基础。

(4)当事故情况严重,超出城市范围内的应急能力时,便于与省级和国家级应急部门进行及时的协调。

(5)有利于提高全社会的风险防范意识。

3)应急处理的原则

(1)以人为本,安全第一原则。将保护人的生命财产安全,预防和减少突发事件作为首要任务。

(2)统一领导,分级负责原则。生产单位要从上至下,逐步落实安全生产责任制,建立健全突发事件的应急管理机制。

(3)依靠科学,依法规范原则。要充分运用现代科学技术,充分发挥专业技术人员的作用,按照行业安全生产规定,规范应急救援工作。

(4)预防为主,平战结合原则。认真贯彻落实安全第一,预防为主,综合治理的基本方针,坚持应急与预防相结合的原则。保证应急预案的科学性、权威性、规范性和可操作性。

5.4.2 应急预案的体系

生产经营单位在生产过程中,为保证有更好的安全生产环境,实现事故发生时应急行动的快速、有序、高效性,应以坚持"安全第一、预防为主"、"人身安全、环境保护优先"的方针,贯彻"常备不懈、统一指挥、高效协调、持续改进"的原则,根据有关法律、法规和标准,结合本单位的组织管理体制、生产规模和可能发生事故的特点,科学合理地制定适合本单位的应急预案体系。

(1)综合应急预案。

综合应急预案是应对各类事故的综合性文件,主要阐述应急原则、组织机构及相应的应急职责、应急行动、措施和保障的基本要求和程序。

(2)专项应急预案。

专项应急预案是针对特定的事故类别、危险源和应急保障制订的计划或方案,或者是针对重要生产设施和重大活动的安全预防工作而制订的专项工作方案。

(3)现场处置方案。

现场处置方案是针对特定的场所、装置或者设施制定的应急处置措施。现场处置方案重点规范了事故风险描述、应急工作职责、应急处置措施和注意事项,应体现自救互救、信息报告和先期处置的特点。

5.4.3 综合应急预案

1)总则

(1)适应范围。

适用于企业LNG运输过程中突发事故的应急救援工作指导,为基层技术人员的应急工作提供依据。

(2)响应分级。

根据LNG运输中事故发生所能影响范围、危害程度、以及运输单位控制事态的能力,将LNG运输中突发事件的应急响应分为三级。

①一级应急响应:罐体发生泄漏、火灾和爆炸事故失控,运输单位无法控制的险情,属一级应急事件。

②二级应急响应:罐体发生大量泄漏并引发火灾,运输单位可以控制住的险情,属二级应急事件。

③三级应急响应:罐体发生可以控制的泄漏,运输单位利用现有技术、装备和人员可以处理的险情,属三级应急事件。

2)应急组织机构及职责

为加强对事故发生后的应急救援工作的领导,LNG运输单位应建立应急救援组织机构(图5-7),主要包括总指挥、应急办公室、现场指挥部和专家技术组。现场指挥部由警戒保卫组、抢险救灾组、通信联络组、医疗救护组、后勤保障组、善后工作组等部门所组成,单位主要责任人为总指挥。发生紧急情况时,要在总指挥的领导下,各部门有序地进行应急救援工作。应急救援组织机构如图5-7所示。

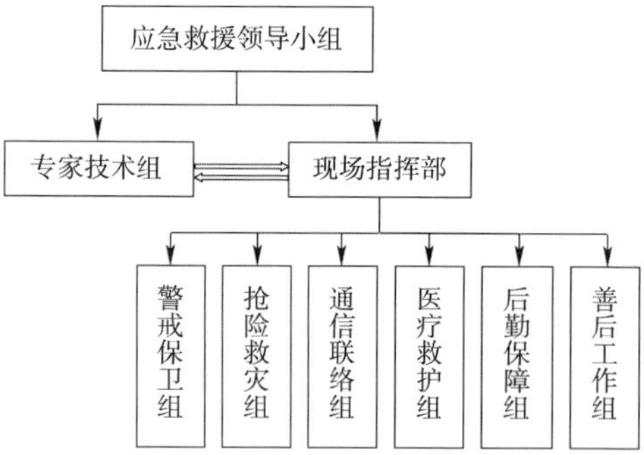

图5-7 应急救援组织机构图

(1)应急救援指挥人员的岗位职责。

应急救援领导小组组长应由企业法人或其委托的法人担任。应急救援领导小组要组织制订LNG罐车事故的应急救援预案。在事故发生后,及时进行人员和资源的调配,调动指挥应急救援队伍,确定事故现场应急总指挥,协调事故现场工作,批准应急预案启动和终止,并及时上报事故信息,负责保护事故现场有关物证和资料并且,随时准备接受政府的指示和调动,组织事故后应急救援预案演练工作。

(2)相关部门的岗位职责。

①应急办公室。

应急办公室主要负责应急救援领导小组日常工作的管理,监督检查各应急救援领导小组的资源配置和装备状况,记录事故报告。在发生事故时,接受现场总指挥的指令。

②现场指挥部。

现场指挥部的指挥人员要全面负责事故现场的工作,及时组织救援队伍,开展抢险救援工作,协调好事故现场的相关工作,做好事故的上报工作以及对事故现场周边单位的事故情况的通报,同时保护好事故现场。要协调好下设的各工作小组,明确各小组的职责分工及行动的任务,保证各工作小组程序的衔接。

③专家技术组。

负责现场的技术指导工作,对事故伤害系数和危害程度进行分析,为事故的应急救援提供一定的指导。

3)应急响应

(1)信息报告。

①LNG 罐车发生事故后,车辆的作业人员及时做好个人防护,立即关闭罐体进出口的阀门。作业人员要立即向企业应急办公室报告,并同时做好事故现场的监控工作。

报告的内容应包括事故发生地点、事故类型、装载介质吨位、事故车辆总吨位、所装运 LNG 类型、人员伤亡情况、周围环境情况、事故影响范围、报告人姓名这些方面的内容。

②接到事故报告后,企业应急办公室在确认事故后应立即报告应急救援领导小组。

③应急救援领导小组组长根据事故发生等级和事故可能发展趋势,确定应急预案的启动,任命现场总指挥,并组织实施应急救援行动。

④在确认事故后,运输单位根据事故的等级和事故发生的地点分别向 110、119、120 等有关部门和应急中心报告。在罐车运输途中发生事故时,罐车作业人员除向企业应急部门报告外,同时还应向以上相关部门进行报告。

(2)预警。

①预警启动

根据 LNG 事故发生后可能造成的事故严重程度,影响范围及可控性等内容,将预警等级划分为3个等级。

a.一级预警

LNG罐车在事故中发生LNG的轻微泄漏,经采取措施后事故可以得到有效控制和消除。

b.二级预警

由人为责任或其他外部原因引起的事故,导致LNG发生重大泄漏和燃烧,并能采取有效措施对事故加以控制。

c.三级预警

因人为责任或自身原因引起的事故,造成大量液化气泄漏和大面积燃烧,现场人员无法处理,并给社会和人民造成严重伤害,带来了一定的社会影响。

事故发生时,根据事故发生后的危险性分析,及时确定预警级别,进行相应的预警行动,做好预警工作,保证应急行动的及时进行。相应级别的预警等级所对应的预警行动见表5-1。

预警行动 表5-1

事故预警的条件	预警的方式、方法	信息的发布程序
罐车发生轻微泄漏	电话、呼叫	发现者(车辆工作人员)→应急办公室→部门负责人
罐车发生大量泄漏	电话、呼叫	发现者(车辆工作人员)→应急办公室→部门负责人→公司领导
大量泄漏、着火、爆炸事故	电话、呼叫	部门负责人→公司领导→社会救援

②响应准备

a.应急救援资源的准备:要考虑到对灭火装备、自身防护装备、救援工具装备、应急救援车辆、通信设备以及应急资金等相关装备和物资的准备。

b.应急救援人员的准备:要至少包括现场总指挥、安全技术或专家、罐车作业人员、堵漏抢险、警戒保卫、医疗救护、环境检测、通信联络等人员。

c.对于有关资源条件不具备的,企业应按规定与具备相关条件的单位或专业救援部门签订应急救援的协议,落实相关救助方案。

d.要根据自身条件和应急救援预案的要求,对需要的资源进行补充、准备。

③预警解除

现场总指挥根据各相关救援部门的报告,确定事故已经得到控制,可能产生的次生事故隐患得到了清除,现场的安全和环境恢复正常,即可解除预警。

(3)响应启动。

①中心人员和现场指挥人员要及时到达事故现场。各应急小组工作人员按各自的职责到达指定地点,做好相关工作。

②信息网络要保持开通。使救援系统中的各组成人员之间能够保持通讯畅通,可以实时掌握现场的情况。

③应急资源的调配。依据事故的不同级别调整并配备人员和物资,防止出现应急过程中资源的浪费或缺乏。

(4)应急处置。

①人员疏散与安置。

发生事故后及时对现场事故进行判定分析,确定事故类型以及事故可能发生的趋势。及时清点事故现场和危险区域内的无关人员,并按应急疏散路线转移,防止次生灾害造成损失。

应急疏散路线应坚持疏散路线最短的原则,节省疏散的时间,从而保证人员的安全。疏散时,人员密集区域人员应选择密集区域离安全区域最近的路线进行疏散;非密集区域人员,以附近人员成组形式垂直于危险区域边界(最短距离)的方向分别进行疏散逃生。

当预测事故扩大并会对周围环境造成影响时,要立即请求政府有关部门启动上级应急救援预案,并向外部请求援助,确保将转移的人员安置到安全场所。疏散时,人员应往上风向进行转移,在下风向的人员要做好相关防护措施。

②事故现场的警戒。

a. 救援抢救组到达事故现场后,首先需要进行泄露影响范围的评估,主要依据地形、风向、风速、罐车内 LNG 储量、人员密集程度和建筑物情况等因素,根据评估结果,在专家的指挥下,确定事故现场的安全区域和危险区域,并且根据事故现场的具体情况和发展趋势随时调整警戒区域。

b. 现场总指挥发出警戒指令后,设置警戒范围,进行交通管制。还要在危险区设置危险警示标志。警戒区内杜绝一切火源。

c. 当事故完全消除,事故现场勘查结束后,在下达解除指令后才可解除警戒区。

③医疗救护措施。

a. 受伤人员在医务人员的抢救后,要尽快送往医院进行治疗。

b. 当有中毒、冻伤人员时,要将其转移至安全区,由专业医护人员救治。

c. 当救助呼吸困难、出现休克和中毒人员时,抢救人员要穿防护服进入场地救助,并将其转移到安全区,进行治疗。

④环境保护措施。

各环保部门要及时组织事故现场的应急监测工作,制定有关方案,对周围环境进行保护。

⑤事故监控措施。

抢险救援组要及时检测现场气体的浓度和风向状态,判定事故是否得到控制或扩大趋势,并及时向总指挥报告。

⑥专家支持。

根据现场事故的实际情况,决定是否有必要邀请专家参与应急工作,为事件的应急处理提供指导。

⑦处理公共关系和救助的程序。

a. 在应急过程中,政府有关部门或应急救援组长应及时向事故发生地附近的有关单位和群众通报事故情况,做好警戒和疏散工作。

b. 媒体报道应按政府的有关规定执行。

c. 当事故有扩大的趋势或无法控制事故影响范围时,迅速报警,向政府有关部门或向已经协商好的其他企业的应急救援队请求紧急支援。

(5)应急支援。

一旦事故向不利方向发展,现场总指挥应迅速向上级报告,并要求上级支援和启动应急救援对策,同时积极采取防止事故扩大的措施。

(6)响应终止。

现场总指挥根据各有关救援部门的报告情况,确认事故已经得到控制,可能产生的次生事故存在的隐患也已经得到了清除,现场的安全和环境一切恢复到正常。经政府部门许可后,总指挥宣布应急救援工作结束,并撤离应急救援人员。

4)后期处置

对于 LNG 事故应急救援结束、事态得到有效控制之后,要进行后期处置的工作,其主要包括现场的清理和设施的恢复、解除警戒以及善后处理工作三方面的内容。

(1)现场清理和设施恢复。

应急结束后,在不影响事故调查取证的前提下,及时清理现场,防止次生污染的发生。

(2)解除警戒。

在现场勘测和现场清理完毕,应急救援行动宣布结束后,确保场地不存在危险的情况下,解除警戒,恢复现场正常秩序。

(3)善后处理。

在应急救援结束后,完成好相关善后工作,如及时救治伤员、进行相关赔付问题、做好对污染物的清理工作、恢复现场环境等。

5)应急保障

(1)通信与信息保障。

明确救援小组内各人员的通信方式,以便于各组内成员信息的传递;保障通信器材的完好,保证信息渠道的畅通;建立好信息通信系统及制定好维护的方案。

(2)救援装备和物资保障。

对于泄漏、火灾爆炸等事故的应急救援中所需的设备、设施和物资清单中的内容要明确、清晰,确保应急物资及时到达。同时,还要保证设备、物资经费上的支持。

(3)应急队伍保障。

明确事故应急响应中的人力资源情况,如明确企业专业应急队伍的组织与保障方案。

(4)其他保障。

①经费保障。

所用应急经费从安全费用中支出,主要用于应急方面的器材的维护和购置、应急培训和事故发生后的善后处理费用。应急专项经费由财务部门管理,不经批准不得用于其他方面。

②援助保障:明确援助机构或组织的名单及联系方式。

③专家保障:建立应急抢险专家库。

④援助保障:明确援助机构或组织的名单及联系方式。

⑤根据本单位应急工作需求而确定的其他相关保障措施。

5.4.4 专项应急预案

由于LNG的泄漏、燃烧和爆炸事故是其运输过程中的主要危险事故,且事故影响范围较大,因此,本预案主要针对于LNG运输过程中泄漏事故和燃烧爆炸事故进行制定。

1)适应范围

适用于指导生产企业对LNG罐车运输过程中事故应急救援工作,也适用于基层技术人员在进行应急工作时提供参考作用。

2)应急组织机构及职责

为了做好处置事故的组织和应对工作,成立应急救援小组如图5-8所示。

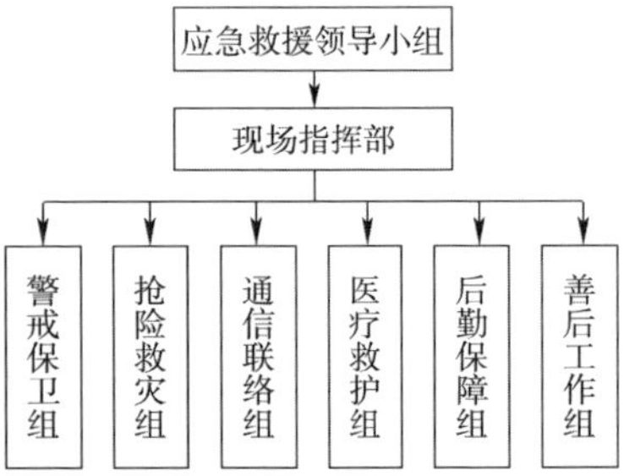

图5-8　应急救援领导小组构成

运输单位成立以公司负责人为组长的应急救援领导小组,下设现场指挥部和六个专业小组。主要职责如下:

(1)现场指挥部主要职责。

按应急救援领导小组的指示,做好现场的应急指挥工作,并根据事故的发展情况,对救援预案及时做好调整;确保对现场信息接收的及时、准确性;做好事故现场相关工作的上报;负责资源的调配工作;对事故应急处置中的相关资料进行收集与整理;确定事故情况是否符合应急终止条件,及时向上级做出请示。

(2)警戒保卫组主要职责。

负责事故现场的安全保卫工作,建立警戒线,限制人员车辆进入,还要负责对现场人员及周边人员的应急疏散,并按时清点、上报人数。

(3)抢险救灾组。

负责现场抢险抢修、紧急救援和现场事故情况监测工作。

(4)后勤保障组。

负责抢险救险、生产恢复、事件调查的后勤保障工作。

(5)通信联络组。

建立有效的通信网络,保障通信、联络的畅通性。

(6)医疗救护组。

负责现场受伤或中毒人员的应急处理,配合医疗部门转送伤员。

(7)善后工作组。

主要负责现场恢复工作,在应急事故结束并且确定无危险后,做好现场抢修、抢险工作,尽快对现场进行恢复。事后还要负责善后处理、评估事故损失等工作。

3)响应启动

(1)响应级别。

①一级应急响应:罐体发生的泄漏、火灾和爆炸事故,运输单位无法控制的险情。

②二级应急响应:罐体发生大量泄漏并引发火灾,运输单位可以控制住的险情。

③三级应急响应:罐体发生可以控制的泄漏,运输单位利用有技术、装备和人员可以处理的险情,属三级应急事件。

(2)应急启动。

①中心人员和现场指挥人员及时到达现场。各应急小组成员按职责要求到达指定地点,做好各自的工作。

②应急资源的调配。要按照事故发生的级别进行人力、物力资源的调配,防止资源的浪费和缺乏。

③信息网络要保持开通。以便各救援小组成员能通信畅通,实时掌握现场情况。

4)事故抢险程序

当出现泄漏、燃烧和爆炸事故时,应急抢险工作可按以下程序来进行:

(1)立即报警,无关人员及时离开现场。

(2)切断除消防水泵外的一切电源,熄灭所有火种。

(3)启动消防水泵,对罐体进行喷淋冷却。

(4)根据事故影响范围设立警戒区,在事故发生的下风方向设立大范围警戒区,并禁止无关车辆、人员进入。

(5)及时上报当地政府等有关部门和公司主要领导人。

(6)若只发生泄漏,立即查明原因,采取有效处理措施,防止进一步泄漏,及时对周边人员进行疏散,车辆疏散时要注意疏散的方法,以免引起着火爆炸。

(7)若泄漏引发燃烧,立即查明起火原因,立即用灭火器材扑救,防止因温度升高使罐体内压力急剧升高,引发爆炸,必要时要对罐体进行泄压。将人员、物资疏散到安全区域。

(8)LNG 在灌装、卸车过程中,如果出现大量泄漏、燃烧和爆炸事故时,立即关闭阀门,以免事故扩大。

(9)若无法控制事故,存在爆炸风险,应立即将人员、物资转移到安全区域。

(10)注意保护事故现场,便于后期事故的调查。

5)应急处置措施

(1)LNG 泄漏应急处置措施。

当 LNG 发生少量泄漏时,车辆作业人员应及时关闭阀门,尽可能得做一些预处理,并及时通知单位部门负责人。部门负责人根据现场事故具体情况决定是否启动应急救援预案。在事故中大量 LNG 发生泄漏时,或发现事故有失控趋势时,立即报警,向外部请求援助,同时要及时疏散事故现场及周边的人员。

(2)LNG 火灾应急处置措施。

①在应急领导小组组长的领导下,救援人员应在最短的时间内到达现场,向组长报道,接受任务,按照各自的职责和任务进行抢险救灾。

②设立临时指挥部及急救医疗点,并为保证救援人员和伤员的便于识别,要设置醒目的区别标志。

③警戒保卫人员要在事故发生后的第一时间内到达事故现场,及时确认现场的危险区域,划出警戒区域进行警戒,禁止车辆人员的进入。及时疏散现场和周边的人员,对通往事故现场的主要通道实施交通管制。

④罐车一旦出现火情时,立即在可能存在危险的区域内切断电源,消除一切点火源。为防止摩擦或撞击产生火花,可在进入危险区之前将地面用水喷湿,避免点火源的出现。作业时设备还要保持接地状态。

⑤事故发生后,必须严格保护事故现场,妥善保存现场的各种物证。

⑥为防止事故的扩大,在进行救援或疏散时,对现场情况所做出的改动需进行标记,并且要记录好现场实际情况。

⑦采取妥善措施,保护好与现场事故相关的记录、文件档案等资料。

(3)人员受伤处置措施。

通过信号、广播组织并引导群众进行疏散和自救。现场搜救伤员,并将伤员转移到安全区域,医疗救护队负责抢救和护理伤员。部门负责人要时时关注事故的发展趋势,发现事故情况有扩大现象时,向上级应急中心请求启动区域性应急预案,区域内共同进行事故的救援。

6)抢险救援结束工作

现场指挥人员根据现场的险情和事故的消除、解除情况,确认险情、事故已消除,通知各小组人员到指定地点集合,清点人数。各组长清点完毕后,向指挥人员报告本组人员情况(是否有伤亡)、任务的执行情况。现场指挥人员宣布救援结束,组织人员进行现场清理。

7)泄漏、火灾事故后现场的处理措施

(1)抢险救援结束后,现场指挥人员负责现场的善后工作处理。

(2)禁止将有毒有害的或具有污染性的泄漏物排进下水道中,用适当的器具将其收集,再集中处理。

8)应急保障措施

(1)通信与信息保障。

明确救援小组内各人员的通信方式,以便于各组内成员信息的传递;保障通信器材的完好,保证信息渠道的畅通;建立好信息通信系统及制定好维护的方案。

(2)救援装备和物资保障。

对于泄漏、火灾爆炸等事故的应急救援中所需的设备、设施和物资清单中的内容要明确、清晰,确保应急物资及时到达。同时,还要保证设备、物资经费上的支持。

(3)应急队伍保障。

明确事故应急响应中的人力资源情况,如明确企业专业应急队伍的组织与保障方案。

(4)其他保障。

①经费保障。

所用应急经费从安全费用中支出,主要用于应急方面的器材的维护和购置、应急培训和事故发生后的善后处理费用。应急专项经费由财务部门管理,不经批准不得用于其他方面。

②援助保障:明确援助机构或组织的名单及联系方式。

③专家保障:建立应急抢险专家库。

④援助保障:明确援助机构或组织的名单及联系方式。

⑤根据本单位应急工作需求而确定的其他相关保障措施。

5.4.5 现场处置方案

由于LNG的泄漏、燃烧和爆炸事故是其运输过程中的主要危险事故,且事故难控制,造成的影响也较大,因此本处置方案主要是针对LNG运输过程中泄漏和燃烧爆炸事故进行现场处置设计。

1)事故风险描述

基于对LNG的危险源辨识可以得知,LNG运输过程中的事故存在的主要危险有害因素有:LNG泄漏导致中毒窒息、火灾爆炸。

(1)中毒窒息。

LNG运输过程中,由于运输中存在的不确定性,可能会引发泄漏事故,而因LNG具有毒性,因此,泄漏后会对环境和人员的安全造成一定的影响。

事故特征及危险性如下。

①如果吸入体积分数高于9%的甲烷气体,会引起人的前额和眼部有压迫感,如果持续地暴露在甲烷气体环境中,会引起人的意识模糊和窒息。

②如果过量吸入体积分数大于40%的天然气会引起人的缺氧窒息。

③天然气的体积分数高于50%，对人体会产生永久性伤害。

④如果吸入冷的LNG气体，对人体的健康有害。

(2)低温冻伤。

罐车底部泄漏的LNG往往呈液态，处置时若皮肤接触液态LNG可引起人体皮肤的冻伤。

(3)火灾爆炸。

LNG具有易燃易爆性，在LNG发生泄漏时，其汽化后极易发生燃烧爆炸事故。

事故特征及危险性如下。

①在LNG泄漏时，易聚积在低洼处，当达到爆炸极限，遇明火、火花等火源时，会引起燃烧，甚至爆炸。

②LNG具有易燃易爆性，在泄漏后，LNG汽化后与空气混合，当达到爆炸极限时，存在点火源将引发爆炸。

2)应急工作职责

(1)应急组组长职责。

①根据事故现场的情况，应急组组长决定启动或终止处置方案。

②负责统一协调、指挥和领导各紧急情况及事故的应急处理工作。

③带领各组成员进行自救、互救工作。

④负责组织和联系外部救援力量与政府部门。

⑤负责组织物资的调配使用工作。

⑥负责应急信息、紧急情况的发布工作。

(2)成员职责。

①组长带领下开展自救、互救工作。做好现场警戒、医疗救护、确保现场物资保障等工作。

②尽可能采取措施控制事故，阻止事故的进一步加剧，从而减少事故带来的损失。

3)应急处置

(1)LNG泄漏现场应急处置措施。

①泄漏处置。

对于泄漏事故，及时对泄漏情况进行应急处置，防止泄漏扩大引发燃烧、爆炸事故。

a. 报警。

事故发生后，立即拨打报警电话，根据现场实际情况向政府部门报告情况。

b. 警戒区的建立。

根据地形、气象及事故现场的实际情况，确定出危险区域，进行警戒，实行全面戒严管理。及时撤离警戒区和周边的人员，禁止无关人员与车辆进入警戒区。

c. 人员疏散。

出现泄漏事故时，根据现场实际情况及时确定有毒气体扩散的区域，及时将人员转移到气体扩散范围以外的区域，防止人员中毒。

基于对疏散路径的模拟，得知泄漏时疏散人员主要以泄漏点处的水平线为分割线，向两边分别进行疏散，疏散距离选择距离危险边界的最短距离（垂直于危险边界），而人员聚集区主要按照以上原则以靠近危险边界的区域进行依次疏散。在上述疏散模拟情况的基础上，垂直于危险边界疏散时，通过计算可知人员可按照与风向（假设为正方向）大概成120°夹角的方向分别向水平线两边进行疏散，可以保证疏散时间最短。在实际情况中，可针对不同因素影响下的泄漏进行模拟计算，汇总成为表格，供应急救援时现场人员短时间确定大概危险区域，及时确定疏散方向提供依据。

d. 控制泄漏源。

在保证安全的情况下堵漏或翻转容器，避免液体漏出。如果管道发生破裂，可以用木楔、堵漏器或卡箍法封堵，然后用高标号速冻水泥覆盖法临时封堵。

e. 消除所有火种。

发生泄漏时，立即切断警戒区内的一切火种，避免燃烧爆炸事故的发生。现场救援所要用到的设备都要确保接地。在危险区域内进行喷水，防止与地面的接触时有火花出现。

f. 罐体掩护。

在安全距离内，对罐壁和泄漏点用水喷淋，以降低罐体温度和可燃气体的浓度。

g. 导流泄压。

在各流程管线状况良好的情况下，可通过出液管线和排污管线，将液态烃引入应急罐内，也可采用注水浮力法，将LNG的界面抬高至泄漏位置以上。

h. 控制蒸气云。

对于泄漏的气态LNG，可以通过将空气送到泄漏点的蒸汽带来冲散气体；对于液态的泄漏物，利用干粉进行覆盖，以防止LNG的进一步蒸发。

当警戒区内LNG浓度降低到爆炸下限的5%时，才能撤除警戒区。

i. 翻车起吊。

当车辆发生倾覆时，应至少同时使用两辆载重25t以上的起重车辆，以防发生二次事故。为防止油罐与地面发生碰撞,应预先将废旧轮胎放置在油罐可能倾覆的地方,防止罐体与地面发生碰撞。

j. 处置组织与现场监测。

组织有关救援组织如医疗救援队、民警和武警等在现场随时准备救援工作的开展。实时检测警戒范围内的气体浓度,做好随时进行人员疏散的准备。

②中毒处置。

基于泄漏风险描述可知,人们处于浓度在9%以下、40%~50%之间、大于50%三种情况下,受到的伤害是不同的。在事故发生时可根据此浓度危害程度划分,依据现场的实际情况得出不同浓度的影响范围,以便更好地掌握毒性气体的扩散情况,有利于应急救援。以泄漏孔径20cm为例,进行区域的确定,模拟结果如图5-9所示。

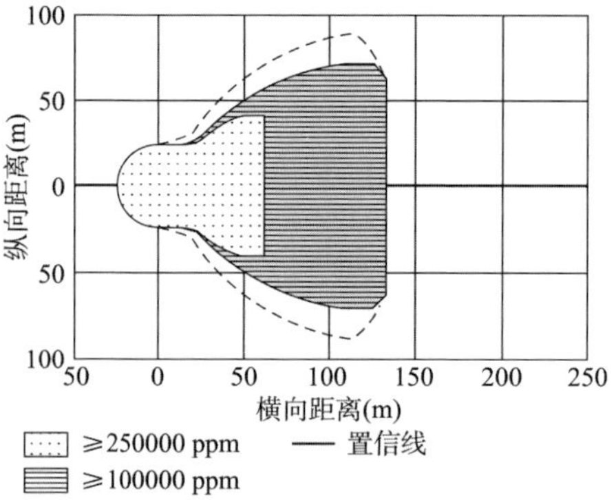

图5-9 气体不同浓度分布范围

通过图5-9可以看出在距离泄漏源60m左右是浓度高达50%的范围,在60~132m之间浓度在40%~50%之间。依据毒性气体的分布范围,可及时对区域内人员进行疏散。在实际情况中,可通过以表格形式汇总出不同泄漏量、不同风速等不同因素下泄漏浓度的分布范围,确保应急救援中现场处置人员能够预先快速确定危险区域,及时进行人员疏散。

如果人员不幸,皮肤接触到泄漏液体,应及时使用大量清水冲洗皮肤接触处,并及时寻求医疗帮助;如果有人员吸入少量浓度气体,立即将其带离现场至新鲜空气处;如果大量吸入气体,甚至于出现呼吸停止的现象,应及时进行人工呼吸并就医治疗。

(2)LNG燃烧爆炸现场应急处置方案。

燃烧事故发生时,及时对泄漏处进行处置,防止泄漏物的进一步泄漏,然后进行火灾的扑救工作,同时及时关注周边具有燃烧和爆炸性质的危险位置,对其进行保护和监控,以防止二次事故的出现。

①灭火剂选择。

当现场事故为小火时,可选择干粉灭火剂和二氧化碳灭火剂;当事故现场火势较大时,可使用水幕灭火或雾状水进行灭火。

扑灭火灾之前,首先要对破损处进行堵漏,如果没有进行堵漏处理,要保证泄漏物可以稳定的燃烧，防止气体泄漏到空气中，进而引发燃烧和爆炸事故，导致事故的恶化。

②报警。

A. 事故发生后，立即拨打报警电话，根据事故现场火灾实际情况向有关政府部门上报事故情况。

B. 警戒区的设立。

根据地形、气象及事故现场的实际情况等，确定发生事故的危险区域，进行警戒，实行全面戒严。及时撤离警戒区和周边人员，禁止无关人员与车辆进入警戒区。

C. 人员疏散。

a. 当泄漏引发喷射火灾事故时，要根据现场罐车的实际装载量、破损孔径大小等因素确定火灾影响的范围，及时将人员转移到安全区域。

b. 对于闪火，人员疏散基于模拟的情况，通过计算可以得出人员可按照与风向（假设为正方向）大概成 106°夹角的方向在水平线两侧分别进行疏散，可以保证疏散时间最短。

c. 若火势控制不住或存在随时发生爆炸事故的可能性时，及时判断发生蒸气云爆炸还是沸腾液体扩展蒸汽爆炸，确定出其危险区域，及时对人员进行疏散。

d. 事故发生后，不同吨量的罐车所造成的危险区域也是不同的，例如吨量为 20t 时，空旷条件下事故所造成的致死半径约为 30m。

对于疏散方向的确定，在实际情况中，可针对不同因素影响下的火灾爆炸事故进行模拟计算，汇总成为表格，供应急救援时现场人员短时间确定大概危险区域及时确定疏散方向提供依据。紧急疏散时，还要做好相关防护措施，不要在地势较低处逗留，在疏散时还要查清危险区域内是否有人员存在。

D. 关阀断料，制止泄漏。

a. 关阀断气。如果阀门没有烧坏，则关闭阀门，切断气源。

b. 导流泄压。如果各流程管线状况良好，可以将储罐内液体通过液管线和排污管线引入应急管内，以减少着火储罐的储量。

c. 积极冷却，稳定燃烧，防止爆炸。救援中尽力控制火势的范围，以喷射水的方式来熄灭火灾和降低罐壁的温度，防止火灾对周围环境造成影响，扩大事故范围。泄漏源在没有隔断时，禁止将稳定燃烧的火熄灭。

d. 利用干粉抑制法进行灭火，在火焰温度降低或者火焰燃烧稳定后，用干粉覆盖火焰，使其熄灭。

E. 组织救援与现场监测。

组织有关救援组织如医疗救援队、民警和武警等在现场随时准备救援工作的开展。实时检测警戒范围内的气体浓度，做好随时进行人员疏散的准备。

4）注意事项

（1）LNG 泄漏处置。

①个人防护器具的佩戴：现场处置人员要穿好防冻服等防护用品，带好防毒面具和呼吸机。

②救援器材的使用：救援中，不能使用铁制器材，应使用防爆工具进行抢险救援。

③现场自救和互救：现场救援人员进行应急处置时，穿戴好必要的防护用品，不得冒险蛮干。如果有液化气体溅到人员身体上，应立即将人员转移到通风处，脱下其被污染的衣服，用清水清洗沾有液化气体的皮肤，或用干净毛巾擦拭。

④中毒人员处置注意事项：在毒性气体未能得到流通前，禁止使用可能会造成明火和电火花的设备；即使患者中毒程度较轻或症状轻微，也应尽快到医院检查。

⑤现场处置：严禁将泄漏的液态 LNG 直接用水冲，或直接排进下水道等密闭空间。

（2）火灾爆炸事故处置。

①个人防护方面：现场救援人员进入现场要做好防护准备，例如穿防护服等。

②救援过程中：如果火势太大，罐体发生变形、晃动，并且发出响声时，将要发生爆炸，人员必须立即撤至安全区域。

5.5 危化品运输事故模拟技术

危险化学品是指具有毒害、腐蚀、爆炸、燃烧、助燃等性质，对人体、设施、环境具有危害的剧毒化学品和其他化学品。因为其对人体具有毒害、腐蚀等作用，对人体的伤害较大，且会对公路设施产生较大的伤害，因此我国在运输过程中对运输工具有具体要求。同时，危险化学品可能对人造成急性毒性、皮肤腐蚀、刺激、严重眼损伤、眼刺激、呼吸或皮肤过敏、生殖细胞致突变性、致癌性、生殖毒性、特异性靶器官系统毒性、吸入危险等健康危险，及对水生环境和臭氧层造成环境危害。

5.5.1 危险化学品运输泄漏模型

泄漏计算是进行扩散计算的前提。泄漏主要包括液体泄漏、气体泄漏和两相流泄漏等。

1)液体泄漏模型

液体泄漏量可根据流体力学中的伯努利方程进行计算:

$$p + 0 + \rho gh = p_0 + \frac{1}{2}\rho v^2 + 0 \tag{5-1}$$

式中:ρ——液体密度,$\mathrm{kg/m^3}$;

p——容器内介质压力,Pa;

p_0——大气压力,Pa;

g——重力加速度,$g = 9.8\mathrm{m/s^2}$;

h——裂口之上液体高度,m;

v——液体出口速度,m/s。

根据式(5-1),得液体出口速度:

$$v = \sqrt{2gh + \frac{2(p - p_0)}{\rho}} \tag{5-2}$$

当裂口不规则时,可采用等效尺寸进行代替,得液体质量泄漏速率(质量流量)公式:

$$Q = C_{\mathrm{d}}A\rho v = C_{\mathrm{d}}A\rho \sqrt{2gh + \frac{2(p - p_0)}{\rho}} \tag{5-3}$$

式中:Q——液体的质量泄漏速率,kg/s;

C_{d}——液体泄漏系数;

A——泄漏孔面积,$\mathrm{m^2}$。

由液体泄漏过程中的质量守恒可知:

$$C_{\mathrm{d}}Av\mathrm{d}t = -A_{\mathrm{T}}\mathrm{d}h \tag{5-4}$$

式中:A_{T}——容器内液体面积,$\mathrm{m^2}$。

对式(5-1)进行微分,忽略压力的变化,得:

$$\mathrm{d}h = \frac{v\mathrm{d}v}{g} \tag{5-5}$$

式(5-5)代入式(5-4),积分后得:

$$\int_0^{t_s} \mathrm{d}t = \int_{v_0}^{0} -\frac{A_T}{C_d A g}\mathrm{d}v \tag{5-6}$$

式中：t_s——泄漏持续时间，s；

v_0——泄漏初始速度，m/s。

对式(5-6)积分可得：

$$t_s = \frac{v_0 A_T}{C_d A g} \tag{5-7}$$

式(5-7)用来计算泄漏时间。

液体泄漏系数 C_d 的取值通常可从标准化学工程手册中查到，对于管道破裂，C_d 的典型取值为0.8，表5-2为常用的液体泄漏系数数据。

液体泄漏系数 C_d 表5-2

雷诺数 Re	裂口形状		
	圆形(多边形)	三角形	长方形
>100	0.65	0.60	0.55
≤100	0.50	0.45	0.40

这个方法没有考虑泄漏速率对时间的依赖关系(压力随时间而降低以及液压高度下降)。因此，计算出来的泄漏速率是最大可能泄漏速率。

2)气体泄漏模型

危险化学品压力气体泄漏通常以射流的方式发生，泄漏的速度与其流动的状态有关，计算时可按理想流体进行考虑。泄露过程维动过程，对于一般的气体流动，可利用流体力学原理和热力学原理进行计算。

管道气体泄漏示意图如图5-10所示，ρ_0、p_0、T_0、v_0 分别表示管道外气体的密度、压强、温度和比体积。ρ_1、p_1、T_1、v_1 分别表示管道内大气的密度、压强、温度和比体积。A 表示泄漏面积，可列出能量方程：

$$h_0 + \frac{1}{2}c_{f0}^2 = h_1 + \frac{1}{2}c_{f1}^2 \tag{5-8}$$

式中：h_0、h_1——管道外、内的气体比焓；

c_{f0}、c_{f1}——管道外、内的气体流速，$c_{f1} \approx 0$。

因气体焓 $h = c_p T$，可得：

$$c_{f0} \approx \sqrt{2(h_1 - h_0)} = \sqrt{2c_p(T_1 - T_0)} \tag{5-9}$$

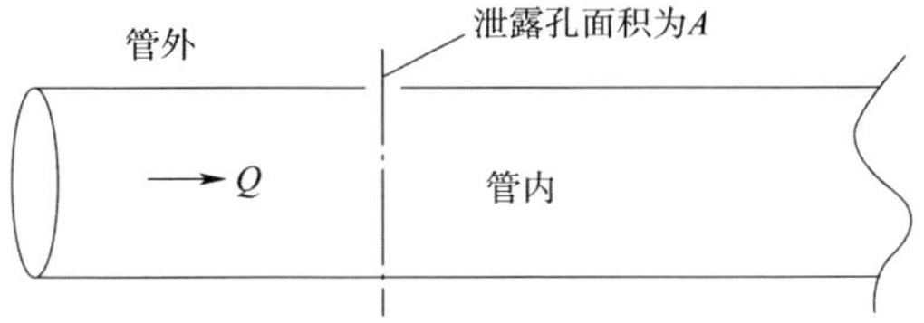

图 5-10　管道气体泄漏示意图

根据理想气体微分方程 $ds=\frac{c_p}{T}dT-\frac{R_g}{p}ds$；

$$ds=\frac{c_p}{v}dv-\frac{c_v}{p}dp$$

可得：

$$\frac{p_1}{p_0}=\left(\frac{T_1}{T_0}\right)^{\frac{k}{k-1}}=\left(\frac{v_1}{v_0}\right)^{-k} \tag{5-10}$$

式中：c_p、c_v——气体比定压热容和比定容热容；

R_g——气体常数，J/(mol·K)，$R_g=c_p-c_v=\frac{M}{R}$，M 为气体相对分子质量，R 为普适气体常数，通常取 $R=8.31436$J/(mol·K)；

T——气体温度，°；

k——气体等熵指数，$k=\frac{c_p}{c_v}$。

则气体流速为：

$$c_{f_0}=\sqrt{2(h_1-h_0)}=\sqrt{2c_p(T_1-T_0)}=\sqrt{\frac{2k}{k-1}p_1v_1\left[1-\left(\frac{P_0}{P_1}\right)^{\frac{k}{k-1}}\right]} \tag{5-11}$$

综上，有气体泄漏质量流量 Q 的计算公式：

$$Q=C_gA\rho_0c_{f_0}=C_gA\rho_0\sqrt{\frac{2k}{k-1}p_1v_1\left[1-\left(\frac{P_0}{P_1}\right)^{\frac{k}{k-1}}\right]} \tag{5-12}$$

式中：C_g——气体泄漏系数。

由式(5-10)可得$\rho_0=\frac{1}{v_0}=\left(\frac{P_0}{P_1}\right)^{\frac{1}{k}}\frac{1}{v_1}$，得：

$$Q=C_gA\rho_1\left(\frac{P_0}{P_1}\right)^{\frac{1}{k}}\sqrt{\frac{2k}{k-1}p_1v_1\left[1-\left(\frac{P_0}{P_1}\right)^{\frac{k}{k-1}}\right]} \tag{5-13}$$

由气体性质可知，$\frac{P_1}{P_0}$的值可以趋于 0，但不能增大到大于 1。在研究气体泄漏的过程中，按气体泄漏特征可把气体泄漏分为临界流动和亚临界流动。把以声速流动的气体泄漏称为临界流。

Perry 等人运用如下关系式作为临界流的判断准则：

$$\frac{p_0}{p} \leqslant \left(\frac{2}{k+1}\right)^{\frac{k}{k-1}} \tag{5-14}$$

$$\frac{p_0}{p} > \left(\frac{2}{k+1}\right)^{\frac{k}{k-1}} \tag{5-15}$$

式中：p_0——大气压力，Pa；

p——容器压力，Pa；

k——气体等熵指数，即比定压容c_p和比定热容c_v之比。

公式(5-14)成立时，气体流动属于声速流动，公式(5-15)成立时，气体流动属于亚声速流动。

声波在理想气体中的传播，可认为是绝热定熵过程。由热力学理论可以导出其速度为：

$$c_{声} = \sqrt{\left(\frac{\partial p}{\partial \rho}\right)_s} = \sqrt{-v^2\left(\frac{\partial p}{\partial \rho}\right)_s} = \sqrt{kp_0v_0} \tag{5-16}$$

临界流时有$c_{f_0} = c_{声}$，根据式(5-11)得到：

$$\sqrt{\frac{2k}{k-1}p_{cr}v_{cr}\left[1-\left(\frac{P_0}{P_{cr}}\right)^{\frac{k}{k-1}}\right]} = \sqrt{kp_0v_0} \tag{5-17}$$

$$\frac{p_0}{p} = \left(\frac{2}{k+1}\right)^{\frac{k}{k-1}} \tag{5-18}$$

对于很多气体，临界比值$\left(\frac{p}{p_0}\right)_{cr}$近似于 2，即容器内部压力近似等于大气压力的 2 倍，此时流体泄漏的出口速度近似等于申诉临界流的质量。泄漏速率可按以下公式计算：

$$Q = C_g A\rho\sqrt{\frac{RTk}{M}\left(\frac{2}{k+1}\right)^{\frac{k}{k-1}}} \tag{5-19}$$

式中：Q——气体的质量泄漏率，kg/s；

C_g——气体泄漏系数；

A——泄漏口的面积，m^2；

M——气体相对分子质量；

ρ——泄漏气体密度，kg/m^3。

将 $pv=R_gT,R_g=\dfrac{M}{R},\rho=\dfrac{1}{v}$代入上式，则有：

$$Q=C_gA\rho\sqrt{\frac{Mk}{RT}\left(\frac{2}{k+1}\right)^{\frac{k}{k-1}}}\tag{5-20}$$

气体成亚声速流动时，其质量泄漏速率可按以下公式进行计算：

$$Q=YC_gA\rho\sqrt{\frac{Mk}{RT}\left(\frac{2}{k+1}\right)^{\frac{k}{k-1}}}\tag{5-21}$$

式中：Y——气体膨胀因子，$Y=\sqrt{\dfrac{1}{k-1}\left(\dfrac{k+1}{2}\right)^{\frac{k+1}{k-1}}\left(\dfrac{P}{P_0}\right)^{\frac{2}{k}}\left[1-\left(\dfrac{P_0}{P_{cr}}\right)^{\frac{k}{k-1}}\right]}$。

当容器内物质随泄露而减少或压力降低而影响泄露速度时，如果流速小或时间短，在计算中可采取最初排放速度，否则应计算其等效泄露速度。

常用气体的等熵指数 k 值见表5-3。k 值也可按气体的分子组成近似的确定单原子气体 $k=1.67$，双原子气体 $k=1.40$，多原子气体 $k=1.20\sim1.30$。

常用气体的等熵指数 表5-3

气体	k 值	气体	k 值
空气	1.40	氮气	1.40
氧气	1.397	氢气	1.412
甲烷	1.315	乙烷	1.18
乙烯	1.22	丙烷	1.33
氨气	1.32	氯气	1.35
干饱	1.135	一氧	1.395
二氧	1.295	一氧	1.4
一氧	1.31	过热	1.3

3）两相流泄漏模型

一般来说，压力容器产生的多数泄漏是两相流泄漏，即同时泄漏出气体和液体。因此，泄漏速率介于气相泄漏速率与液相泄露速率之间。

古德在1975年提出了两相流泄漏关系式。假设源容器和泄漏点之间的管道长度和管道直径之比 $L/D>12$，泄漏点压力与泄漏点上流压力之比 $p_c/p=0.55$，其具体计算方法如下：

首先，计算两相流的质量分数。假设蒸发前液体的总质量 m，蒸发的液体质量为 m_1，液体的蒸发热为 H_v，则依据能量守恒定律有：

$$m_1 H_v = c_p m \Delta T \tag{5-22}$$

其中 $\Delta T = T - T_c$，则有：

$$\frac{m_1}{m} = c_p \frac{T - T_c}{H_v} \tag{5-23}$$

即：

$$M_v = c_p \frac{T - T_c}{H_v} \tag{5-24}$$

式中：M_v——蒸发的液体占液体总量的比例；

T_c——对应泄漏点压力 p_c 的平衡温度，K；

T——对应于泄漏点上流压力 p 的平衡温度，K；

c_p——液体的比定压热容，J/(kg · K)；

H_v——液体的蒸发热，J/kg。

再次，计算两相流的平均密度。

$$\rho = \frac{M}{V} \tag{5-25}$$

其中 $V = V_1 + V_v$，$V_1 = \dfrac{m - m_1}{\rho_1}$，$V_v = \dfrac{m_1}{\rho_v}$，

则有：

$$\rho = \frac{1}{\dfrac{\frac{m_1}{m}}{\rho_v} + \dfrac{1 - \frac{m_1}{m}}{\rho_1}} \tag{5-26}$$

则有：

$$\rho = \frac{1}{\dfrac{M_v}{\rho_v} + \dfrac{1 - M_v}{\rho_1}} \tag{5-27}$$

式中：ρ、ρ_v、ρ_1——两相流、蒸气和液体的密度，kg/m^3。

最后，计算两相流的质量泄漏速率。

$$Q = AC_d \sqrt{2\rho(p - p_c)} \tag{5-28}$$

式中：C_d——两相流泄漏系数，多数情况下，取 $C_d = 0.8$；

A——裂口面积，m^2；

p——两相混合物的压力，Pa；

p_c——临界压力，可取 $p_c = 0.55p$。

如果管道长度和管道直径之比 $L/D<12$,先按前面介绍的方法计算纯液体泄漏速率和两相流泄漏速率,再用内插法加以修正。两相流实际泄漏速率的计算公式为:

$$Q = Q_{V1} + (Q_1 - Q_{V1})(12 - L/D)/10 \tag{5-29}$$

式中:Q——两相流实际泄漏速率,kg/s;

Q_{V1}——按式(5-27)计算出来的两相流泄漏速率;

Q_1——纯液体泄漏速率(kg/s)。

如果管道长度和管道直径之比 $L/D \leqslant 2$,一般认为泄漏为纯液体泄漏。

5.5.2 危险化学品运输泄漏扩散过程数学分析

泄漏模型主要就是用于计算危险化学品在不同泄漏模式下的泄漏速率和泄漏量,而这些参数又与泄漏物质的相态、压力、温度等性质密切相关。

对于泄漏扩散的研究,一般指泄漏的气体在大气中扩散。在扩散研究中,一般都作如下假设:单纯研究气云的扩散特征,不考虑云气与空气发生化学反应;泄漏口的泄漏速率不随时间发生变化;风速和风向不随时间、地点和高度发生变化;环境中的温度等其他客观环境条件不随时间变化。

气体的扩散情况与气体的性质有关。根据气体的密度和空气密度之间的大小关系,气体可分为重气、中性气体和轻气。其划分方式也相对简单,仅需对比目标气体与空气的密度即可。如果气体密度显著大于空气密度,称为重气云;气体密度显著小于空气密度,称为轻气云;气体密度与空气密度相当,称为中性气云。轻气云和中性气云统称为非重气云。根据泄漏形式,扩散又可分为瞬时泄漏扩散和连续泄漏扩散两种。瞬时泄漏扩散形成蒸气云团,连续泄漏扩散形成蒸气云羽。气体在空中扩散过程极其复杂,受大气稳定度、风速、风向和地表粗糙度等因素影响。

通过人们对气体泄漏现象的不断研究,气体泄漏扩散模型已经相对成熟并产生了诸多计算模型,如高斯模型、Sutton 模型、FEM3 模型、BM 模型等。这些模型各有自己的适用范围及优缺点。以下是几个常用模型的简介,见表 5-4。

常见扩散模型表 表 5-4

模型名称	模型简介
高斯模型	在设计之初的目标是求解小孔扩散问题,它主要采用统计学的方法进行求解,计算气体在大气中扩散和分布的规律。高斯模型主要分为高斯烟团模型和高斯烟羽模型
Sutton 模型	用统计理论对气体的泄漏和扩散进行求解。它和高斯模型都研究气体的扩散过程。研究发现 Sutton 模型在计算易燃气体泄漏时存在较大的误差

续上表

模型名称	模型简介
BM 模型	一种经验模型,它是一系列由瞬时泄漏试验资料和连续重气体泄漏试验资料所构成的一套计算图表。汉娜等人对 BM 模型进行了无量纲处理,拟合了该模型的解析表达式,分析结果后表明,该公式的解与试验曲线吻合良好但该模型的延展性较差
FEM3 模型	在有限元的分析中通常采用该模型,该模型的出现意味着提出了一种适用于有限时间内连续泄漏—扩散的数学模型,但由于其求解过程复杂,一般用于重气的扩散模型,难以应用于轻气、中性气的扩散

1)气体泄漏扩散过程数学分析

(1)流体力学的基本公式。

流体动力学中有 3 个基本方程,应用这 3 个方程可以解决各种流体力学问题,而在泄漏和爆炸过程中,由于组分的变化以及湍流的流动,应用计算可以使结果更为准确。

①质量守恒方程。

为连续性方程,任何流体的流动都满足这一定律,质量方程表示为:

$$\frac{\partial \rho}{\partial t}+\frac{\partial \rho u}{\partial x}+\frac{\partial \rho v}{\partial y}+\frac{\partial \rho \omega}{\partial z}=0 \tag{5-30}$$

式中:ρ——气体的密度,kg/m^3;

u、v、ω——x、y、z 轴上流体速率的分量,m/s。

②能量守恒方程。

通过流动促使流体内外出现能量传导。可表示为:

$$\frac{\partial(\rho h)}{\partial t}+\frac{\partial(\rho u h)}{\partial x}+\frac{\partial(\rho v h)}{\partial y}+\frac{\partial(\rho w h)}{\partial t}=-\mathrm{pdiv}(\lambda \mathrm{grad}T)+\phi+S_h \tag{5-31}$$

式中:h——流体焓,J/mol;

λ——热导系数,W/(m·K);

$\mathrm{pdiv}(\lambda \mathrm{grad}T)$——表面力对流体所做功,N;

ϕ——能量消耗函数;

T——流体的热力学温度,K;

S_h——流体内热源项。

③动量守恒方程。

动量守恒方程是指单位时间内物体内动量增量等于物体所受的合力以及流入物体的动量之和。其表达式如下:

$$\frac{\partial(\rho u)}{\partial t}+\frac{\partial(\rho u u)}{\partial x}+\frac{\partial(\rho u v)}{\partial y}+\frac{\partial(\rho u w)}{\partial z}=-\frac{\partial \rho}{\partial x}+\mu\left(\frac{\partial^2 u}{\partial x^2}+\frac{\partial^2 u}{\partial y^2}+\frac{\partial^2 u}{\partial z^2}\right)+F_x$$

$$\frac{\partial(\rho v)}{\partial t}+\frac{\partial(\rho vu)}{\partial x}+\frac{\partial(\rho vv)}{\partial y}+\frac{\partial(\rho vw)}{\partial z}=-\frac{\partial\rho}{\partial y}+\mu\left(\frac{\partial^2 v}{\partial x^2}+\frac{\partial^2 v}{\partial y^2}+\frac{\partial^2 v}{\partial z^2}\right)+F_y$$

$$\frac{\partial(\rho w)}{\partial t}+\frac{\partial(\rho wu)}{\partial x}+\frac{\partial(\rho wv)}{\partial y}+\frac{\partial(\rho ww)}{\partial z}=-\frac{\partial\rho}{\partial z}+\mu\left(\frac{\partial^2 w}{\partial x^2}+\frac{\partial^2 w}{\partial y^2}+\frac{\partial^2 w}{\partial z^2}\right)+F_z \quad (5\text{-}32)$$

式中： μ——动黏度，$N\cdot s/m^2$；

F_x、F_y、F_z——流体在 x、y、z 轴上作用的力，N。

④气体状态方程。

假设当燃气在常温下小于 1.6MPa 时，可以认为是理想的气体。其状态方程为：

$$PV=mRT \quad (5\text{-}33)$$

式中：R——表示燃气常数，J/(kg·K)；

m——表示气体质量，kg；

V——表示气体体积，m^3。

⑤组分输运方程。

燃气运输管道主要出现泄漏和燃气爆炸事故，其管道内部的气体将满足组分运输方程，方程表达式为：

$$\frac{\partial(\rho m_i)}{\partial t}+\frac{\partial(\rho u m_i)}{\partial x}+\frac{\partial(\rho v m_i)}{\partial y}+\frac{\partial(\rho w m_i)}{\partial z}=\frac{\partial\left[\Gamma_i\frac{\partial m_i}{\partial x}\right]}{\partial x}+\frac{\partial\left[\Gamma_i\frac{\partial m_i}{\partial y}\right]}{\partial y}+\frac{\partial\left[\Gamma_i\frac{\partial m_i}{\partial z}\right]}{\partial z} \quad (5\text{-}34)$$

式中：Γ_i——扩散系数；

m_i——各成分所占质量比例。

(2)液体泄漏扩散过程分析。

可燃液体泄漏后流到地面并覆盖地面，或流到水面并覆盖水面，形成液池，遇点燃源形成的火灾称为池火灾。如果液池的面积为固定的（泄漏的可燃液体被防液堤围住），则采用下面的计算方法。

①计算池直径。

根据泄漏的液体量和地面性质，按下式可计算最大可能的液池面积：

$$S=\frac{W}{H_{\min}\rho} \quad (5\text{-}35)$$

式中：S——最大液池面积，m^2；

ρ——液体的密度，kg/m^3；

W——泄漏液体的质量，kg；

$H_{\min}$——最小液层厚度，m。

H_{min}与地面性质有关，可从表 5-5 查询。如果没有合适的数据，液池最小厚度可取典型值 0.001m。

地面性质与最小液层厚度关系　　表 5-5

地面性质	最小液层厚度 H_{min}/m
粗糙的沙壤或砂地	0.025
农业用地、草地	0.020
平整的砂石地	0.010
平整的石头地面、水泥地面	0.005
平静的水面	0.0018

②燃烧速度。

当液池中的可燃液体的沸点高于周围环境温度时，液体表面上单位面积的质量燃烧速度为：

$$m_f = \frac{dm}{dt} = \frac{0.001 H_c}{c_p(T_b - T_0) + H_{vap}} \tag{5-36}$$

式中：m_f——可燃液体燃烧的质量速度，kg/(m^2·s)；

H_c——液体燃烧热，J/kg；

H_{vap}——液体的汽化热，J/kg；

c_p——液体的比定压热，J/(kg·K)；

T_b——液体的常压沸点，K；

T_0——环境温度，K。

当液体的沸点低于环境温度时，如加压液化气或冷冻液化气，其质量燃烧速度为：

$$m_f = \frac{dm}{dt} = \frac{0.001 H_c}{H_{vap}} \tag{5-37}$$

燃烧速度也可从相关手册中查询，表 5-6 列出了一些可燃液体的燃烧速度。

一些可燃液体的燃烧速度　　表 5-6

名称	液体密度	燃烧速度 kg/(m^2·s)
航空汽油	730	91.98×10^{-3}
车用汽油	770	80.88×10^{-3}
煤油	835	55.11×10^{-3}

续上表

名称	液体密度	燃烧速度 $kg/(m^2 \cdot s)$
直接蒸馏的重油	938	78.10×10^{-3}
丙酮	790	66.36×10^{-3}
苯	879	165.37×10^{-3}
甲苯	866	138.29×10^{-3}
二甲苯	861	104.05×10^{-3}
乙醚	715	125.84×10^{-3}
甲醇	791	57.60×10^{-3}
丁醇	810	52.08×10^{-3}
戊醇	810	63.03×10^{-3}
二硫化碳	1270	132.97×10^{-3}
松节油	860	123.84×10^{-3}
醋酸乙酯	715	70.31×10^{-3}

③火焰高度。

通常假设液池为圆形，池火火焰为圆柱形，火焰直径等于池直径，则火焰高度为：

$$L = 42D\left[\frac{m_f}{\rho_0\sqrt{gD}}\right]^{0.61} \tag{5-38}$$

式中：L——火焰高度，m；

m_f——单位面积燃烧速率，$kg/(m^2 \cdot s)$；

ρ_0——空气密度，$\rho_0 = 1.293kg/m^3$；

g——重力加速度，$g = 9.8m/s^2$；

D——液池直径，m，$D = (4S/\pi)^{0.5}$。

用式(5-38)预测的火焰高度比池火火焰的实际高度稍微偏高，且只适用于无风的情况。在有风的情况下火焰会倾斜，火焰高度随网速的增大而下降。

④火焰表面热辐射通量。

液池燃烧时，会通过火焰表面向外辐射热能。假设能量从圆柱形火焰的侧面向四周均匀辐射，则单位时间、单位火焰表面积辐射出的热能，即火焰表面热辐射通量为：

$$q_0 = \frac{0.25\pi D^2 m_f f H_c}{0.25\pi D^2 + \pi DL} \tag{5-39}$$

式中：q_0——火焰表面热辐射通量，W/m^2；

f——热辐射系数，通常取 0.15。

2）危化品运输泄漏后果分析

运输过程中的后果，主要与损失相关，而损失可分为道路内和道路外两部分。

其中道路内损失主要包括道路内运行的车辆人员、车辆、货物和交通设施造成的损失等，而道路外损失主要是道路外部建筑物和建筑物内的人员伤亡、财产损失等。

对于道路内车辆人员损失主要考虑危化品运输事故影响范围内的道路内人口伤亡数，可通过影响半径内车辆的数量及平均载客数来进行计算。道路内的车辆损失，主要包括事故造成的车辆价值的减少。道路内的货物损失，主要考虑影响范围内对其他运输货物的污染而造成的货物价值的减少和危险品车辆本身运输货物的损失。道路内的交通设施、道路本身修复费用也是其造成的损失。

道路外损失主要是道路外部影响范围内建筑物内人员伤亡、财产损失和建筑物其自身价值的减少。

由于危化品自身性质的不同，危险化学品的主要危害包括活性与危险性、燃烧性、爆炸性、毒性、腐蚀性和放射性，其造成的危害如下：

（1）引发火灾燃烧和爆炸事故，如 LNG 等一旦泄漏，会与空气混合成可燃烧爆炸气体，遇到引火源则会发生燃烧爆炸事故。

（2）引发急性中毒、灼伤和窒息事故，并存在一些可能导致职业病的化学物品，如铅、苯、汞、海绵、硫化氢等生产性毒物中毒，甚至致癌等。

（3）造成环境污染。如氯气等危险化学品一旦流失，将会造成严重的环境污染，进而影响人的健康。

由于危化品具有上述特性，因此危化品大量排放或泄漏后，可能引起火灾、爆炸，造成人员伤亡，可污染空气、水、地面和土壤或食物，同时可以经呼吸道、消化道、皮肤或黏膜进入人体，引起群体中毒甚至死亡事故。

对于气体造成的燃烧爆炸、或泄漏等事故来说，应考虑其密度、闪点、毒性等气体性质，还要考虑其泄漏方式和泄漏数量等因素。由图 5-11 可知，气体的泄漏从时间上来看可分为瞬时和连续泄漏，而根据其密度可分为重气云扩散和中性、浮性云扩散，根据其是否延迟点燃可分为闪火、蒸气云爆炸、火球燃烧和扩散燃烧爆炸等。

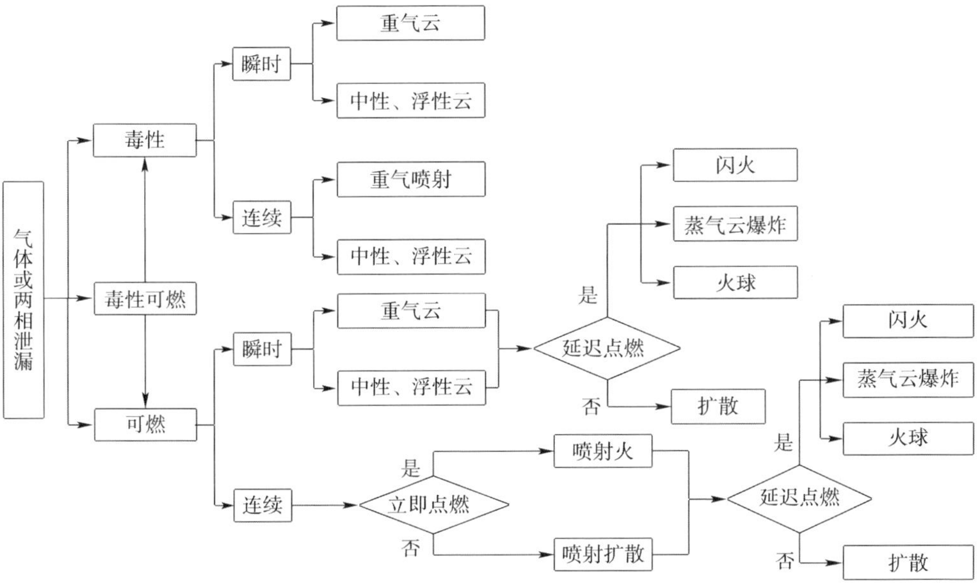

图 5-11　气体或两相泄漏过程图示

可燃气体/空气混合物爆炸,是可燃气体在空气中迅速燃烧引起压力急骤升高的过程。气体爆炸可以发生在设备、管道、建筑物或船舱内,也可以在户外敞开场所发生。当可燃气体或液体蒸气意外泄漏到大气中后,如果遇到火源则被点燃起火,如果泄漏时没有立即遇到火源作用,而是与空气混合形成预混可燃气体混合物后再遇到点火源作用,则会发生气体混合物爆炸。一般来说,泄漏时间越长,形成可燃气体混合物的规模及爆炸范围就越大。

描述可燃气体/空气混合物爆炸特性的参数分为两组:

①气体点火特性表征参数,如闪点、引燃温度、最小点燃能量、最小点燃电流、爆炸极限、最大试验安全间隙等,这组参数值越小,表明气体爆炸感度越高,越易发生爆炸。

②气体爆炸效应表征参数,如燃烧速度,爆炸指数等,这组参数值越大,表明气体爆炸越猛烈,爆炸破坏力越大。

由图 5-12 可知,对于液体泄漏过程来说,可分为常压液体、冷冻液体和加压液体 3 种不同方式,一般来说,常压液体和冷冻液体会形成液池,引发池火或蒸发,导致蒸发扩散。而对于加压液体,又可分为瞬时和连续泄漏,都会出现闪蒸现象,从而引发燃烧或爆炸现象。

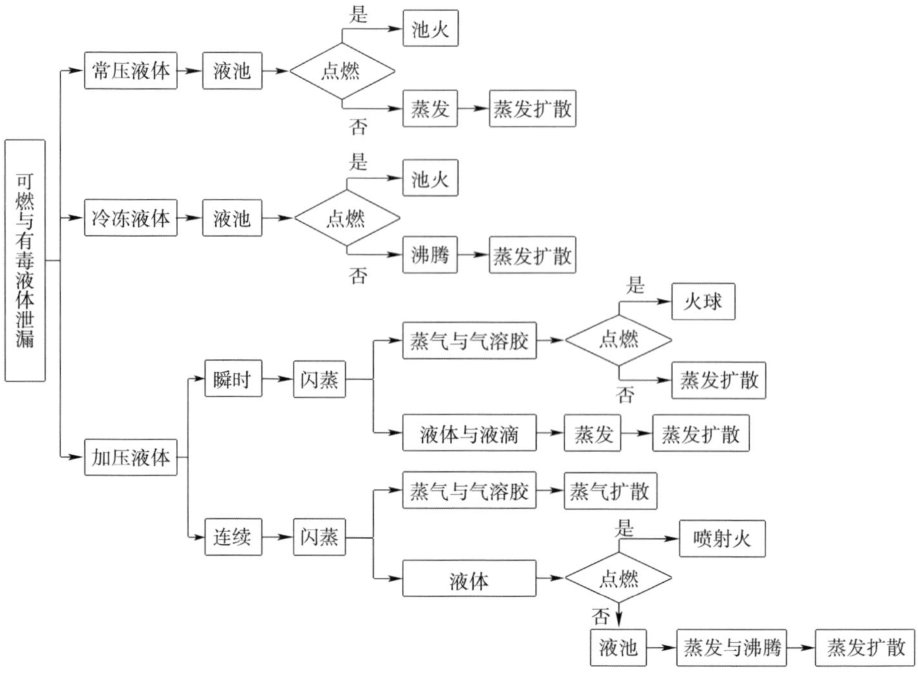

图 5-12　可燃与有毒液体泄漏过程图示

由于危化品事故的复杂性,从理论上应计算每种事故发生的后果及其概率大小,从而计算其后果期望值,这种方法较为烦琐,且由于事故资料无法获得,因此无法从理论上进行计算。从实践角度考虑,可使用数值模拟方法研究危害物扩散的路径及其浓度影响区域分布,同时计算影响范围中的人员财产损失,从而来计算其总体损失。Nassar S 等人提出道路危险货物运输风险应分别体现在社会风险和个人风险两个层面,且前者较后者更加重要。综合国内外相关研究,可做出如下归纳:社会风险是指因事故发生概率的客观存在及所运货物特殊理化性质,道路危险货物运输过程对运输沿线人口、环境、设施等社会公共因素造成的直接或间接威胁;个人风险是指道路危险货物运输过程可能造成运输沿线人口遭遇死亡、重伤、轻伤等直接后果的概率。两者在研究对象、分析方法等方面存在差异,但均可作为风险控制和运输路线优化的重要参考。

相关研究表明,社会风险评价是对某路段所属区域抵御或减缓危险货物运输事故后果能力作出的宏观评估,可采用定量与定性相结合的方法,所得结果一般为对绝对风险度的定性描述,或表征其相对风险度的定量数字。社会风险度的高低往往取决于人口密集程度、环境敏感程度和事故概率等相对固定的因素。而个人风险评价是对相关人群中所有个体在特定时段内遭遇某种事故后果的可能性做出估算,常采用定量方法,其评价结果一般以概率形式表达。个人风险除取决于人口密集程度外,还与距事发地点的距离、事故伤害模式、事发时气象条件等可变因素密切相关,故实际操作较为困难。

本文中将事故的后果分为人员损失、财产损失和环境污染损失3个方面。

(1)人员损失。

人员损失包括道路中的人员损失和道路外的人员损失。

危化品车辆一旦泄漏或爆炸,运输沿线人口的生命安全将直接受到威胁,人员伤亡可直接反映该类事故的严重程度,如何减少伤亡也是事故发生后首要考虑的问题。所以,路段人口密度是危化品运输车辆事故风险评价的重要指标之一。其中,所有受威胁人口可分为两类:①路上人口,主要为各类车辆的驾乘人员,应考虑车辆平均乘坐人数和车流量;②路侧固定人口,主要为运输沿线道路两侧常住居民,可用路段所属行政区域平均人口密度表示,且应考虑其户外暴露率及室内人口受影响程度的降低。一般认为,路侧固定人口户外暴露概率为20%,受影响概率为100%,室内人口受影响概率为20%。此外路侧人口密度一般随着与道路垂直距离的增加逐渐降低,学校、医院、工厂、公园等场所亦存在人员数量变化规律。但获取以上数据存在一定困难。因此,西方依据是否考虑路段人口密度的时变特征和实际操作中对评价精度的要求,将路段人口密度分为路段平均人口密度和路段时变人口密度。

①路段平均人口密度。

在危化品运输事故社会风险评价中,因结果仅需体现路段中的相对风险程度,而无须对具体风险值进行精确计算。因此,在事故严重程度评价中只采用路段平均人口密度,如下式:

$$\rho_{l}^{\text{side}} = \frac{N_{l}(p_{\text{out}} + \lambda_{\text{in}}(1 - p_{\text{out}}) + (\lambda_{\text{in}} \cdot L \cdot \text{ADT}_{l} \cdot \theta_{l})/24V_{l}}{A_{l}} \tag{5-40}$$

式中:ρ_{l}^{side}——路段l平均人口密度,人/km^2;

N_l——路段l所属行政区域人口,人;

A_l——路段l所属行政区域面积,m^2;

ADT_l——路段l的平均日交通量,pcu/d;

θ_l——路段l车辆平均人员占有因子,人/pcu;

V_l——路段l车辆平均区间速度,km/h;

L——路段l路段长度,km;

p_{out}——人口户外暴露概率，一般取20%；

λ_{in}——室内、车内人口受影响程度减缓因子，一般取20%。

②路段时变人口密度。

对于某一区域而言，人口户外暴露概率一般呈正态分布，其均值为人口户外暴露平均概率，一般为0.05左右；对于某一路段而言，交通量一般在上午和下午分别出现两个高峰，午间和夜间较低。因此，路段人口密度应随人口出行规律和交通量变化特征呈现显著时变特征，即危化品车辆运输事故发生时间将对事故严重程度产生重要影响。

在危化品运输事故个人风险值估算中，需对路段人口承受的风险值进行精确计算，必须考虑路段人口密度的时变规律。因此，在事故严重程度评价中应采用路段时变人口密度，见式(5-41)：

$$\rho_1^{side}(t)=\frac{N_1(p_{out}(t)+\lambda_{in}(1-p_{out}(t)))+(\lambda_{in}\cdot L\cdot \mathrm{ADT}_1(t)\cdot\theta_1)/24V_1}{A_1} \tag{5-41}$$

式中：$\rho_1^{side}(t)$——路段l平均人口密度，人/km^2；

$\mathrm{ADT}_1(t)$——路段l的平均日交通量，pcu/d；

$p_{out}(t)$——人口户外暴露概率，一般取20%。

(2)财产损失。

财产损失主要包括重点车辆运输过程中的货物损失和事故影响范围内人员的财产损失，其中事故影响范围内人员的财产损失又可分为路内车辆损失和路侧财产损失。重点车辆运输过程中事故的财产损失即为这三类财产损失之和。

(3)环境污染损失。

危化品运输风险评价过程中除应考虑人口因素外，运输沿线生态环境及重要公共设施等因素亦不容忽视。考虑到危化品泄漏对环境造成的影响程度不易直接量化，因此可采用直接市场法、替代市场法和意愿调查评估法对环境污染价值进行量化。当土地在受污染前后其产出率不同时，可根据土地污染产出后减少的产值计算土地污染前后的差值；还可根据治理土地污染所花费的费用来计算环境污染价值。

5.5.3 危险化学品运输过程泄漏软件简介

Fluent是市面上比较流行的商用CFD软件包，它在美国的市场占有率约为60%。由于其具备丰富的物理模型，软件内置多种流体及混合材料并且其求解器的选择也十分多样，各类研究人员能根据自己的需求选择如密度或压力等各类求解器。因此在与流体力学相关的许多行业都有广泛的应用。

CFD模型被视为研究流体泄漏过程的最好工具，受到LLNL、DNV等权威机构所推荐。本文选择Fluent来模拟流体泄漏扩散过程，主要优势如下：

(1) Fluent是目前功能最全面、适用性最广，是最流行的CFD软件，Fluent对流动问题的模拟得到了最广泛的验证。

(2) Fluent提供了多样的用户自定义功能，运用这个功能，本文可以实现多种条件的模拟，如：温度、地表粗糙度、风速的泄漏情况，对气体泄漏量进行函数定义。

(3) Fluent是基于workbench的一套完备的流体分析系统，在除了前处理理外Fluent所适配的后处理模块CFD-Post能帮助我们很好地查看结果以及建立剖面和监测线，对模拟的泄漏结果进行量化分析。

5.5.4 危险化学品运输过程泄漏模拟及分析过程

由于在软件中很难对气体泄漏扩散过程进行完全符合实际的模拟。因此，本文在进行模拟开始之前先进行如下基本假设：

(1) 泄漏时泄漏面积和泄漏速度不随时间变化。

(2) 泄漏气体与空气完全作为理想气体。

(3) 在扩散过程中，不发生化学反应和相变反应。

(4) 风向为水平方向，不随时间、地点和高度变化。

1) 模型建立

在workbench的工作环境下打开fluent组件，将在CAD中完成的建模igs文件导入Geometry，建立如下模型，如图5-13所示。

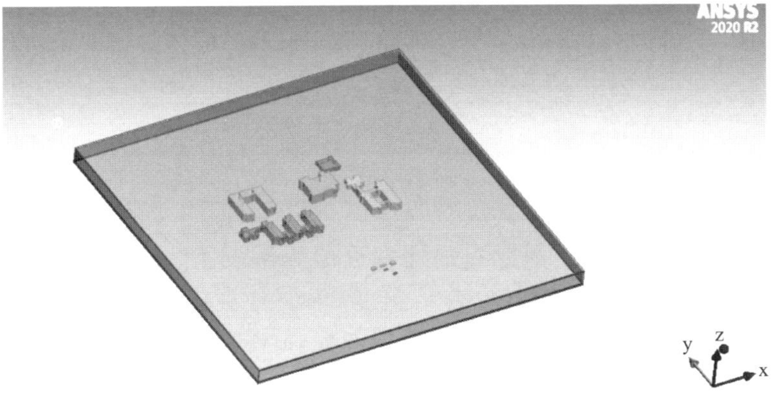

图5-13 模型导入DesignModeler后的示意图

2)模型网格化

使用fluent组件的Mesh功能即可实现模型网格化处理。在进行Mesh之前,需要先对模型的各个边界进行命名,直接按照建模时设定的泄漏口对边界进行命名。泄漏口设置为inlet;模型的东面即风的入口设置为inlet-air;模型的南、北、西及顶面设置为outlet,即压力出口;各个建筑的墙面设置为wall-lou;地面设置为wall-di;事故车辆的壁面设置为wall-che。创建完命名选择后,直接对模型进行网格操作。

3)Fluent条件设置

打开fluent,进行值的设定并检查模型,通过fluent的图像可以直观地检查上一步网格化中创建的命名选择。可以得知模型的南、北、西面都为压力出口;模型东面为风速的速度进口;模型内部有氯气泄漏的质量出口。

(1)求解器的选择。

由于氯气扩散到空气中与空气形成不可压缩流动,因此,选用压力求解器进行求解计算。同时选取瞬态求解,并选择考虑重力的影响,大小为$9.8m/s^2$,方向为z轴方向。

(2)模型的选择。

考虑到温度的影响,因此需要打开能量方程。根据上文中的理论分析,氯气泄漏扩散采用标准K-ε模型进行模拟。

考虑氯气是从指定泄漏口开始泄漏,于是打开组分运输模型,勾选其中的入口扩散模型。

(3)材料属性设置。

打开Fluent的Material选项,由于打开了组分运输模型,所以需要更改混合物质里的材料。在Fluent数据库中选出液氯的主要组成成分氯气。并将物质复制到材料选项中。打开混合材料的设置选项,对混合材料的成分进行编辑,将氯气和空气按照分子质量的大小进行排列,并将氮气、水蒸气、氧气等与本例不相关的物质移除出混合材料成分。

(4)边界条件的设置。

inlet为氯气的泄漏口,将其设置为速度进口,根据上文的泄漏理论,假定钢瓶中的压强为两个大气压,泄漏口的速度近似等于声速。又根据声速的近似计算公式$v \approx 331 + 0.6 \times T$,其中$T$表示温度,单位是摄氏度,得到入口处速度为347.11m/s。本文在进行模拟设计时希望考虑到完全泄漏和不完全泄漏两种情况,因此假定完全泄漏的时间为20s。需要对泄漏口的速度进行函数设置,函数为IF(Time≤20[s],347.11[m/s],0[m/s])考虑到泄漏储罐为液氯,因此在设置泄漏口的温度时主要考虑液氯气瓶内的温度。液氯通常储存在 -40℃ 的储罐内，Fluent 求解器的温度默认单位为 K，最终确定液氯的泄漏口温度为 111.65K。最后选择泄漏口的物质组成，液氯的成分中约有 99% 的氯气分子，在设置组分质量分数时将氯气分子的质量分数设为 1 即可。在 Fluent 求解器中设置的如图 5-14 所示。

①Inlet-air 为空气入口，即风的入口，其属性设置为速度入口。可以方便后文比较不同风速对气体泄漏的影响，在此暂时设置风速为 0，温度设为默认的 300K，各类物质设置为 0，即为 100% 的 air。

②outlet 为模型的压力出口，即泄漏的氯气及风带来的空气均可以从这些压力出口散出。

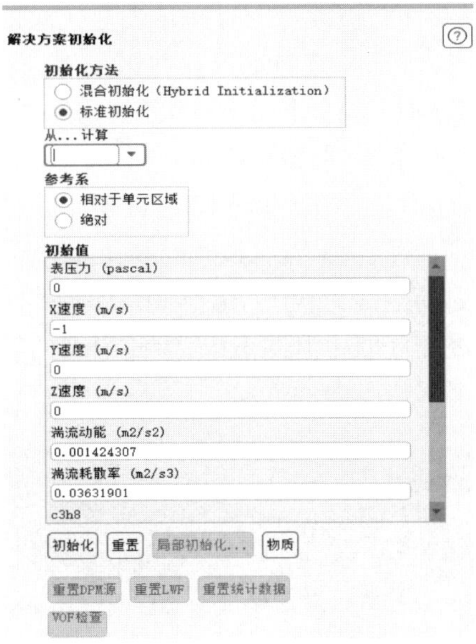

图 5-14　初始化图

③wall-di 为实际的地面，考虑到地面的摩擦影响以及目前交院实际地面情况（石砖地面），将地面边界层的粗糙高度（Roughness Height）确定为 0.004m，粗糙常数（Roughness Constant）默认不变为 0.5，即地面为均匀粗糙的壁面。

④wall-lou 与 wall-che 表示模型中建筑物的壁面与车的壁面，在进行边界条件设置时，暂不考虑其影响，因此保持其默认设置即可。

（5）初始化。

运用 Fluent 设置模型的初始状态。选择初始化的方法为标准初始化，选择从 all-zones 开始计算，参考系选择相对于单元区域。考虑到风速的影响，风初始时就存在于环境里的，结合坐标系的方向，因此设置初始化时 x 轴方向的速度为 -1m/s。氯气由于在模拟开始时才开始泄漏，因此在初始化时设置氯气在整个环境中的浓度为 0。环境的温度保持默认的 300K 不变。单击初始化按钮完成初始化（图 5-14）。

（6）计算活动的设置。

在本次氯气泄漏扩散模拟过程中采用 Fluent 中默认的 SIMPLE 算法，且保持默认的松弛因子不变。

（7）迭代计算设置及保存。

对本过程进行瞬态模拟，设置时间步长为 0.5s，由于迭代次数会影响整个计算的时间,更改每个时间步长迭代次数最多为 15 次。选择通过 Fluent 软件中的 Autosave 选项来自动保存数据文件,设置 case 和 dat 文件保存频率均为每 1 个时间步数(泄漏时间每 0. 5s)保存一次。

为方便观察氯气的具体泄漏情况,在开始分析图像之前,先根据显示情况对浓度的显示上限进行调整,以便于获得更加清晰、直观的泄漏图像。

图 5-15 为泄漏时间 0s 的图像,此时泄漏还没有开始,整个大气环境为正常的充满空气的状态。图 5-16 为泄漏时间 0. 5s 的图像,可以观察到高浓度的氯气从车载的气瓶中泄漏出来,泄漏出来的氯气云团呈现向四周扩散的趋势,其主要方向为泄漏口朝向的方向。

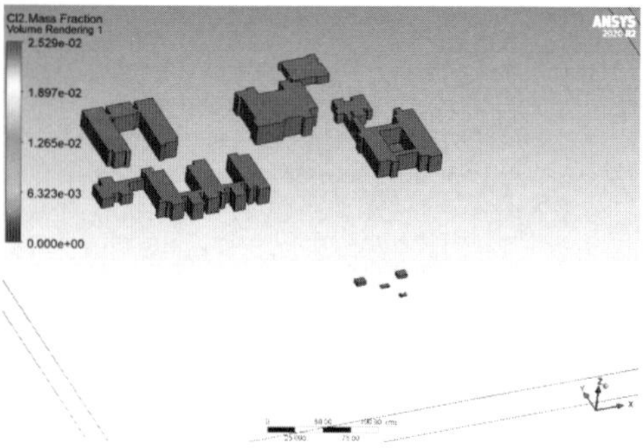

图 5-15　泄漏 0s 图像

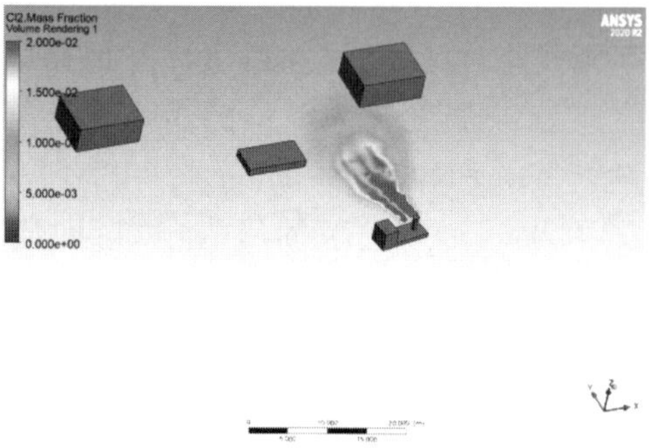

图 5-16　泄漏 0. 5s 图像

图 5-17 和图 5-18 分别为泄漏时间 1s 和 2s 的图像,通过与时间更早的图像对比,可以比较明显地观察到由气瓶内泄漏处的氯气云团呈现不断扩大的趋势,云团形状主要呈锥形并不断地向泄漏口所朝的方向推进。此外,通过图像还可以大致总结氯气云团的浓度特征为泄漏口附近的浓度高,云团四周浓度较低。

图 5-17　泄漏 1s 图像

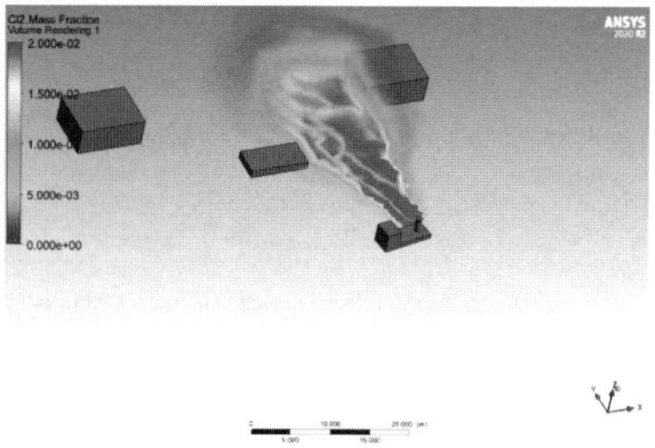

图 5-18　泄漏 2s 图像

图 5-19 和图 5-20 分别为泄漏时间 5s 及 10s 的图像，此时图像的变化特征大致与上文相似，可直接通过图像观察其特征。

图 5-19　泄漏 5s 图像

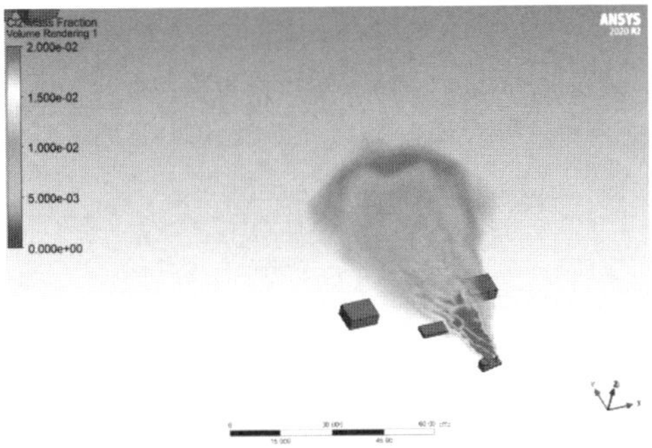

图 5-20　泄漏 10s 图像

图 5-21 为泄漏时间 20s 的图像，此时的氯气云团按上文所述的扩散特征继续变化。但在此时，瓶内氯气已经完全泄漏，后续气体扩散的特征势必会出现一定的变化。图 5-22 为泄漏时间 30s 的图像，此时的气体云与 20s 的相比其扩散范围更大，且主要体现在靠近泄漏口的浓度显著降低，氯气云团由原本的锥形变得近似于球形。

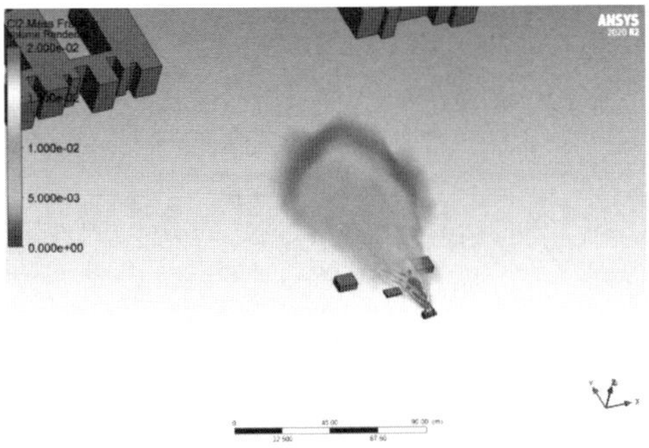

图 5-21　泄漏 20s 图像

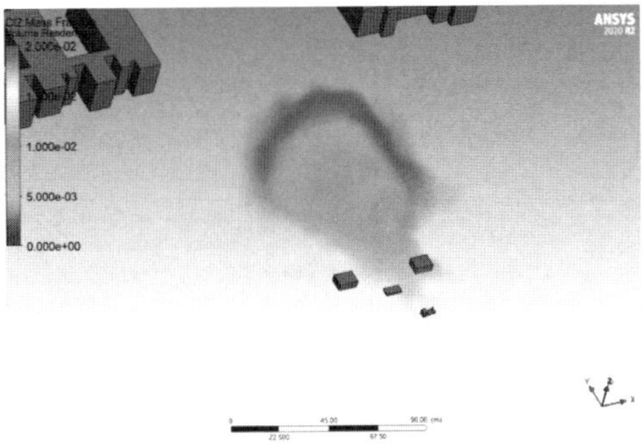

图 5-22　泄漏 30s 图像

图 5-23 和图 5-24 分别为泄漏时间 60s 及 120s 的图像，此时的氯气云团呈现出不断向四周扩散的趋势，但其主要的扩散方向与泄漏口所朝的方向一致。从模型的角度来说，云团主要朝着校区内图书馆、教学楼的方向扩散。与此同时，氯气云团的浓度也出现不断下降的特征，氯气云团浓度分布主要是云团中心的浓度较高，四周的浓度逐渐减小。

图 5-25 为泄漏时间 300s 的图像，对比更早时间的图像，云团扩散的特征大致

与上文一致。

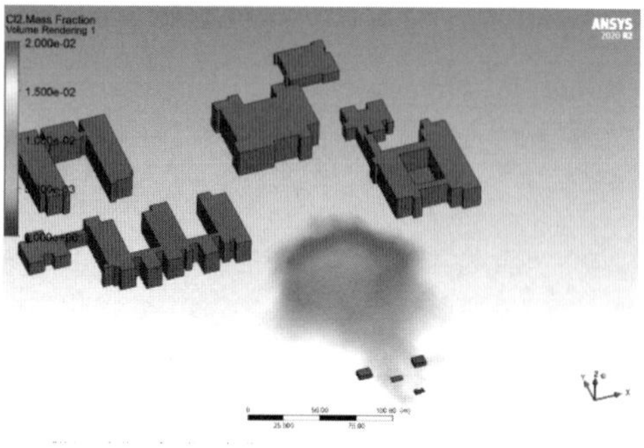

图 5-23　泄漏 60s 图像

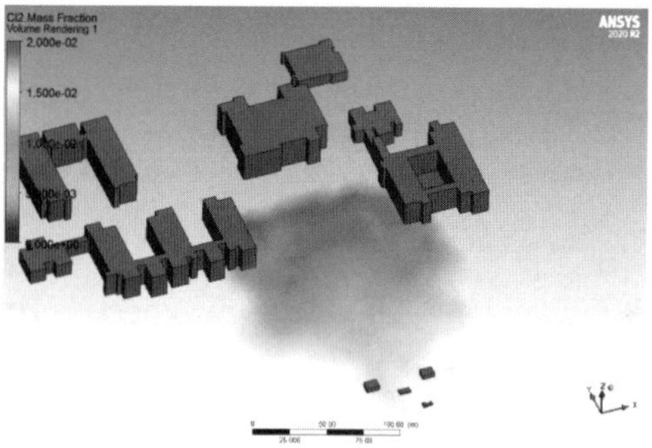

图 5-24　泄漏 120s 图像

图 5-26 为泄漏时间达到 600s 的图像。可以看到已经很难通过现有的浓度标尺对泄漏的氯气云团进行观察了,因此调整浓度分级,将显示的浓度上限进行进一步的降低,最终调整浓度上限为 0.005,可观察到此时氯气云团分布情况,具体情况如图 5-27 所示。其扩散特征与上文描述基本一致。

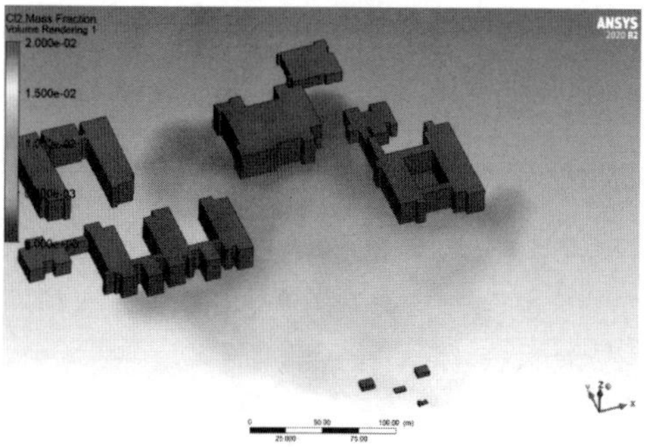

图 5-25　泄漏 300s 图像

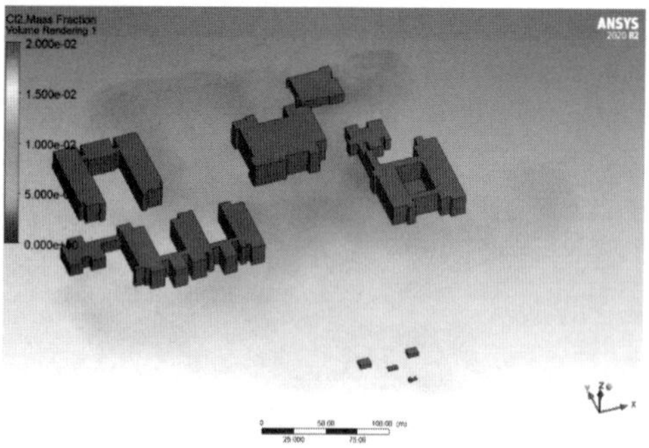

图 5-26　泄漏 600s 图像

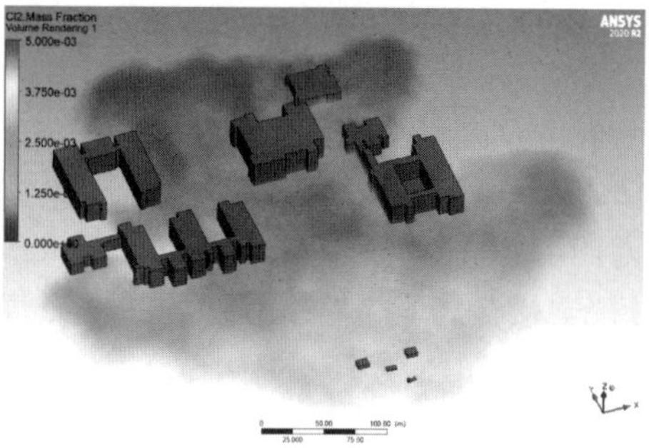

图 5-27　泄漏 600s 图像(调整浓度上限后)

限于后续模拟需要大量时间且通过图 5-21、图 5-22 可得知在泄漏时间 20s,泄漏停止后氯气云团的主要扩散特征,600s 前的变化基本还是以扩散为主,只是范围更大而已,因此本次模拟不再对 600s 后的情况进行模拟。通过本次模拟得知在运输中发生事故的危险化学品主要泄漏和扩散特征。

5.5.5 ALOHA 软件模拟

使用 ALOHA 软件对上述参数且将以氯气作为泄漏气体进行模拟，得到结果如图 5-28 所示，可见其结果基本相似。

从上图可知，可以根据 AEGL1、AEGL2、AEGL3 等美国国家顾问委员会制定的急性暴露指导浓度中给出的标准浓度确定影响区域。

综合上述模拟可知，氯气的影响范围在下风侧方向约为 10km 左右，而在两侧的影响范围约为 1km 左右。

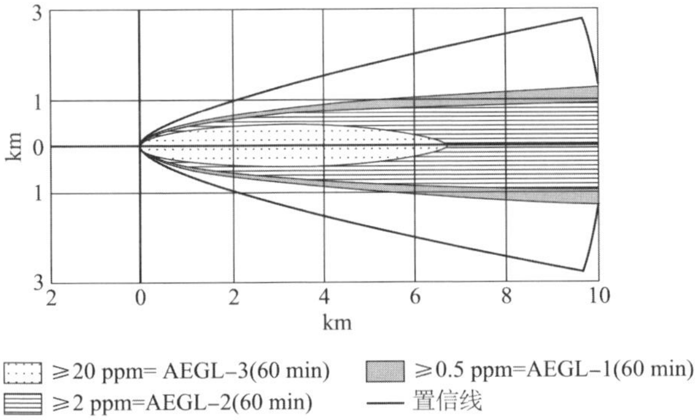

图 5-28 ALOHA 软件模拟分析危险图

5.6 面向数据互联的“两客一危”车辆精准监管及预警防控应用示范

1) 复杂环境下车辆高危暗风险仿真体系构建

针对“两客一危”车辆运行模式的特殊性，设计用于仿真环境的评估场景，覆盖全天候、多交通主体、复杂多变交通流等多种交通状态，同时结合历史数据考虑道路破损、交通事故、恶劣天气等极端条件影响，实现 3D 仿真评估场景构建。面向道路运输进行风险传播与演化机理、交通行为特征及风险辨识解析，基于人、车、路全息数据融合及风险分级技术，构建多元场景下风险评估指标体系，实现车辆运行状态及驾驶行为的多层次风险评价。

2) 面向数据互联的车辆示范路段选取及方案设计

选取涵盖桥梁、隧道、合流区、弯道、坡道等典型场景进行应用示范，以车辆数据互联互通为技术支持，结合高精地图信息，整合车路融合数据、高速公路监管监控系统数据、道路运输车辆动态监管信息、车辆运政信息以及危险货物电子运单信息，分别构建高速公路桥梁、隧道及服务区“两客一危”车辆驾驶行为及运行状态示范设计方案，保证“两客一危”车辆多种场景下风险评估的有效性。

3）“两客一危”车辆运行主动预警应用示范

对进入高危风险场景的“两客一危”车辆进行实时监控与预警，在“两客一危”车辆内部部署主动安全防范智能终端，通过摄像设备，结合主动安全、智能辅助驾驶等技术，通过主动安全防范智能终端，利用人工智能深度学习技术、北斗定位、高清移动视频监控技术、抗恶劣环境存储技术、5G无线通信技术等手段，依托山东省“两客一危”高速公路车辆智慧运营平台，实现对驾驶人驾驶行为的实时监测和高级辅助驾驶功能；主动安全防范智能终端生成警告信息后，通过本地语音播报提示驾驶人，并将对应的预警报警数据、图片和视频传输至平台，实现涵盖全路网车辆的高精度定位查询、轨迹回放、车辆工况信息读取、驾驶行为监视、交通事件检测预警、恶劣气象条件检测预警等功能，达到云端“两客一危”车辆全方位精准监管。

CHAPTER 6　6

高速公路运输安全风险评估

构建科学的评价指标体系是进一步实现安全评价的基础,根据前文所述收集、处理的数据及高速公路的影响因素分析,遵循安全评价的原则及方法,提取合理的指标建立合理的评价指标体系。

重点车辆运输风险评估模型的建立通常包含指标设计、风险值计算、模型建立等过程,实际重点车辆运输风险通常会有包含多项风险的情况,因此需分别建立风险计算模型,同时通过建立安全评估指数模型,对整体运输风险进行预估和发布预警。本章通过高速公路运输安全风险评估方法、高速公路运输风险评价指标体系构建、高速公路道路运输风险评估模型构建,最终实现重点车辆道路运输风险分级与预警。

6.1 高速公路运输安全风险评估方法

6.1.1 风险指标选择原则和方法

高速公路作为一个复杂的系统,涵盖多个相互作用、相互依赖的要素,高速公路运输安全风险评估的目的是准确反映高速公路运行安全状态,因此在选取相关指标时要遵循一定的原则和方法。

(1)科学性原则。

科学性原则是指评价指标的选取应客观公正、准确合理,科学的选择能正确反映出调整高速公路的安全状况的指标,保证安全评价结果的科学性。

(2)系统性原则。

高速公路运输系统包括人、车、路、环境、企业、管理等因素,各个因素之间存在相互作用,从而形成一个完整的系统,因此在构建指标时应全面有效。

(3)可操作性原则。

高速公路指标的选取概念应清晰,使用者应能够准确理解指标含义,指标的数据获取应方便有效,能够较好地量化。

(4)可比性原则。

选取的指标应能够进行比较,最终才能够得到相对准确可信的安全评价结果。当选取的指标存在差异时,高速公路运输风险才能具有较好的界定。

(5)定性与定量结合原则。

在进行风险评价时,根据实际情况,部分指标难以量化,需要以定性的方法来分析,而部分指标可以量化,则使用定量指标来进行分析,两者结合保证评价结果的全面准确。

6.1.2 安全风险评估方法

由于高速公路运输安全风险评估较为复杂,需从人、车、路、环境等方面逐层次进行分析。因此,需要对整体风险进行分层次分析,采用的方法为层次分析法。

层次分析法(Analytic Hierarchy Process,AHP),其基本原理是将与决策总是有关的元素分解成目标、准则、方案等层次,在此基础之上进行定性和定量分析的决策。该方法是美国运筹学家萨蒂于20世纪70年代初,应用网络系统理论和多目标综合评价方法,提出的一种层次权重决策分析方法。它把人的决策思维过程层次化、数量化、模型化,并用数学手段为分析、决策提供定量的依据,是一种对非定量事件进行定量分析的有效方法,特别是在目标因素结构复杂且缺少必要的数据情况下,需要将决策者的经验判断定量化时,该方法非常实用。

该方法适用于多准则、多目标或无结构特征的复杂问题的决策分析,广泛用于管理评价、经济发展比较、资源规划分析、事故致因分析、人员素质测评及安全经济分析等方面。

层次分析法的基本步骤分为以下4个方面。

(1)建立递阶层次结构模型。

分析问题所包含的因素及其相互关系,将有关的各个因素按照不同的属性自上而下地分解成若干层次,同一层次的诸因素从属于上一层的因素或对上层因素有影响,同时又支配下一层的因素或受下一层因素的作用。将决策的目标、考虑的因素(决策准则)和决策对象按它们之间的相互关系分为最高层、中间层和最低层,绘出层次结构图。最高层是指决策的目的、要解决的问题。最低层是指决策时的备选方案。中间层是指考虑的因素、决策的准则。对于相邻的两层,称高层为目标层,低层为因素层。

(2)构造判断矩阵。

在层次结构中,对于从属于(或影响)上一层的每个因素的同一层诸因素进行两两比较,比较其对于准则的重要程度,判断矩阵中各元素的数值一般采用1~9位标度法确定,主要是通过专家评估或由历史(经验)数据得出。

在确定各层次各因素之间的权重时,如果只是定性的结果,则常常不容易被别人接受,因而Saaty等人提出一致矩阵法,即不把所有因素放在一起比较,而是两两相互比较,并按事前规定的标度定量化,构成矩阵形式,即判断矩阵。以尽可能减少性质不同的诸多因素相互比较的困难,以提高准确度。如对某一准则,对其下的各方案进行两两对比,并按其重要性程度评定等级。a_{ij}为要素 i 与要素 j 重要性比较结果,表 6-1 列出 Saaty 给出的 9 个重要性等级及其赋值。按两两比较结果构成的矩阵称作判断矩阵。判断矩阵具有如下性质:

$$a_{ij}=\frac{1}{a_{ji}} \tag{6-1}$$

判断矩阵元素的标度方法如下:

比例标度表 表 6-1

因素 i 比因素 j	量化值	因素 i 比因素 j	量化值
同等重要	1	稍微重要	3
较强重要	5	强烈重要	7
极端重要	9	两相邻判断的中间值	2,4,6,8

(3)计算权向量。

就是计算每一个判断矩阵各因素针对其准则的相对权重。判断矩阵 $\boldsymbol{A}$ 对应于最大特征值 λ_{max}的特征向量 $\boldsymbol{W}$,经归一化后即为同一层次相应因素对于上一层次某因素相对重要性的排序权值。计算权重有和法、根法、幂法等。

本文通过计算矩阵特征值及其对应的特征向量得到权重,即:

$$AW=nW \tag{6-2}$$

由上式可得判断矩阵的最大特征值 λ_{max} 及其对应的特征向量 $W=(W_1,W_2,\cdots,W_n)^{T}$。对应于判断矩阵最大特征根的特征向量,经归一化后记为 $\boldsymbol{W}$。$\boldsymbol{W}$ 的元素为同一层次因素对于上一层次因素某因素相对重要性的排序权值,这一过程称为层次单排序。能否确认层次单排序,则需要进行一致性检验,所谓一致性检验是指对 $\boldsymbol{A}$ 确定不一致的允许范围。其中,n 阶一致阵的唯一非零特征根为 n;n 阶正互反阵 $\boldsymbol{A}$ 的最大特征根 $\lambda \geqslant n$,当且仅当 $\lambda=n$ 时,$\boldsymbol{A}$ 为一致矩阵。

由于 λ 连续的依赖于a_{ij},则 λ 比 n 大的越多,$\boldsymbol{A}$ 的不一致性越严重,一致性指标用 CI 计算,CI 越小,说明一致性越大。用最大特征值对应的特征向量作为被比较因素对上层某因素影响程度的权向量,其不一致程度越大,引起的判断误差越大。因而可以用 $\lambda-n$ 数值的大小来衡量 A 的不一致程度。定义一致性指标为:

$$\mathrm{CI}=\frac{\lambda-n}{n-1} \tag{6-3}$$

CI =0,有完全的一致性;CI 接近于 0,有满意的一致性;CI 越大,不一致越严重。为衡量 CI 的大小,引入随机一致性指标 RI:

$$RI=\frac{CI_1+CI_1+\cdots+CI_1}{n} \tag{6-4}$$

其中,随机一致性指标 RI 和判断矩阵的阶数有关,一般情况下,矩阵阶数越大,则出现一致性随机偏离的可能性也越大,其对应关系见表 6-2。

平均随机一致性指标 RI 标准值

(不同的标准不同,RI 的值也会有微小的差异)　　表 6-2

矩阵阶数	1	2	3	4	5	6	7	8	9	10
RI	0	0	0.58	0.90	1.12	1.24	1.32	1.41	1.45	1.49

考虑到一致性的偏离可能是由于随机原因造成的,因此在检验判断矩阵是否具有满意的一致性时,还需将 CI 和随机一致性指标 RI 进行比较,得出检验系数 CR,公式如下:

$$CR=\frac{CI}{RI} \tag{6-5}$$

一般,如果 CR <0.1,则认为该判断矩阵通过一致性检验,否则就不满足一致性标准。

(4)层次总排序及其一致性检验。

计算某一层次所有因素对于最高层(总目标)相对重要性的权值,称为层次总排序。这一过程是从最高层次到最低层次依次进行的。

参照层次分析法的步骤,可以得出层次分析法的流程图,如图 6-1 所示。

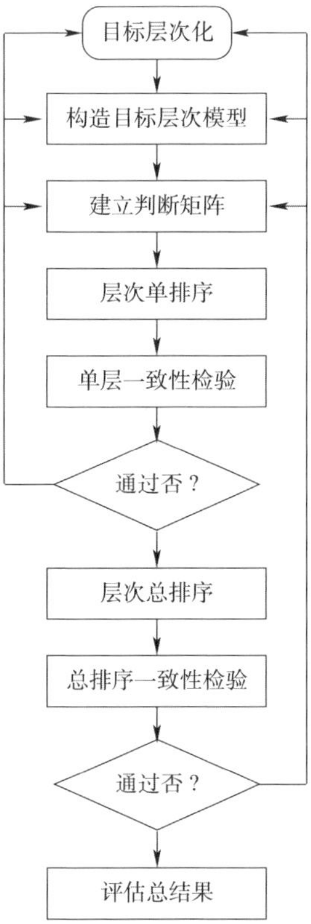

图 6-1　层次分析法一般步骤

6.2　高速公路运输风险评价指标体系构建

运输风险评价强调运输过程中环境、车辆及其之间的相互关系,是一种与运输风险相关的安全状态。

因此，运输过程中的风险评估必然涉及车辆、环境及其之间的相互关系，即运输过程中的安全态势或事故发生的概率必然涉及上述因素，主要包括：

(1)驾驶人安全驾驶水平。

驾驶人安全驾驶水平包括驾驶人驾驶技术、安全意识、驾驶过程中精神状态、驾驶人的心理状态等综合因素，主要说明驾驶人在驾驶过程中能够保证驾驶安全的程度。

一般来说，由驾驶人责任引起的事故占总事故的70%以上，因此，驾驶人安全驾驶水平的提高对减少包括危险化学品运输在内的重点车辆运输事故具有十分重要的作用。

(2)道路状况。

路面状况包括路面平整度、道路线形等因素，会影响汽车和油罐的机械结构，也会造成所运输货物的运动碰撞，从而会造成能量的反应，进而引发汽车行驶安全及货物运输安全事故。

(3)车辆状态。

车辆由于运输危险化学品造成的腐蚀等会使车辆的机械强度降低，或由于其他原因导致车辆状态的变化，也会在道路中引发事故的发生。

(4)行驶环境。

行驶环境包括道路的车流量、天气环境等因素，这些因素会改变驾驶人、车和道路之间的耦合作用，从而导致交通事故的发生。

因此，运输事故概率即为上述多个因素的函数关系：

$$P=f(\text{驾驶人安全驾驶水平，道路状况，车辆状态，行驶环境})$$

根据作业风险因素分析，按照指标设计原则，从车辆信息、行车环境、驾驶行为与其他指标4个维度，设计的指标体系及分级标准如下。

通过前述对高速公路安全影响因素分析，基于评价指标体系建立原则，选取了驾驶人、车辆、道路、环境等4个方面的指标，对其进行具体分析并制定分级标准，最终建立的评价指标体系见表6-3。

高速公路运输安全评价指标 表6-3

指标体系	驾驶人指标	指标体系	道路指标
	车辆指标		环境指标

6.3 高速公路道路运输风险评估模型构建

使用层次分析法的方法对上述指标体系之间的关系进行分析,通过询问山东高速公路集团有限公司部分人员,从而得到各指标之间的相关重要程度,得到其判断矩阵为:

$$A=\begin{bmatrix}1 & 5 & 3 & 7\\1/5 & 1 & 1/3 & 3\\1/3 & 3 & 1 & 5\\1/7 & 1/3 & 1/5 & 1\end{bmatrix}$$

计算其权向量,得出最大特征值为 4. 117,最大特征向量为:[0. 8880 0. 1847 0. 4121 0. 0869],将其标准化得到:[0. 5650 0. 1175 0. 2622 0. 0553]。

计算得 CI = 0. 0390, RI = 0. 0433, CR = 0. 9,符合要求。

从各指标的影响权重可以看出,驾驶人因素对高速公路的整体安全性影响最大,其影响因子为 0. 5650,超过一半;其次为道路因素为 0. 2622,占 1/4 左右,而车辆因素占 0. 1175,环境因素占 0. 0553,占比均较小。因此根据层次分析法可知,若要提升高速公路整体安全性,应加强对驾驶人和道路因素的控制。

综合前述各章节高速公路影响因素的计算结果,结合上述权重,可得到高速公路的整体安全性评价结果,但在使用过程中要注意几种情况,其中驾驶人因素需要综合道路中行驶的每个驾驶人信息进行综合,而非单个驾驶人的影响,而如何将单个驾驶人对驾驶安全的影响程度转变为多个驾驶人的综合安全影响程度也会对最终结果产生重要的影响。这里主要考虑到不同风险驾驶人对交通安全影响程度是不同的,风险性较高的驾驶人对道路安全影响程度较高,而风险性较低的驾驶人对道路安全的影响程度较低,这里只取危险分数高的 20% 驾驶人的平均值作为驾驶人的影响分数。车辆因素与驾驶人的影响因素相同,因此,也仅取危险分数高的 20% 车辆的平均值作为车辆的影响分数。

仅考虑静态情况下,道路和环境两种因素对交通安全的影响,这两种因素会随着时间的变化而变化,应为时间的函数;同时还需要考虑道路因素对不同车辆和驾驶人造成的影响不同,因此在车辆与道路、环境之间形成复杂的相关关系。

道路随时间变化对安全造成的影响较为缓慢,且对于车辆的影响无法定量分析,因此一般视为常数。环境随时间变化较为迅速,特别是雨、雪、雾等天气的影响可能只局限于局部路段，若分析时间段较短，则应考虑其随时间的剧烈变化，若分析时间较长，则可考虑其平均值，从而可近似认为其为当地天气等影响因素的函数，即常数。

通过以上分析，可认为高速公路评价的过程如下：

（1）搜集资料。

对影响高速公路的驾驶人、车辆、道路和环境的影响因素进行收集和处理。其中驾驶人监测主要包括驾驶行为监测和驾驶人适应性监测两大方面；车辆监测主要包括超速、长时间占道行驶、非法占用应急车道等车辆外部行为监测和车道偏离监测、胎压监测、发动机监测、运输介质状态监测等车辆运行状态监测；道路监测主要包括路面监测、路基监测、边坡监测等道路状态监测；环境监测主要包括恶劣天气条件下对安全影响较大的降雨监测、降雪监测、雾天监测等天气状态监测。

（2）分析处理数据。

将第一步收集到的数据按要求进行处理，得到各影响因子的安全评价值，由于车辆和道路仅针对个体，因此需要按 6.2 所述取其最危险的 20% 的平均值作为其安全评价值。

（3）计算最终评价值。

根据第（2）步中得到的值代入由层次分析法得到的权向量，即如下公式：

$$S = 0.5650X_1 + 0.1175X_2 + 0.2622X_3 + 0.0553X_4 \tag{6-6}$$

式中：S——高速公路安全评价值；

X_1——驾驶人安全评价值；

X_2——车辆安全评价值；

X_3——道路安全评价值；

X_4——环境安全评价值。

根据前面的获得的数据可以得到相关的数据项目，应对这些分类得到的数据进行处理，从而得到相关的排序，得到高速公路的运输风险。

6.4　高速公路道路运输风险分级与预警

重点车辆道路运输风险具有不同的等级，根据等级可对重点车辆道路运输风险进行管理，从而减少管理成本。

重点车辆道路运输风险由多个风险要素组成，设每一个运输事件对应的风险过程的风险要素为：$X=\{x_1,x_2,x_3,x_4\}$（其中 x_i 分别对应于车辆、行车环境、驾驶行为和其他指标），对于每一个风险要素及其组合，其在风险空间具有特定的位置，若再加上时间相关因子，则整个风险态势空间为：

$$X=\{x_1,x_2,x_3,x_4,t\} \tag{6-7}$$

因此每一点对应的风险为：

$$R=f(X)=f(x_1,x_2,x_3,x_4,t) \tag{6-8}$$

若其风险因素对应的最后风险为安全时，其所对应的风险因素即为其风险态势安全空间。

根据式(6-6)计算出最终风险评价指数分级标准安全态势指数分为四级，级别定义见表6-4。

风险态势指数分级标准表　　表6-4

级别	分值区间	评价	说明
A	81～100	优	总体风险受控
B	71～80	良	总体风险基本受控
C	61～70	中	部分运输过程存在风险失控隐患
D	0～60	差	大部分运输过程存在风险失控隐患

6.5 案　　例

下面以某高速公路某路段为例，说明其整体计算过程。

首先，对高速公路某路段中的驾驶人进行统计，根据高速公路中运行的“两客一危”等重点车辆的GPS数据，根据其加速度获得其驾驶行为的危险性，同时根据驾驶人驾驶行为，结合驾驶人生理、心理特性及驾驶历史信息等，可得到进入该路段的驾驶人安全数据序列。车辆主要包括车辆内部和外部监测两部分。假设进入的车辆和驾驶人的序列见表6-5。

驾驶人和车辆安全评价得分　　表6-5

分类	第1个	第2个	第3个	第4个	第5个	…	第 n 个	平均值
驾驶人	80	90	80	90	70	…	90	80
车辆	70	80	80	90	80	…	70	75

由此可得,驾驶人和车辆的安全评价平均结果分别为 80 分和 75 分。

高速公路根据其路面和路基安全性,获得其道路值,由于该路段的道路修补及时,道路路面和路基均没有问题,因此其得分为 90 分;而该处环境有时处于雨、雾等恶劣天气,其环境得分为 85 分。

将其代入式(6-6),可得其整体安全性为:

$$S = 0.5650 \times 80 + 0.1175 \times 75 + 0.2622 \times 90 + 0.0553 \times 85 = 82.311$$

可见此段高速公路的整体安全性良好,但由于驾驶人和车辆的安全性较低,有待提高驾驶人和车辆的安全性。高速公路安全性是一个系统性工程,仅靠提高高速公路本身的安全性是不够的,在环境变化不大的情况下,需要全社会提高驾乘人员和车辆的安全性才能够整体提升高速公路的安全性。

本章参考文献

[1] 胡馨升. 化工园区事故风险评估方法及应用研究[D]. 北京:中国矿业大学,2018.

[2] 王海顺. 基于有限损失的化工事故应急处置策略研究[D]. 北京:中国地质大学,2020.

[3] 陈培珠. 化工园区多 Agent 协同应急智能决策关键技术及应用研究[D]. 广州:华南理工大学,2021.

[4] 曹鑫. 油港储运综合安全评价和预警应急系统研究[D]. 武汉:武汉理工大学,2010.

[5] 仇昱皎. 化工园区安全容量模型及评估软件开发[D]. 青岛:青岛理工大学,2019.

[6] 田纪锋. 湖北省典型化工园区安全管理问题及对策研究[D]. 武汉:中共湖北省委党校,2020.

[7] 刘家喜. 化工园区风险场及安全容量研究[D]. 沈阳:东北大学,2017.

[8] 王亚坤. 危险化学品道路运输事故动态风险评估与应急处置研究[D]. 北京:北京石油化工学院,2021.

[9] 蒋军成,郭振龙. 安全系统工程[M]. 北京:化学工业出版社,2004.

[10] 吕品. 基于 GIS-AHP 方法的危险品物流运输选线研究[J]. 西部交通科技,2011,(12):75-80.

CHAPTER 7 7

总结和展望

7.1 总　　结

本书主要对高速公路运营管理过程中安全问题的影响因素及其监测技术进行探讨,针对驾驶人、车辆、道路和环境等对高速公路运营安全有重大影响的因素分别进行讨论,并分析各影响因素状态的监测技术,同时建立相关模型划分其安全状态,得出如下结论。

(1)首先分析高速公路中安全风险因素主要包括驾驶人、车辆、道路、环境、运输介质和其他因素这六大因素,并对各因素的相关概念及其原理、范围进行解释,对各大风险影响因素下属的主要影响分因素进行了总结和分析。

(2)高速公路驾驶人安全保障技术主要包括基于车辆运行状态和基于机器视觉的驾驶行为监测,并根据车辆运行状态建立有序 Logistic 模型,针对重点车辆驾驶人的驾驶行为构建驾驶人安全画像。高速公路车辆运行安全保障技术主要包括车辆违规行为监测和运输监测两部分,并根据车辆安全运行相关因素采用支持向量机算法对车辆画像,并进行运行风险预测。最后,根据驾驶人与车辆安全状态建立高速公路运营综合评估指标体系。

(3)高速公路道路监测预警技术包括路面监测、路基监测、边坡监测、线形监测,并建立道路监测预警模型。恶劣天气监测包括降雨监测、降雪监测、雾天能见度监测,并建立恶劣天气监测预警模型。高速公路特殊事件监测包括事故监测预警、滑坡监测预警、地震监测预警、泥石流监测预警等。交通流量监测包括交通流量监测方法、交通流量预警模型。

(4)高速公路危化品运输安全保障与应急包括危化品运输监测、危化品运输事故应急、危化品运输车辆事故应急预案、危化品运输事故模拟技术等。

(5)高速公路运输安全风险评估技术主要构建驾驶人、车辆、道路和环境等安全风险影响因素相关模型,并进行评估和分析。

7.2 展　　望

由于作者本人知识水平有限,未能对高速公路中所有监测设备的多种参数等作出详细说明,未能将监测设备获得高速公路运营状态及其网络化处理作出详细分析。

未来,我们将选用先进的传感器、云计算和人工智能等技术手段,构建基于物理世界中的现实实体和过程的高速公路数字孪生系统,根据传感器获得高速公路中驾驶人、车辆、道路和环境等因素影响引发的状态变化,利用云计算实时对高速公路各路段交通管理进行调整和决策,作出最优化处理。